投资心理分析

战胜市场的交易策略

［美］马丁·J.普林格（Martin J. Pring）著

陈丽霞 刘寅龙 译

WILEY 机械工业出版社
CHINA MACHINE PRESS

《投资心理分析》是广大投资者和交易者不可多得的一本平衡心态、稳健操作、锁定收益的执行指南。

本书基于作者丰富的技术分析和基本面分析实践，首先从对市场心理的自我分析出发，帮读者建立客观、谦虚、耐心、冷静和独立思考的习惯。其次，对金融市场中的趋势、新闻消息和相关从业者进行了深刻的分析，帮助读者在决策时能够应对自如、避免陷阱。最后，还提供了百年以来的投资大师们用毕生经验总结的交易规则，以供借鉴体悟。

图书在版编目（CIP）数据

投资心理分析：战胜市场的交易策略／（美）马丁·J. 普林格（Martin J. Pring）著；陈丽霞，刘寅龙译 .—北京：机械工业出版社，2019. 8（2023. 12 重印）

书名原文：Investment Psychology Explained：Classic Strategies to Beat the Markets
ISBN 978-7-111-63284-9

Ⅰ. ①投… Ⅱ. ①马… ②陈… ③刘… Ⅲ. ①投资-经济心理学-心理学分析 Ⅳ. ①F830. 59

中国版本图书馆 CIP 数据核字（2020）第 232148 号

机械工业出版社（北京市百万庄大街 22 号 邮政编码 100037）
策划编辑：廖 岩 责任编辑：廖 岩
责任校对：李 伟 责任印制：孙 炜
北京联兴盛业印刷股份有限公司印刷
2023 年 12 月第 1 版第 4 次印刷
145mm×210mm·10. 125 印张·3 插页·207 千字
标准书号：ISBN 978-7-111--63284-9
定价：68. 00 元

电话服务 网络服务
客服电话：010-88361066 机 工 官 网：www. cmpbook. com
010-88379833 机 工 官 博：weibo. com/cmp1952
010-68326294 金 书 网：www. golden-book. com
封底无防伪标均为盗版 机工教育服务网：www. cmpedu. com

献给我的儿子，杰森

致　谢

　　本书汇聚了诸多名家专著的精髓，因此，笔者首先对这些专家的智慧和经验致以崇高的敬意。

　　很多人都曾直接或间接地为本书提供各种素材。罗伯特·梅尔（Robert Meier）向我推荐了大量与这个主题相关的资料文献，并修订了第十章；笔者在此郑重声明，该章所出现的任何遗漏或错误均由笔者本人负责。本书的编辑是来自约翰·威利公司的卡尔·韦伯（Carl Weber），实际上，他对本书的结构和标题也提出了大量宝贵的建议。

　　笔者尤其是要感谢约翰·康罗伊（John Conroy）将原稿翻译为英文，当然，还要感谢我的儿子杰森对几个章节提出的建议；感谢茜拉·希尔魏妮尔（Sheila Sivernail）在手稿和图表等方面的工作。

　　最后，我想对我在普林格·特纳资本集团的两位合伙人致谢，他们是乔·特纳（Joe Turner）和布鲁斯·弗雷泽（Bruce Fraser），感谢他们长久以来的鼓励和建设性意见。

推　荐　序

好投资从"知己知彼"开始

厚恩投资创始人《静水流深》作者　张延昆

投资市场就如同一个没有硝烟的"战场"。虽然每次战役"指挥官"的作战风格可能大不相同，但其实不管做什么风格的投资，要取胜就必须了解敌我双方的详细情况，在知己知彼的基础上，争取做到领先一步发现投资机会。这是获得长期胜利的根本保证。

普林格·特纳资本集团的董事长和投资策略师马丁·普林格先生，深研商业周期投资策略，对投资的"个体"和"整体"的投资心理分析有着全面深入的理解。

他的这本《投资心理分析：战胜市场的交易策略》，就像是一本工具书：无论什么风格的投资者都可以捧在手中，对照查看自己以及市场上出现的一系列问题，做长期的自我检查，从而找到最佳的应对策略。就像巴菲特所倡导的"别人恐慌我贪婪，别人贪婪我恐慌"一样，投资大师们深谙投资的心法口诀，明确指出投资中最重要的事，就是解决投资中的心理分析问题。从"了解自己，超越自己"开始，就像一个市场旁观者一样，看着市场大众如潮水一般在股市里忽而热情澎湃激情高昂，忽而又冷若冰霜四散而退。

本书的终极核心就是开头所言"所有规则都是围绕一个共同主线而展开的。我们可以把这个主线概括如下:选择一种基本方法,做自己情绪的主人,独立思考,创建计划并切实遵循这个计划,不断审视自己的行为。"这也是我们做好投资的一个标准流程和必由之路。

想要做到独立思考,就必须了解"芸芸众生"在做什么,我们为什么要"与众不同",作者对此间的细节做了认真的叙述和分析。比如用了第七章、第八章两章的篇幅详细叙述了"逆向投资"的来由和实际案例,并且细致描绘什么是正确的逆向投资。

在充分了解自己,了解"市场先生"的基础上,作者又罗列了非常多的交易原则,这些从实践中总结出的简单朴实原则,其实内涵极其丰富。所以,我开始认为,这不是一本普通的讲述投资心理方面的书,可以说这是一本包罗万象的投资工具书。在书中,我们可以翻查很多的投资突发事件的应对方法。我细细看完整本书,原来大家以为的"技术分析"大师,也是这样注重自己的价值体系建立,也是这样注重兼容并蓄,可见,作者的阅读量以及个人阅历都应该是相当丰富的。只有博大的胸怀和阅历,才能使这本书阅读起来感觉十分宏大广博。它几乎囊括了各种风格、大多数大师的观点、原则,不愧为宝典。因此,此书可以让你了解整个成熟市场多种投资风格对待风险与收益关系的严谨态度,尤其是这些不同风格的投资者的一些共识,就显得更加重要了。

　　阅读大师的书，是我投资 20 年来不断获得精进的重要方式。很多大师们的只言片语，其实都凝聚了多年的投资交易心得，无数实践的经验！好书慢慢读，一边实践一边体会，好投资就是从"知己知彼"开始。

　　其实，花费点时间认真读书，是世上最有价值的一种投资。

前　言

　　在过去的 100 年里，已出版了很多有关市场和市场参与者心理学的书籍。因此，本人创作本书的目的，并不在于开创一个全新领域。您在本书中看到的很多观点或许都已成为"陈词滥调"，只是换了个位置出现在此处。那为什么还要写这样一本书呢？本人的想法是，把关于市场心理学的理论精髓和最基本的常识融为一体，为各个年龄段的读者提供一份通俗易懂、深入浅出的读物，帮助他们梳理市场心理的脉络、洞悉市场心理的奥秘。如果读者希望进一步了解这个话题，不妨参阅本书末提供的参考书目。

　　通过阅读本书，您将认识到成功之路并无坦途。财务自由并非可以轻易达成，它需要我们在拥有健康理性心态的基础上，循序渐进，拨云见日。

马丁·J. 普林格

引　言

　　对于我们大多数人而言，在投资中要跑赢大盘并非易事，因为这项任务的核心，在很大程度上就是要战胜自我。从某种意义上可以说，"战胜自我"意味着我们要控制自己的情感，尽可能地去独立思考，不为周围人的观念所左右。事实证明，我们在本能的基础上做出的决定，大多会把我们带上错误的道路。当价格上涨时，我们会乐此不疲地去买进股票；而在价格下跌时，我们会争先恐后地抛出股票。但事实上，我们恰恰需要培养一种鼓励自己采取相反策略的态度。

　　当然，我们也会有根据对市场状况做出情绪反应而成功的案例，但究其实质，这种成功只是概率的结果，但显然，概率不能保证我们能取得始终如一的成功。要做到超然物外绝非易事，因为每个人都不可避免地会受限于恐惧、贪婪、自负以及所有可能阻止我们做出理性判断的亢奋状态。我们可以阅读各种各样关于投资市场的书籍，纵然废寝忘食也无法穷尽这些方法；我们也会倾听专家、权威的教诲或是参加任何有可能满足我们即时需求的研讨会。但是，在投资这个世界里，如果你不能在掌握自身情绪的前提下将这些知识付诸行动，任何所谓的市场知识都将一无是处。实际上，我们在大部分时间里只是在一味地寻求如何去打败市场，而很少花时间去学会克服自身弱点。

我们之所以要写这样一本书，最重要的原因就是我们要让你认识到这种不均衡，但即使你完全掌握本书阐述的各种观点和方法，也不能保证你一定会取得成功。因为我们更需要去亲身体验，在经验中体会这些道理，特别是失败的经验。

思考一笔投资或交易方法与真正进入市场去兑现这笔投资，两者之间最大的区别在于是否投入资金。一旦将真金白银投入到市场中，我们就会将客观丢到一边，情绪随之而来，损失顺势增加。逆境也是值得我们期待的，因为它教会我们的不只有成功。世界上最优秀的交易者和投资者都知道，要想取得成功，就必须学会谦卑和宽容。市场总有自己的办法利用人类的弱点。这种危机往往会在我们毫无准备的关键时刻爆发，并最终导致我们在财务和情感上经历痛苦。如果你不准备承认错误并迅速采取弥补措施，那么，损失注定会从多方面袭来。即使你感觉已经学会保持客观、耐心、谦逊和严谨，这个过程也不会就此结束，因为你仍会陷入自负的陷阱中。因此，我们必须随时随地辨识自己的位置和错误，原因很简单——没有两个市场的状态是完全一样的。

很多绝顶聪明的人都投身到投资事业里，他们都在试图以打败其他人而赚钱。很多刚踏入金融圈的新人也许会天真地以为，只要有一点知识和经验，他们也可以一夜暴富。市场投资是一场零和游戏：你购买的每一件标的，都会有相同的一件标的在出售；每一个盈利者背后都会有一个或若干损失者。因此，如果假设新入行者这个群体能在总体上取得盈利，那就可以推定，他们必须能够打败拥有数十年投资经验的投资者群体。任何人都不应该指望，在本科毕业一年之后就能当上大学教授，在高中毕业后就成为一名明星级的橄榄球运动员，或是在工作六个月后就能经营一家大公司。因此，如果没有全面而深入的学习和培训，我们就期望在投资博弈中成为胜利者，这样的期待是否合理呢？在这个问题上，很多人之所以采取不切实际的想法，是因为我们经常被洗脑，误以为交易和投资是再容易不过的事情。因此，根本就不需要太多的思考或关注。我们经常会在媒体听到某个人是如何快速成功、一夜暴富的，于是，我们就错误地得出结论——踏入这个致富宝地，并不需要太多的准备和思考。但事实远非如此。

很多经典的投资角色模型，把交易和投资市场比作其他形式的商业行为。因此，我们应该采取的态度，就是把投资当作一项日积月累的长期性商业工作，只有通过循序渐进的努力和深思熟虑的规划，它才有可能逐步地发展壮大；而不是将它看作是一条可以轻松赚钱的快速致富之路。

很多人仅仅是因为一时头脑发热，或是通过朋友、同事或者经纪人的简单评论，便不加思考地做出动辄涉及数千美元的投资决策。然而，在为我们自己的房子购置物品时，尽管资金承担的风险要比投资小得多，但只有经过深思熟虑和再三考虑，我们往往才会做出最终决定。这一事实再次表明，市场价格更多地取决于人的情绪，而不是所谓的理性判断。只有在你自己的心绪相对稳定时，才有可能去帮助一个情绪不安的人，而在一个被情绪所驱动的市场上，这一点同样也不例外。如果你采取与所有人相同的方式对一条新闻做出反应，那么，你注定也要陷入同一个陷阱；但如果你能脱颖而出，做到超然物外，遵循精心设计的投资计划，并始终压制情感本能，那么，你取得成功的机会就会大大增加。在这方面，本书或许可以为你指出正确的方向。但归根到底，最终的结局还是取决于你能否、或是能在多大程度上坚守本书所讨论的各项原则。

在这一点上，澄清某些重要事实似乎是有必要的。在整本书中，笔者始终以男性代词来指代提到的交易商或投资者，这显然不是有意贬低女性在投资领域的价值及其日渐重要的地位和贡献，而仅仅是为了提高可读性，避免采用"他或她"之类烦琐而笨拙的词语。

在接下来的章节中，我们使用"市场"一词，用来指代由买方和卖方基于自利动机而自由决定价格的任何市场。在大多数情况下，笔者讨论的对象是针对个别股票及股票市场而言。但不管被讨论的产品或具体市场是指债券、大宗商品还是股票，这些原则都是同样适用的。

从本质上说，所有市场都会反映市场参与者对当前经济和金融形势做出的反应。无论是购买的是黄金、棉花、德国马克、股票还是债券，在预期价格上涨时，几乎所有人都会变得更贪婪。反之，如果他们有足够理由认为价格将会下跌，那么，他们的情绪就会转为畏惧或恐慌。在全世界的每一个市场上，人类的本性都是相同的，永远不存在例外。

此外，我们还会谈到交易者和投资者，甚至还会在一定程度上讨论到投机者。交易者关注的是每天和每周的市场交易活动。他们所强调的时间跨度很少会超过几个星期。交易者倾向于利用期货和期权市场的差价赚取利润，因此，他们的投资往往会采用较高杠杆。在这种情况下，他们必须保持高度的原则性，及时识别投资失误，否则，他们或许很快就会被踢出市场。绝大多数交易商依赖技术分析进行投资决策。

投机者关注的时间跨度更长一些，通常可以延续到六个月的时间。在经典巨作《股市投机原理》（*The ABC of Stock Speculation*）一书中，萨缪尔·尼尔森（Samuel Nelson）将投机定义为"一项以计算为基础的风险活动"。其实，这个定义同样适用于交易者。在区分投机和赌博时，尼尔森的结论就是：赌博是一项不依赖计算的风险活动。

交易者和投机者唯一在乎的就是资本收益，而投资者在制定投资决策时，还要考虑当期收益和未来收益。因此，投资者关注的时间窗口要比前两者长得多，通常会在两年以上，而且很多情况下要远远超过两年。由此可见，投资者绝不会买空卖空，而且承担的风险也低于交易者和投机者。

尽管每种类型的市场参与者愿意承担的风险及其考虑的时间范围各不相同，但适用于他们的市场心理学原则却基本相同。当群体将市场推向某个极端时，所有市场参与者都应随时做好反其道而行之的准备。同样，每个参与者都需力求保持清醒而客观的立场，将情绪化反应克制到最低程度。

　　交易者和投机者采取的实务手段也不同于投资者，就如同短跑选手接受的训练不可能等同于马拉松运动员一样——尽管两者都需要保持高度的纪律性和良好的体质，但不同的目标决定他们需要拥有不同的特质。在证券交易和投资这个行当里，人们可以采取的方法是多种多样的。而且两种最基础的方法——基本面分析和技术分析，都有其独特的分支和思想派别。基本面分析关注的对象与市场上交易的商品有关：如损益表、资产负债表以及具体货币或股票的前景。这种分析的目的是确定市场发展态势与当前价值的关系如何。譬如，如果一只股票被市场低估，而且股票发展前景良好，那么，它就是你应该买进的对象（反之亦然）。

　　另一方面，技术分析则关注特定市场或股票的价格波动。技术分析者认为价格能反映所有市场参与者（无论是实际参与者还是潜在参与者）拥有的知识，而且价格的波动会呈现某种趋势。他们的目标就是试图尽早辨识出趋势的反转点，从而在反转真正到来之前利用趋势实现盈利。

　　交易者或投资者到底会采取哪种模式或是会选择哪种分析方法并不重要。在市场上，需要参与者选择的最重要的工具，就是他们为做出理性判断所需要的方法。

　　尽管没有哪种方法是完美无缺的，但这种方法首先需要满足你正在实操的工作；其次，还要能让你在做这件工作的过程中游刃有余。比如说，如果你讨厌图表，就不要采取图表法。分析方法这个问题最终可以归结为一点：即使你已经掌握了一种好方法，但还是要克制你的情绪。如果做不到这一点，失利注定就是你唯一的结局。

由此可见，在市场上做交易、投机或是投资，显然还算不上一门科学，它更多地体现为一门艺术：需要我们持之以恒地去认真研学、培养和锻炼，而且这注定会是一个长期过程。

本书第一部分讨论了个人的心理问题：学会了解和控制自己的本性，因为这种情绪化趋势对我们的财富而言是破坏性的。这部分会告诉我们，为什么说基于情感的决策会把我们引入万劫不复的逆境，并针对如何克服这个问题给出了建设性指南。

显而易见，如果不了解群体心理和逆向思维，我们就不可能完整地理解市场心理，这是本书第二部分探讨的话题。我们中的大多数人都知道，当一种观点流行时，每个人都会对它笃信，并据此锚定自己的市场位置。但我们都知道，逆市场之势而动才是明智之举，而且也都明白，要真正做到这一点绝非易事，这是一件说起来容易做起来难的事情。为此，我们需要探究为什么会是这样的，并学会判断逆向思维在什么情况下会给我们带来盈利，以及如何甄别需要采取"逆势行动"的时点。

本书第三部分探究了成功交易者和投资者所具有的属性——也就是说，对于这些超级赚钱的大师们来说，到底是什么让他们能做到与众不同，以及他们所遵循的规则是什么。此外，在这个部分中，我们还将重提之前提出的诸多要点，以帮助我们制订投资计划并成功地将这些计划付诸实践。为了重申和强调过去一百多年来顶级投资大师和交易者所遵循的基本原则和套路，笔者将他们采取的基本指导方针进行了归集。虽然每一套规则都各不相同，但我们会注意到，所有规则都是围绕一个共同主线而展开的。我们可以把这个主线概括如下：选择一种基本方法，做自己情绪的主人，独立思考，创建计划并切实遵循这个计划，不断审视自己的行为。

　　这个不断重复的模式显然不是偶然出现的，而是经过实践历练并被证实的。我希望它们能给每一位读者以启迪。而让这些法则成真的唯一前提，就是始终如一地遵循它们。

目　录

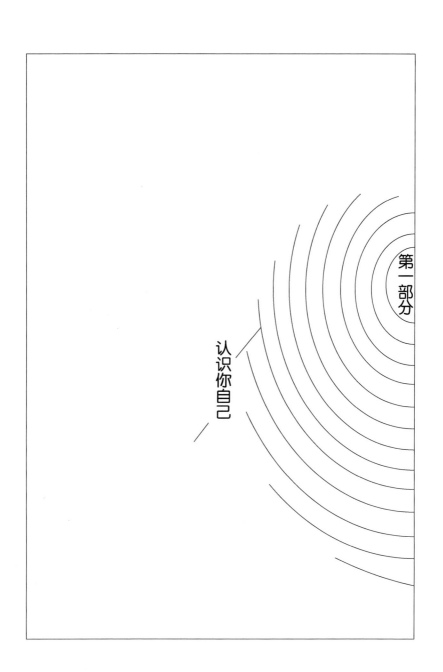

第一部分

认识你自己

第一章 世上没有 "万灵丹"

最显而易见的东西往往就是最容易被忽略的东西。

——托马斯·坦普尔·霍恩（Thomas Temple Hoyne）

在购买这本书时，你或许希望本书能为你在金融市场上找到快速致富之路提供捷径。如果真是这样的话，我相信你一定会感到失望的。世界上从来就没有 "万灵丹"。但如果你愿意承认，勤奋、常识、耐心和严谨是能带你走上理性投资之路的宝贵品质，那么，这本书当然会给你带来很多有价值的指引。

之所以不存在 "万灵丹"，主要是因为市场价格最终决定于投资者及投机者对瞬息万变的经济和金融图景采取的态度。尽管每个人的态度往往具有趋同性，但偶尔也会出现非合理成分。因此，即便是最合乎逻辑的分析，也会时不时地身处市场基本态度的对立面。著名市场评论家兼技术分析大师加菲尔德·德鲁（Garfield Drew）曾在20世纪40年代写道："股票并不是按照它们的价值出售的，而是基于人们对其价值的判断。"对于市场、股票、大宗商品或是货币在基础价值面上呈现出的巨大波动，我们还能作何解释呢？市场价格基本上反映了不同参与者对市场的希望、恐惧和期望。历史一再地告诉我们，尽管人的本性或多或少是稳定的，但它也告诉我们，每一种情况都是独一无二的，一成不变的重复是不存在的。

比如说，我们可以假设，三个人共同持有一家公司 100% 的股票，我们将这家公司称为 ABC 公司。股东 A 进行的是长期投资，因此，他的投资不受市场消息的影响。股东 B 之所以购买该股票，是因为他觉得公司在未来六个月内的前景非常乐观。而股东 C 购买这只股票，完全是因为这家公司最近一直被各种负面消息困扰，以至于股价暂时处于低谷。按照股东 C 的计划，他最多也只持有几周时间。毕竟，他是一名交易者，随时会改变主意。

公司总裁辞职或利润报告好于预期之类的特定消息事件，将会以不同方式影响到每一位股东。股东 A 不太可能受到好消息或是坏消息的影响，因为他对这笔投资是从长计议的。股东 B 可能会受到影响。但股东 C 几乎注定会对这些消息做出反应，因为他为这笔投资设定的时间窗口非常有限。

从这个例子中，我们可以看到，虽然每一位投资者的需求不同，但每个参与者可能采取的行为方式是大概率可预测的。此外，由于公司的股权构成会随着时间的推移而改变，因此，短期交易者或许会把所持股出售给另一个打算长期持有的人。反之，长期股东也可能会决定，在可以按低价买进的情况下，有必要继续增加对这家公司持股。尽管人的本性在很大程度上是稳定的，但它对市场价格的影响还是会出现波动。毕竟在不同时期，具有不同性格类型的人倾向于拥有不同比例的公司股份。即便说，每个参与者的个性可能会保持不变，但他们所承受的外部压力几乎注定会变化不断。因此，在面对不可预见的压力时，长期投资者可能不得不出售部分仓位。因此，当决定最终决策的各种要素势均力敌时，市场消息将扮演异常重要的角色。考虑到市场的实际结构是随时变化的，因此我们可以推断，市场对任何既定事件做出的心理反应也是多种多样的。正因为这样，认为可以创建一个系统或是建立一种理念或方法，从而以完美的方式识别每个市场转折点，这几乎是不可能的事情。但这并不等于说，我们绝对不可能找到一种使盈利机会始终大于亏损机会的方法。相反，我们只是想说，世上绝无完美无瑕的系统，或者说，人人都在求之而不得的"万灵丹"根本就不存在。我们将会认识到，与其说预测市场趋势是一门科学，还不如说它是一门艺术。因此，我们不可能将它简化成一个拿来即用的简单公式。

找到完美的指标是一回事，但要把这个指标付诸实践却是另一回事。即使你能"击败市场"，但是要"击败自己"则是一场更艰难的战斗，也就是说，摆在你面前的更大挑战是如何控制自己的情绪。无论作为一名交易者还是投资者，每个伟大的市场参与者都很清楚，与心理层面的挑战相比，分析只是打败市场过程中的一小部分。在心理层面，历史上的顶级交易者或投资者在某种程度上遵循着各式各样的规则。但这些成功者也最早承认，他们没有任何法宝是可以作为成功的标志而传授的。

在现实中，这种虚幻的"万灵丹"概念呈现出多种形式。我们将考虑其中的两个形态——专家和故障安全系统（或者说完美指标）。

专家的神话

每当在执行一项新任务时，只要知道能获得专家建议，就会让我们体验到一定程度的慰藉。这是因为我们经常会有一种不安全感，因而需要专家给我们创造这种安全感——因为在每个人看来，这些所谓的专家毕竟拥有毋庸置疑的能力和长期的经验。但人们很少能意识到，尽管专家拥有专业的培训和知识背景，但他们也会和我们普通人一样犯错。

分析专家的动机往往是有必要的。从希特勒统治下的德国归来时，英国首相内维尔·张伯伦手握着"我们的和平时代"这一张承诺，此时此刻的他，无疑笃信这份伟大"声明"的真实性。毋庸置疑，张伯伦确实是一个专家，然而他错了。约翰·肯尼迪总统也遇到了专家带来的问题。在遭遇猪湾惨败后不久，肯尼迪曾说过："我怎么能离开自己的老地盘这么远呢？我始终都相信，依靠自己永远都比依赖专家要好得多。"

这样的错误在军事、哲学和科学领域里比比皆是。而在投资领域，它所带来的后果或许更令人沮丧。市场预测者和其他专家之间的差别之一，就在于市场价格是一个完全精确、不偏不倚的裁判。假设你是一名金融专家，而且你预测道琼斯指数平均值会在月底达到3 500点，而实际上却是2 500点，那么，可以几乎毫无争议地认定：你错了。而在其他领域，只要还没有出现新的证据，你就可以两面下注（这样无论市场向哪个方向运动，你都能成为受益者）或是做出无法质疑的预测。曾经在几个世纪的时间里，那些主张世界是平的专家始终是学术界的执牛耳者，直到哥伦布的出现，才打破他们的垄断。这对早期的圣人来说当然无关紧要：毕竟，在他们故去后的很长时间里，都在享受世人的敬仰。但是在1493年之后，无可辩驳的证据确实让传统思想家尴尬至极。

金融市场专家绝对不会享受如此长时间的膜拜。不妨以几个著名的预测为例。就在1929年股市崩盘之前，耶鲁经济学家、货币量化理论主要倡导者欧文·费雪（Irving Fisher）曾宣称："股价已立于永恒的高地上。"我们或许可以为他找个理由：他毕竟是一名经济学家，而他所评论的对象则是他专业领域之外的事件。但就在前一年的媒体上，人们听到他在说："胡佛先生很清楚，少有人知道通货膨胀和通货紧缩的可怕后果，要稳定商业和农业，就必须极力避免这两种情况。"但是到1929年年底，尽管通货膨胀和通货紧缩都没有出现，但股市依旧崩溃。

我们再把话题转到股市专家，值得欢呼的预言就更难得一见了。杰西·利弗莫尔（Jesse Livermore）绝对是史上最成功的股票投资大师之一。1929年年末，他曾指出："在我看来，眼下的情况不应进一步恶化。"当然，他的意思是说，股市已经触底。但不靠谱的预言不只属于交易者。美国实业家约翰·洛克菲勒确实做到了言行一致、钱随言走："在过去的一周里（1929年10月中旬），我和儿子一直在购买业绩稳健的普通股。"当年的其他著名实业家无不赞同他的观点。就在一个月后的 1929 年 11 月，据传亨利·福特表示："目前的形势要好于之前。"

罗杰·巴布森（Roger Babson）是当时最成功的基金管理人，早在 1929 年的时候，他曾正确地预见到，道琼斯指数将下探 60~80 点。然而，即便是他也没能料到形势到 1930 年会变得那么严重。因为他在当年早些时候指出："我当然对今年秋天的市场持乐观态度……订单可能很快就会蜂拥而至，某些线路和地区或将出现货物积压现象。"不幸的是，"大萧条"居然持续了几年。但最令人目瞪口呆的预言还是出自参议院财政委员会主席里德·斯穆特（Reed Smoot）之口。对于被坊间普遍视为引发大萧条主要诱因之一的《斯穆特-霍利关税法》（Smoot-Hawley Tariff Act），斯穆特认为："对企业复苏最有影响力的因素之一，就是国会在 1930 年通过的关税法案。"图 1-1 显示了 1929 年至 1932 年期间的股市变动情况，这显然是对专家观点最有力的解读。

这些所谓专家的观点表明，即便是某些最伟大、最成功的实业家和股票操作大师，也难免会做出错误的表述或是赔钱的决定。其实，常识本应该会告诉大多数人：1929 年的股市灾难确实需要采取某些重大的纠正性措施。按历史股价水平考量，当时的股市已被严重高估，投机气氛浓重，而且以任何标准衡量，整个国家的债务结构都出现了头重脚轻的问题。这场股灾的症结在于，大多数人无法把情感和当时那种异常严峻的现实彻底割裂开来。当股票价格快速上涨而且每个人似乎都在赚钱时，这种"专家"的验证很容易诱发人们产生一种虚幻的安全感。

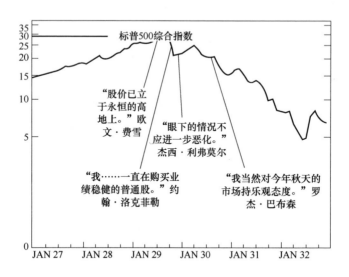

图 1-1 1927 年到 1932 年间的美国股票市场

资料来源：*Pring Market Review*。

当然，个别市场评论员、分析师和基金经理确实能在大多情况下对市场做出正确判断。比如说，我们完全可以把利弗莫尔和巴布森纳入这个行列。但是，如果你发现自己正在盲目跟随某个被视为"万灵丹"代言人的观点，那么，你将会不可避免让自己陷入困境——而且往往是在你最需要有人为你指点迷津的时刻。

既然依赖某个人的观点会有失客观，那么，同时采纳众多专家的看法又会怎样呢？这个貌似合理的替代方案就更糟糕了，因为从总体上看，专家这个群体的观点几乎总是错误的。在图 1-2 中，我们对标普 500（S&P）综合指数与看涨股票分析师的百分比进行了比较。这些数据由《投资人情报》（*Investors Intelligence*）收集，并通过调整消除每周波动量的影响。（更新版本见第八章。）实际上，只需粗略看一下这张图表，我们即可清晰发现，大多数投资顾问在出现明显市场高峰时持看涨观点，而在低谷时看空市场。即使对债券、货币或大宗商品等其他投资品进行这项分析，也会得出类似的结果。乍一看，似乎我们可以从相反的角度使用这些数据，也就是说，在专家看跌时买入，在他们看涨时卖出。遗憾的是，即使这种方法也成不了"万灵丹"，因为并非所有市场的转折点数据都能达到极限状态。比如说，在 1980 年出现的一次牛市高点位置上，指数上涨幅度甚至还没有超过 60%。而在 1981 年年末的大牛市中，股票指数确实达到极端，

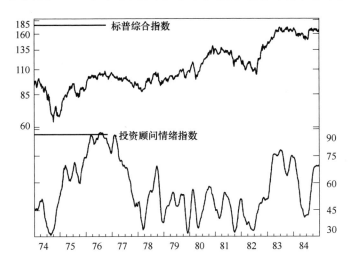

图 1-2　1974 年至 1984 年的标普综合指数与投资顾问情绪指数

资料来源：*Pring Market Reviews*。

但随之而来的却是 1982 年夏天的史上新低。尽管利用投资顾问情绪指数（Advisory Sentiment Indicator）确实能预测到几次明显的高峰和低谷，但它绝非完美，而且注定缺少作为合格"万灵丹"所需要的一致性。

完美指标的神话

在任何一份杂志或报纸的财经栏目中，如果你没有看到一则告诉你如何实现快速致富的理财广告，那只能说明你还没有看完全部内容。这些服务通常会宣称他们拥有贴心的计算机系统或是专业基金经理热线，并声称他们在过去几个月或是几年的时间里取得了骄人业绩。这些理财服务主要集中于期货或期权市场，因为这些高杠杆领域往往可以带来立竿见影的回报。在期货市场上，交易者可以利用高杠杆大大缩短客户的投资期限。因此，交易频率（以及相应的经纪人收入）也高得多。

按照经验，这些广告所承诺的回报越多，它们的真实性就越值得怀疑。历史告诉我们，除非你运气十足，否则，任何人都不可能在短时间内积累大量财富。此外，如果你确实非常幸运，恰好赶上市场与你采用的系统或方法精确同步，那么，你很有可能将成功归功于刚刚发掘出来的天赋。此时，你极有可能不会就此收手，而是继续混迹于市场。此时，你断然不会认识到，前面的成功只不过是因为你的运气确实不错。于是，你不可避免地会倾尽全部收益，企图去赚回以前的亏损。

　　我们还可以从另一个角度去考虑这些广告的承诺：既然他们的投资模式这么赚钱，为什么还要绞尽脑汁地去网罗客户并信誓旦旦地去帮助客户赚钱呢？诚然，每天执行几张订单总比做广告要好得多，毕竟，做广告还要花钱，而且花钱就会带来风险。答案很简单：他们的所谓系统根本就没有作用，或者更可能的答案是，他们的系统只是对最近某个特定时期的市场进行过测试。而作为潜在用户，你更应该关注的是这种方法在未来创造利润的可能性，而不是在近期历史中取得的某种假设盈利。

　　在宣传自己的成功品质时，大多数系统会将关注点集中于经过反复测试的数据，而这些数据依赖于由特定价格变动决定的买卖信号——比如说，当价格高于或低于某个移动平均值时，即做出卖出或买入指令。这似乎可以让我们顺其自然地做出假设：用历史上的成功就可以预测未来的盈利，但历史测试数据带来的结果并不像它们看上去那么值得信赖。首先，测试数据时的条件与现实市场状况未必相同。例如，当定价上涨到接近 400 美元时，投资系统可能会发出出售两份 12 月黄金合约的指令。从表面上看，这个指令似乎合情合理，但在实际操作中，几乎不可能完全按这个价格执行订单。坏消息往往会在一夜之间人人皆知，结果自然是造成市场在次日开盘便一路走低。因此，这笔出售订单的执行价格很可能远远低于之前的 400 美元。即使在同一个交易日内，意外的消息也会导致市场发生异常波动。在这种情况下，按单个交易日价格变动进行统计检验的系统，自然不能反映合理的订单执行方式。比如说，当市场参与者需要等待商务部发布某个具体的经济指标时，就会出现这种情况。个别情况下，当公告数据大幅低于预期时，市场几乎会立即做出反应，涨跌幅度通常会达到1%甚至是2%。由于时间敞口非常短，以至于很多交易几乎不可能得到执行。因此，这些投资系统根本就不会提供可行的订单执行范例。

另一个例子是，市场对某些非预期消息做出的极端性反应。1990年1月15日晚（东部标准时间），美军和盟军开始进驻科威特。次日，道琼斯平均指数开盘即大幅上扬75点。实际上，在前一个交易日收盘之前，投资者根本就没机会进入市场（如果你做空的话，则是退出市场）。尽管这只是一个特例，但只要你试图将这些方法用到现实的市场中，你就会惊奇地发现，这样的"特例"不在少数。

这些系统的另一个缺陷，就是通常只对特定时间段内的数据进行回溯检验，并采用特殊的规则，以便于通过特定方法与特定数据的相互适应，彰显其巨大的收益创造能力。只要你制定了足够多而且足够"匹配"的规则，就可以轻而易举地证明：你的系统在过去是多么有效。但如果制定规则纯粹是为了证明这种特定时期的利润是合理的；那么，这些规则反倒有可能阻碍未来的成功。归根到底，这是一种断章取义、削足适履的方法，根本不能反映真实的市场。

为确保投资系统能在未来有所作为，这些规则应尽可能精简——数量最少、形式最简单，而且测试期应尽可能延长并覆盖更多的市场。在这些广告宣传的大多数投资项目中，一个主要问题是它们只提供了最成功的案例。如果你要求它们提供投资系统其他时段或其他市场的结果，恐怕你只能得到一脸茫然。

　　投资系统的最后一个缺点是，一旦步入现实世界，它们大多难以奏效。原因何在呢？因为市场形势已经发生了变化。图 1-3是一个以简单移动平均截面数据为基础的投资系统。如果市场能展现出 1991 年 1 月至 3 月期间出现的这种明显趋势；那么，这种方法将极为有效。但是当股价表现出 1991 年 3 月中旬到 5 月期间的超强波动性时，同样的系统会让你大跌眼镜。

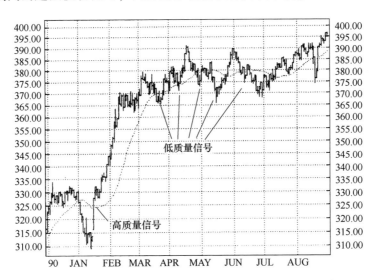

图 1-3　标准普尔指数与 25 天移动平均线

资料来源：*Pring Market Review*。

　　市场特征的变化不仅限于趋势波动性的变化。任何试图以过去预测未来的方法实际上都是在假定：以前的行为还会再次重复。

　　根据经济基本面假设构建的系统同样也会失灵。比如说，我们都已经知道，在几乎所有情况下，只要利率下降，股票价格迟早会反弹；而在利率开始上升后，股价会在某个时点开始下跌。在大多数情况下，这段滞后期的范围具有相当高的可预测性，但有时也会超过预期的时间范围。而这些例外就有可能导致错失机会或是遭受毁灭性损失。这种现象曾在大萧条开始时出现过。利率在 1929 年秋季达到最高点，而此后三年的股市则累计下跌约 75%。在这种情况下，利率引领股价的观点有可能会导致毁灭性打击。时机就是一切。与此类似的是，短期利率在 1976 年 12 月探底至 4.74%，而这一轮周期的最高点则是 1980 年 3 月的 16.5%，几乎是最低点的四倍。但是按同期标准普尔综合指数反映的股票价格却基本没有变化。

　　在很大程度上，利率与股票价格的反向运动关系可以成为预测市场走向的标准，但这些例子表明，这个指标同样远非完美，当然也不会成为我们所期待的"万灵丹"。其原因就在于，一旦某个指标或投资方法运行一段时间之后，宣扬其盈利能力的传闻就会像野火一样迅速蔓延。当每个人都意识到它的能力时，这种能力就会反映在股票价格中，从而导致原有的呼应关系就此消失。

　　这个概念反过来依旧成立，也就是说，恐惧同样也是一种动力。人们似乎更倾向于避免以往的错误。"一朝被蛇咬，十年怕井绳"的道理，不仅适用于其他形式的人类活动，而且更适用于交易和投资活动。譬如，在 1973 年至 1974 年的熊市期间，股票投资者遭受的打击主要来自于利率的上升。在历史上的绝大多数商业周期中，投资者都会等着在利率开始上升后出售股票。但是 1973 年至 1974 年市场崩盘之后的周期中，投资者则是因为预期利率上涨而出售股票。由于利率的上调已经体现在股价中，因此，在 1973 年至 1974 年，股票市场实际上是和利率同步上涨的。

在《股票市场的获利新方法》（*New Methods for Profit in the Stock Market*，1948）一书中，加菲尔德·德鲁告诉我们，人的思维通常会停留在上一次的市场体验中，并据此去判断市场。他指出，在每次经历出乎意料的价格暴跌之后，遭受重创的投资者都会铭记这次体验，以便于进一步掌握崩盘之前的警示信号。随后，人们会紧盯着这些要素，开始为他们的下一次失败做准备。德鲁认为，这样的想法当然算不上聪明，因为在下一轮熊市开始时，风险已转移到经济体的其他领域了。

这种思维倾向性的一个绝佳示例，出现在 20 世纪 20 年代。1912 年，美国经济因商品价格暴涨而经历了一次短暂衰退。因此，大多数人感觉到，在大宗商品价格趋缓的情况下，出现 1929 年的危机是很自然的事情。但他们没有意识到的是，通货膨胀问题已从商品领域转移到证券贷款领域（即保证金账户）。在市场疲软状态下，这些不合理的负债在无意间失去约束，并引发股价在 1929 年底进入螺旋式下跌趋势中。

在 1937 年到来的下一轮牛市最高点时，由于保证金负债的金额已远低于 1929 年的水平，于是，投资者再次流露出成功者的沾沾自喜。不过，隐患也再一次转移。导致这一轮经济衰退和股票大熊市的罪魁祸首则是需求的减少和存货的暴增。

德鲁还提到当时备受业界推崇的市场预测方法——通过商业晴雨表识别商业周期和股票市场的转折点。在很大程度上，这些预测模型确实非常有效，但它们是建立在历史数据的基础上的。但它们完全没有经历 20 世纪 20 年代末和 30 年代初的经济危机的检验——这段经历让所有历史范例归于无效。这些晴雨表几乎毫无例外地显示，股价在 1930 年的时候处于低位，而此时自然也是买进股票的好时机。而在此后两年左右的时间里，股市持续走低，下跌幅度几乎达到了 50%。对此，德鲁继续深挖背后的根源，"任何既定时点的'正常'只能反映过去一段时期的平均水平。它根本就没有考虑到条件的变化，而当前或是未来的'正常'或将有着迥然不同的面貌。"

此外，制度或技术上的变化还会以其他方式打破这种传统意义上的关系。多年以来，技术分析师始终习惯于跟踪因做空（这是投机者在熊市环境下利用股价下跌实现盈利的方式）而出售的股票数量。在纽约证券交易所的总卖空仓位大于日均交易量两倍时，就相当于出现了熊市信号。这个比率表明公众已开始看空股市，因为市场处于被严重卖空状态。此外，由于每一股因卖空而出售的股票都必须有人接手，因此，这个高比率也意味着，市场对股票存在巨大的潜在需求。

空头净额比率[⊖]也是一个非常有效的指标，它几乎预见到 20 世纪 30 年代至 70 年代之间的每一次大规模股灾。那时，股票期权和股票指数期权已登堂入室，而此后的大部分做空交易均体现为针对这些衍生品的对冲头寸。这些交易对短期利率造成了扭曲效应，因此，高空头净额比率也不再像以前那样，预示市场的悲观情绪或是潜在需求。

几乎每一位刚入行的市场参与者都希望手中握有一个完美指标。但出于前面提到的诸多原因，不仅以前不可能找到这样的完美指标，以后找到的概率也微乎其微。所谓的完美指标，必须能预测出经济形势、市场或制度的变化。此外，即便存在这样的神奇指标，随着市场传言的蔓延，必定会导致追随者纷至沓来。如此发展的话，市场会在指标发出购买信号时就见顶，发出卖出信号时反而见底了。最终的结果就是演变成一场预测者预测预测者的游戏。毫无疑问，所谓的完美指标就是一个笑话。

汉密尔顿·博尔顿（Hamilton Bolton）是著名市场分析月刊《银行信用分析家》（Bank Credit Analyst）的创始人。他在《货币和投资利润》（Money and Investment Profits）一书中评论称："具有讽刺意味的是，要成为一个有价值的指标，不仅需要它远离理想化的标准，还要能承受得起巨大的争议和时不时的极端异常性。因此，所谓的完美指标注定一无是处；而不完美的指标反

⊖ Short interest ratio，也称为放空比率，是指特定时点个别股票或整个市场融券做空数量占一定时期内平均成交量的比值，即，放空比率 = 当前卖空股数/平均每天成交量。——译者注

倒可能是有投资价值的。"博尔顿于20世纪60年代末英年早逝，在整个投资生涯中，博尔顿研究的预测指标可能比其他任何人都要多。毫无疑问，他绝对是一位开发预测指标和预测市场走势的大师。因此，对于一个像博尔顿这样的创造性天才，他的结论当然是具有代表性的：只有不完美的目标才是一个现实而且有利的目标，而完美的则是一个可望而不可即的目标，而且也是无论如何都不能带来利润的目标。

很多交易者和投资者耗尽全部投资生涯去寻找所谓的"万灵丹"，但最终无疾而终。比如说，某个人最早可能是因为一份诱人的广告而涉足股市，因为这份广告以某种投资策略或是令人垂涎的投资业绩作为诱饵，承诺给投资者带来成功。过了一段时间，残酷的现实摆在面前：投资者发现，这种方法根本就不能给他带来预期的财富，甚至毫无价值。随后，投资者丢弃旧方法，开始尝试新模型。以此类推，这个过程或将无休止地延续下去。

譬如说，某个读者也可能是为了寻找投资的"万灵丹"而购买这本书的。但更常见的情况是，当人们痴迷于寻求一夜暴富的致富捷径时，就很难做到以退为进，从更宽的视角去审视现实。如果真能做到这一点，他们就会明白，归根到底，这些不同的方法和系统都是某种思维循环的反映。

每个循环的起点都是采用新的方法、指标、专家或系统。最初，即使使用者对新游戏的诸多缺陷视而不见，热情和信念或许也能为他们带来些许利润。渐渐地，损失开始增加。摇摇欲坠的市场迟早会侵蚀他们的信心，让他们陷入沮丧和失望，并最终抛弃这些所谓的"万灵丹",而且会让他们下定决心——"永不踏足市场半步"。流逝的时间永远是最好的灵丹妙药,它总能让人们忘却昨天的伤痛,有一天,当新一轮周期姗姗而来的时候,他们会发现,新的"万灵丹"赫然呈现在他们面前。

没过多久,有些善于思考的人就会质疑这种自我延续的循环。在这个过程中,一个主要收获就是,遭受过惩罚的投资者已有所体会,他们开始认识到,投资和交易更多的是一门艺术,而不是什么精准的科学。当市场参与者意识到"万灵丹"不可存在后,他们也就学到了投资生涯中最宝贵的一堂课。用博尔顿的话说:在投资世界里,与那些追求完美目标的人相比,追求不完美目标的人很可能会迎来更可观的利润。

第二章　难得而宝贵的客观

在投资这个世界里，永远都不存在确定性。既然是在一个没有确定性的世界里，那么，你首先就应该了解你自己。

——詹姆斯·L. 弗雷泽（James L. Fraser）

只要你把金钱投资于金融资产，就会不可避免地将情绪投入于其中。一旦实际投入，你对这笔投资的偏见就会比拿出真金白银之前大大增加。即使你在这之前没有任何偏见，但只要拿出钞票，偏见就会随之而来。无论我们怎样努力地去克服自己的偏见，某些偏见还是会乘虚而入。成功的投资者很清楚这一点。因此，他们甚至必须以高度的自我控制力来保持心态的平衡。

尽管完全做到客观是一个不切实际的目标，但我们仍须采取措施，最大程度地增加我们对事物认识的公正性。内外力量都会扰乱我们的心绪平衡。而所谓的"内部"要素，就是指个人的心理结构。

因此，取得客观性也就成了一个如何评估心理上的脆弱性以及如何最大程度克服这种脆弱性的问题；这也是我们将在第二章讨论的主题。而外部力量则是来自于我们的同事、媒体以及发生在我们周围的形形色色的事件，这将是我们在第三章要讨论的话题。

无论是投资者还是交易者，都要始终面临各色各样情绪刺激的轮番轰炸。如果你不能适当控制自己的情感，那么，新闻、八卦和价格等诸多方面的骤变，就会像白炽灯中的灯丝那样高速振动，让你永不得安宁。这些外在影响将导致你的心绪在恐惧和贪婪这两个极端之间摇摆不定。一旦失去了心理平衡——哪怕只是瞬间的失衡，你的意志力和逻辑性就会荡然无存。此时，你会发现你自己将和绝大多数市场参与者一样——完全被冲动所控制。

要抵御这种心理倾向，你就必须要尽可能地做到客观公正。切记，在金融市场里，价格取决于投资者对新的经济和金融环境的态度，而不是环境本身。这意味着，价格波动将依赖于群体的希望、恐惧和预期，此时，他们会不遗余力地淡化未来事件的影响以及他们的心理偏见。因此，你的最大任务，就是尽可能忽略周围环境的影响，并在努力克服自身偏见的同时，对事物做出独立的判断。

市场本身受制于群体的情绪。我们当然没有能力改变这一点；这只能是我们必须接受的现实。但即便如此，要成为一名成功的投资者，你就必须有能力克制人类固有的心理缺陷，尽最大可能地去摆脱普通人的思维陷阱，真正地做到与众不同。当然，如果你确实能做到这一点的话，你自然会发现自己将成为所谓共识的异教徒。

摆脱偏见，学会依赖理由充分的观点

每个人的性格和心理特征都是独一无二的。这意味着，在我们当中，在走进投资市场的那一刻，某些人的偏见就会多于其他人。在这个问题上需要提醒的是，我们的很多偏见都会受自身经验的影响。比如说，对于因破产或是刚刚失业等重大财务损失而受到严重影响的人来说，他们在进行投资时，冒险的可能性就要小得多。只要有某一条坏消息传来，他们就会惊慌失措地通知经纪人清仓甩货。另一方面，对于一个有相反经历的人——比如说，刚刚获得加薪或是意外继承一笔财富而依旧沉浸在幸福当中的人来说，他们注定会以完全不同的心态和憧憬来到市场中，而且更有可能去接受暴风骤雨式的冒险。出于同样的道理，这个曾经被幸运光顾的人，也更有可能以过分自信的态度染指投资。由于这样的心态往往会导致他们思维混乱、盲目决策，因此，过去的经历让他们在走进市场那一刻就处于劣势。

因此，我们可以看到，这两类人都没有做到客观。因为他们的行为都是基于历史经验而采取的，而不是在合理判断现实和未来基础上形成的观点。在上面提到的两个例子中，两种投资者的行为均出自于冲动，而不是符合逻辑的思维。尽管自信的投资者也可以做出正确的决定，但那只是因为他很幸运。如果价格下跌，诚惶诚恐的投资者往往会比信心满满的投资者更有可能占有优势。因此，对我们中的每一个个人来说，要做到客观，首先就需要根据我们自身特点来应对不同的挑战——无论是看涨还是看跌，抑或是冒险还是谨慎。当然，这些特征也是由我们个性化的经历塑造出来的。

在本章里，我们将通过讨论，揭示出阻碍我们实现客观公正的主要因素，并针对如何规避这些心理陷阱提出若干基本原则。毫无疑问，只有你本人才能评价你的自身经验，以及你在市场中到底会出现何种类型的偏见。而且也只有你才能衡量这些先入为主式思维的性质和程度。只要能对它们做出理性判断，你就有可能以适当措施消除它们的干扰，让你在市场中立于不败之地。

医生为患者看病的时候，需要根据患者的症状给出相应的治疗方案，而处理投资中的"主观"负面情况，同样也不例外。疼痛是头痛的外在症状，而连续性的亏损则是投资和交易决策不当的症状。相应的处理方法，就是使用本章讨论的概念重新检查造成这些损失的事件和决策，在此基础上，再应用本书最后部分推荐的补救措施予以纠偏。

克服恐惧和贪婪

图 2-1 显示，客观性或心理平衡，大致位于极度恐惧和极度贪婪这两种破坏性心理之间的某个位置。恐惧是一种非常复杂的情绪，它可以体现为多种形式，如忧虑、害怕、惊慌和恐慌等。一旦放任恐惧的心理，它往往就会与敌视、愤怒和仇恨等其他负面情绪相结合，进而释放出巨大的破坏力。

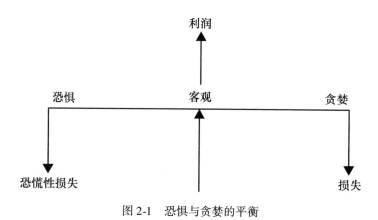

图 2-1　恐惧与贪婪的平衡

资料来源：*Pring Market Review*。

恐惧心理的方方面面

归根结底，投资者的恐惧可以表现为两种形式：害怕失败和害怕错失。在《我如何帮助一万多位投资者成为股市成功者》（*How I Helped More Than* 10，000 *Investors to Profit in Stocks*）一书中，著名道氏理论学者乔治·谢弗（George Schaefer）描述了恐惧的几个方面及其对投资者心理的不同影响。

对国家安全的威胁引发了恐惧。无论是宣战还是传言的战争威胁，都会抑制股价。战争的爆发往往被视为股市强势反弹的借口，因而才有这样的说法："听到大炮的声音就买进，听到小号的声音就抛出"。这句格言源于这样一个事实：战争的爆发通常是可预见的。随后，股市很快预见到战争爆发带来的可能后果，并立即下跌而做出反应。因此，当敌对行动开始时，消息得到验证，市场进入反弹阶段。随着结局趋于明朗，战争事件开始体现在价格结构中，并在胜利最终到来时，预言成为现实，价格开始下跌。因此，"小号声音"成为一种卖出的信号。只有在战局进一步恶化时，投资者陷入更大的恐惧，价格才会继续下探。

所有人都惧怕赔钱。这种形式的恐惧不仅会影响到穷人，富人也不能逃脱。因为你拥有的越多，失去的才有可能越多。因此，对任何一个人来说，越是富有，就越有可能经受恐惧。

令人不安的消息会诱发恐惧心理。任何威胁到我们经济福祉的消息，都有可能引发恐惧心理。而且形势越严重，爆发恐慌性清盘的可能性也越大。

大众的恐惧性心理具有传染性。恐惧会滋生出更多的恐惧。在我们的周围，以抛出股票来回应坏消息的人越多，坏消息就会变得越可信，熊市的景象就越逼真。在这种情况下，我们很难将自己的观点与周遭大众的恐惧隔离开来，因而也会产生卖出股票的动力。如果此类的突发性新闻没那么惹眼，我们就不会被拖入这种大众心理陷阱，因而也不太可能做出错误决定。

对无休止熊市的恐惧是个永恒持久的谎言。一旦股市进入大幅下挫通道，噩梦将无休无止的阴影，便会在投资者的头脑里挥之不去。几乎每一次牛市的序幕都是从下调利率和宽松货币政策开始的，它们共同为下一次复苏播下种子。对任何一个能独立思考的理性人来说，这种趋势应该是显而易见的。但是在环境发生变化的前提下，任何一个面对价格大幅下跌的人，都会变得惶恐不安，会让他们进一步担心："这次肯定和以前不一样"，下跌肯定会持续下去。

以往的恐惧会让人刻骨铭心。只要你在市场上遭遇过逆境，无论是有意识的担心，还是无意识的担心，抑或是两者兼而有之，但终究害怕类似的事件再次降临。假如你的一笔投资让你损失惨重，那么在下一次面对投资时，你肯定会更加紧张。结果，哪怕只是微不足道而且往往想象中的麻烦，都会给你的判断带来负面影响。这种暗示会不自觉地鼓励你放弃投资，以避免再次遭受损失的心理痛苦。

这种现象也会影响到整个投资界。在 1929 年之前，集体心理还停留在对另一次"黑色星期五"的恐惧当中。1869 年的一个星期五，一批投机者试图垄断黄金市场。随着黄金价格暴跌，他们被迫清算，并不得不追加保证金，随着影响蔓延到股市，并最终造成资本市场整体性崩盘。尽管今天的投资者很少经历过 1929 年的"黑色星期四"式崩盘，但这一事件依旧让大多数投资者心有余悸。因此，哪怕只是旧病复发的迹象，也足以让投资者仓促逃走。

对错失机会的恐惧。尽管谢弗并没有提到这种类型的恐惧，但它的影响力却非常之大。这种现象经常出现在价格大幅上涨之后。衡量基金经理投资业绩的标准通常是以市场大盘或与同行数据为基础的相对指标。如果在股市大幅反弹开始时投资不足，那么他们会感觉到，错失大盘上涨的机会会让他们以后的投资业绩不堪入目，这种感觉非常强烈，以至于让他们唯恐搭不上末班车，进而争先恐后地涌入市场。

这种形式的恐惧还会影响到个人。对于特定的金融资产，投资者通常可以非常准确地判断出即将到来的大涨行情。但是大牛市真正到来时，他们却会出于某种原因而让止步不前。或许是因为他们还在等待更低的价格，但更可能的情况是他们已经入市，但却因为某些意想不到的坏消息而已经离场。但不管是出于什么原因，这种"卖光牛市"的操作突然让他们有一种失落感，让他们除了重新进入市场之外别无选择。具有讽刺意味的是，他们往往会选择在大盘已接近最高点时入市。因此，对牛市行情的强烈信念，再加上价格暴涨这一事实的强烈刺激，会导致他们产生一种被遗落的感觉。

　　我个人发现，这种对错失机会的担心，往往会伴随着愤怒，这种或因一次小小意外错误而引发的愤怒情绪，会加重自己的挫败感。这些错误通常表现为执行过程不得力、订单不当或是未能执行等形式。而且我发现，这种情绪的爆发又不可避免地总能和市场上某个重大的转折点联系到一起。这种经历会告诉我两件事。首先，我已经明显失去了对市场的客观态度。因为在我看来，在这种必须不惜一切代价进行投资的必要性面前，所有其他情感都已经变得苍白无力。因此，我的决定很可能是错误的。其次，市场形势在本质上就是市场过度扩张的一种象征——价格长期上涨最终将导致投资者总体信心受挫。因此，我们完全有理由预见，其他人同样会受到这种挫折感的影响，这意味着，所有的购买潜力均已兑现。

　　在发现自己已处于这种状态时，最明智的做法往往就是静观其变。一位客户曾对我说："总还有另一列火车。"他说这句话的意思是，不管眼下的机会看起来有多令人垂涎欲滴，即使错过了，但只要有足够的耐心和高度的原则性，你就能等到下一列火车。因此，当你发现自己陷入这种困境时，一定要克服对错过机会的恐惧，并努力寻找下一列"火车"。在股市上，机会随时会和你擦肩而过，但也会随时和你不期而遇。

实际上，恐惧会导致我们闭关自守。这种情绪的力量非常之大，以至于会让我们忘记了"条条大路通罗马"的道理。其实，我们还可以另寻出路。

对失败的恐惧还可以表现为其他形式。比如说，我们偶尔也会在心理上和自己作对——拒绝承认不祥征兆的存在。具体表现为，我们刻意对坏消息视而不见，两眼只盯着好消息。因为我们只想着市场注定会反弹，这种想法会让我们人为漠视坏消息，尽管坏消息对市场的影响可能比好消息更大。毋庸置疑，这种漠视有可能会招致毁灭性损失。

或者说，投资者在进入股市时就可能带着自己的成见：股价在未来几年必定会大幅度上涨，比如说，会上涨 30%。而在几周之后，股票价格或许就已经上涨了 15%。而后，这只股票经历了一次微调，但这次微调几乎和长期增长趋势毫不相关。即便这样，也还是会引发投资者产生对失败的恐惧，因为这次微调让他们在头脑中不由自主地想到此前的失败经历。他们的逻辑可以是："为什么不在现在退出呢？任何可能发生的市场短期修正，都有可能将股价拉低到买入价格以下，如果是那样的话，我只能接受再一次的亏损。如果我现在立即清盘，等股价下跌之后重新买回，岂不是更好吗？"于是，他们的注意力也就此发生变化：从市场能给他带来什么，转移到市场会从他们身上抢走多少。假如清盘是因为他们对形势条件的判断发生了变化，那么这种清盘就是合理的；但如果这种判断完全依赖于个人的感觉，而不是外部环境的变化，那么这种清盘毫无意义。为了解决这个两难困境，一种方法就是兑现部分仓位的收益。这样做不仅有助于减轻投资者的一部分压力，还可以让他们有更大空间去参与下一阶段的反弹。

但想要一种更长远、更可行的解决方案，投资者还是应该首先认识到，他们在这方面遇到了问题。接下来，制订计划，提前设定现实可行的目标，并允许在某些预定条件下兑现部分利润。和那些受制于性格缺陷而形成的冲动型交易或投资决策相比，这种方法的成功概率必将大大提高。如果逐渐将这种计划方式纳入到我们的每一个交易或投资决策中，它最终就会成为一种习惯。然后，我们就会把对失败的盲目恐惧转换为理性的恐惧，随时根据环境变化而调整计划。

贪婪

贪婪是人类情绪化坐标的另一个极端。它源于过度自信与希望在最短时间内实现最大利润的急功近利精神的结合。这是一个市场高度杠杆化的时代，无论是期货还是期权，人们都希望通过一蹴而就的本垒打来兑现财富梦想，这种一厢情愿的梦想强烈诱惑着每一个市场参与者。但问题是，这种一口吃出胖子的方法，势必会招致更大的压力和主观性。

不妨看一个简单的例子，假设交易员雷克斯认为，黄金价格已进入动态反弹的早期阶段。通过基本面分析和技术分析，雷克斯得出如下结论：牛市已或多或少成为众所周知的"既成事实"。他可以多种方式利用这轮牛市。一种方法就是单纯投资于黄金实物或是黄金股票。而另一种更具吸引力的方案，则是抽出股市上的大部分资金，转而投资于期货或期权市场。通过这种方式，他的投资将呈现出非常高的杠杆率；如果决策正确，其总体收益将是单纯进行现金投资的若干倍。

作为一种金融工具，期权可以让我们在特定时间段内按既定价格购买某种金融资产或期货合约。期权的主要优势就在于，投资者所能遭受的最大损失就是购买期权的费用，但却可以利用杠杆享受基础资产上涨带来的巨大收益。期权也有自己的缺点，如果价格在期权到期时并未反弹，那么投资者将损失全部投入。在使用期权的时候，如果价格在期权到期时未能达到目标水平，那么即使你对市场的判断完全准确，还是会颗粒无收。

另一种杠杆式方案——购买期货，则不存在这样的缺陷，因为合约到期后往往会被"延期"或是进行再融资。而期货的问题在于，市场很少是按直线模式变化的。

缺乏合理控制的成功也有可能会播下失败的种子。无论是在交易中还是投资中，如果一个人能一帆风顺地始终盈利，那么他注定会感到无比的愉快和幸福，并萌发出一种无往而不胜的感觉。但这反过来又会刺激他们做出更大胆、同时也是更盲目的决策。市场不断在试探我们的脆弱点和缺陷，因此，这种鲁莽冒进式的投资行为，无疑为市场毁灭创造了机会。在这个问题上需要牢记的是，无论一个人多么有才华，他都不可能永远成功。每个交易者和投资者都需要经历一个成功与失败交相呼应的过程环。成功的交易者和投资者对这种无敌优越感有着清醒的认识，而且经常会在有利可图的战役后刻意"远离市场静观其变"。在这段"假期"内，他们可以为自己的情感电池重新蓄电，以便随后能以更客观的心态重返战场。

对于那些取得连胜的投资者，无论他们从事的是短期交易还是长期投资，都会出现一种放松懈怠和降低警惕性的倾向。毕竟，他们已久未体验市场考验的残酷。为了获得利润，我们往往需要忍受痛苦的自我纠正和市场扭曲；而他们几乎不费吹灰之力即可实现利润，可以想象，这种信手拈来的利润当然不会像来之不易的利润那么宝贵。导致出现这种现象的部分原因在于，一场成功的战役会强化我们对已采取的准确决策的信念。在这种情况下，即使出现新的相反证据，我们也很少会质疑自己的投资或交易头寸是否合理。但我们需要认识到，市场信心和价格是成正比的。

我们越是对自己有信心，就越是应该采取控制性措施来让我们始终脚踏实地，从而维持心理上的平衡。投资初始阶段的要求有别于投资进行过程当中的要求，因为在最初阶段，恐惧和谨慎确实有助于防止我们做出轻率盲目的决策。当价格向有利于我们的方向移动时，促使我们审慎稳健的力量也在逐渐削弱。另一方面，当市场发生不利于投资或仓位的剧烈市场变动时，则会给我们带来意外的打击。因此，更可取的方法还是保持一颗畏惧的心，随时环顾周遭的事态发展，警惕有可能扭转当前基本趋势的蛛丝马迹。因为在我们学会预测这种意外的打击之后，意外也就不会那么频繁了。对于我们可以预测的事件，自然就更容易把它们纳入到我们的视野当中。否则，它们的真正重要性就有可能被夸大。这种观点的核心，就是要尽可能地维持平衡的心态，只有这样，才能合理纠正任何心理上的失衡。

设想一下空手道的练习者，他们是如何为防守对手进攻而维持身体平衡的。投资者或交易者也应如此。采取一切手段来维持心理上的平衡。一旦让自己受制于恐惧和贪婪的极端情绪，你就更容易被意想不到的外部力量所打倒。如果不能判断评估它们的真实重要性，并通过思考做出合理的反应，那么你就更有可能和所有人一样，对这种刺激做出情绪化反应。

在恐惧和贪婪这两个极端之间，还存在着其他很多种情绪。这些心理陷阱同样有可能使我们偏离客观立场，我们将在后面的章节中进行逐一讨论。

无休止的过度交易——"市场癖"

很多交易者认为，他们必须马不停蹄地和市场对抗。每个人的原因各不相同：有些人渴望刺激；有些人则认为这是支撑他们梦想的支柱。如果你身处市场之外，就不能再去奢望它能给你带来财富。当生活中的其他一切都让你感到失望时，交易或是投资就会成为你唯一的希望寄托。在这种情况下，交易者或投资者实际只是在利用市场来补偿他们的挫败感。而对其他人来说，始终离不开市场的动机不过是纯粹的贪婪。但无论是哪一种情况，这些市场参与者的动机都是有缺陷的。因此，出现怎样的结果都不足为奇。

1926 年出版的《股票投机研究》（*Studies in Stock Speculation*）一书中，沃尔夫（H. J. Wolf）把这种现象称为"市场癖"，它会让人不加思考地冲上一列火车，却不知道这列火车将开往何处。一旦染上这种癖好，就会让交易者误以为，他的行为完全是出于自己的判断。但实际上，他只是在凭空猜测；他觉得自己是在投机，但实际上却是在赌博。沃尔夫认为，这个问题非常重要，并将其归结为兑现第九条基本交易原则——"避免不确定性"的"负担"（见第十四章）。

他告诉我们，当环境高度不确定以至于无法准确判断市场的未来走向时，所有人都应该远离市场。这个结论意义深远，它让我们深刻地认识到，要获得心理上的平衡并保持可观的态度，一个最基本的要求就是要对我们自己的观点有信心。如果我们做出一个连自己都不能完全相信的决定，那么即便是微不足道的坏消息或者预料之外的价格变动，都会让我们无所适从。

过度交易的另一个后果就是丧失观察力。如同涨潮中的所有船只都会浮起来一样，水涨船高的道理同样适用于股市，因为牛市就像是一波大潮，会推高所有股票的价格。而在熊市中，大多数股票自然都难逃下跌的命运。这意味着，在基本趋势或主要趋势进入下行通道时，不管你买进多么完美无瑕的股票，都有可能会给你带来厄运。如果你一直待在股市里，那你就是一个典型的短线投资者；如果你的持有时间太短，自然也就难以认清市场大势的走向。只有在经历一连串令人煎熬的投资损失之后，你才能逐渐体会到趋势已经反转的事实。

当经营环境恶化时，随着市场需求的下降，制造商会减少产量。交易者和投资者也应该采取类似的企业经营思维，即在股市环境不利于获利时，必须审时度势地克制操作。

报价机的诅咒——"报价癖"

始终盯着股票报价只会让你的判断更加混乱。不加节制地关注报价或价格信息，绝对是让我们丧失观察力的最有效方法。在1980年开始进行期货交易之后，我记得曾租用了一台价格非常昂贵的报价机，这台报价机还能绘制出实时股价图。在交易日开始时，屏幕显示空白；随着交易的逐渐进行，报价机的屏幕上绘制出每个报价或每一笔交易。这在当时似乎是个好办法，毕竟我的交易是有技术分析或图表趋势做支撑的。还有什么办法比依赖最新信息进行交易更好的呢？

遗憾的是，要真正跟踪这些图表并据此进行交易并不那么容易，这完全是一种对心理的折磨。在交易日结束时，我感觉自己似乎经历过数次完整涨跌的轮回。于是，我的交易策略也逐渐从长线转为短线、甚至是超短线。但更糟糕的是，每当我的订单提交到交易所柜台时，市场通常会有很大的变化。因此，每一个订单的执行几乎都不如我愿。

我之所以这么说，并不是要抹黑证券公司，我只是想说，这种交易的时间滞后，明显不利于短线交易的成功。当然，我也不是建议大家都不做日内交易。不过，确实很少有人具备足够的能力和执行速度来借助这种短线交易实现盈利。即便你是一位货真价实的专业人士，而且全力以赴地去做这件事，成功的机会也很小。

1926 年，亨利·霍华德·哈珀（Henry Howard Harper）出版了他的代表作《投机心理学》（*The Psychology of Speculation*）。在这本书中，他把这种离不开报价的怪癖称为"报价癖"。他指出，当一个人沾染报价癖的毛病时，就会像"因为伤寒症而神志不清的病人那样，根本就无法采取理性和自控性的行为"。对于这样的说法，他的解释是，报价机上的价格闪动会造成一种在心理上的中毒现象，"因为不自觉地痴迷于暂时性影响而造成视野受限"。就像距离照相机镜头太近的物体会发生变形一样，聚精会神、从不间断地研究行情显示系统或是报价机，也会扭曲你对市场形势和股票价值的判断。

如果你是在自己的家里，笼罩在你身边的是一片祥和平静的气氛，那么你或许还能根据预先设定的价格点，对下一个交易日或是下周的投资或交易决策进行认真而理性的分析。但是，在被稍纵即逝的各种谣言、圈套和不知从何而来的消息所笼罩时，我们很容易就会丧失原有的推理能力。偶尔的时候，你甚至会发现自己正在被周围人群的歇斯底里情绪所摆布，频繁做出非理性的决策，完全背离你昨晚在客厅里冥思苦想而制订的计划。当然，这并不等于说，只要你关闭电视或是报价机，就一定能获得成功。但是和一个完全依赖报价机或行情系统的人相比，至少你会有更宽阔的视野和更开放的心态。

有些交易者和投资者确实能够从他们的既往经验、对现实的观察以及针对报价或股价变动的分析中，把握价格趋势中出现的重大调整。在这种情况下，他们的决策完全依赖于价格行为。但这种能力毕竟需要大量的专业知识。这种方法的成功实践者注定是那些与市场同生存、同呼吸的人，而且他们必定具有超强的自制力。这些人与绝大多数凡夫俗子之间的最大区别就在于，他们会在价格因坏消息而下跌之后成为买家，并在利好消息推动价格上涨之后及时卖出。他们绝不会以冲动的情绪化方式对某个消息做出反应；相反，他们只会利用自己的经验采取与群体相反的行为。

最微妙的思维陷阱——希望

在价格经历一轮暴涨、而后又遭遇抛售狂潮之后，盲动往往会让那些盲目跟风的投资者蒙受巨大损失。很自然，他们多么希望价格能再次恢复到之前的水平，以便为他提供一个"全身而退"的机会。但这种赚回本钱的希望自然是一厢情愿，它是导致我们无法做到理性思考和维持客观性的最大障碍之一。

希望经常会成为我们决定未来投资立场的主要影响因素。但遗憾的是，它只会扭曲或干扰我们做出合理判断的能力，而且注定会带来更大的损失。在某种意义上，受希望心态影响的人，实际上就是在心理上幻想着市场总能如他所愿，而不是在对环境做出客观评价的基础上进行理性预测。

我们可以将"希望"定义为"对想得到事物的一种期望"。显而易见，合理的投资和交易方法不可能建立在愿望的基础上，而是应该依赖于我们对未来环境将如何影响价格而做出的合理判断。当你的投资处于亏损状态时，你应该退后一步想，最初买入时的理由是否仍然存在。你应该尝试去回答这样的问题：如果我现有的资金全部为现金，那么，这笔投资或交易是否还有意义？最初促使我买入的原因是否仍然存在？如果答案是肯定的，那么你就应该维持现状；否则，让你留下来的唯一理由就是希望。

只要你发现继续持有仓位头寸的主要理由是希望，那么一定要当机立断，清仓甩卖。这么做有两个层面的意义。首先，它会让你避免遭受进一步的损失。如果你坚守仓位的唯一理由就是希望，那就表明，你已经对所有潜伏的危险熟视无睹，而且在价格进一步下跌时，你会赔得更惨。其次，你必须强迫自己重拾客观态度，并尽可能摆脱各种偏见的束缚。要做到这两点，唯一的做法就是清空仓位，并尝试着对这笔投资的形势进行全面评估。

多愁善感

每个置身股市中的人迟早都会发现，他们对某个领域有着特殊的偏爱：可能是某种商品、股票或是行业组织；也可能是你工作的公司，或是一只继承而来而且始终在不断增值的老股票。譬如所谓的"黄金虫"，就是指那些对黄金价格情有独钟的人。培育一种钟情于特定资产类别或某个实体的理念或技能，并以此作为建仓的理由，这当然没有任何错。但如果你把自己和某一只股票彻底绑定起来，而且从不质疑持有这笔投资的理由，那么这笔投资的真实目标就是出于情感上的非理性原因。

每一家公司都会经历自己的生命周期，都不可能永远保持高速增长态势。图 2-2 显示了一家公司的典型生命周期。首先迎来的是创新的动态发展阶段；然后是巩固和成熟阶段；最后，随着创新和新技术的出现，公司进入衰退过程。最后这个阶段通常发生在最初创始人离开企业的很久之后。从根本上说，当前管理层只是在依赖公司原有的声望，而这种声望的缔造者则是富有远见的公司创始人。由于缺少创始人那样的理想和目标的激励，公司正在变得臃肿和懈怠。与此同时，新的竞争对手已经咄咄逼人，而且经营环境也开始不利于公司维护其行业领导者的地位。

这个过程并非一成不变。很多公司在一个生命周期内成功地实现了自我升华，从而在更高基础上进入下一个周期。在这个问题上，关键的一点在于，任何人都不应该因为以前曾经得益于某

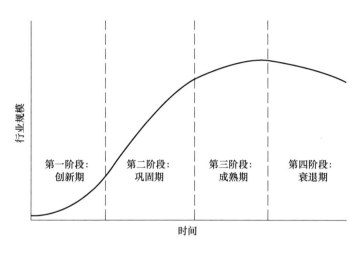

图 2-2　行业生命周期

资料来源：投资信息服务公司（Investment Information Service Company）。

一家公司，就把自己永久地和这家公司绑定在一起。人们经常会说这样一句话："我在几年前以 10 美元的价格买进这家公司的股票，是因为我看好它的前景。现在，这只股票已经涨到 100 美元，我已经赚够了，它也不欠我什么了。"毫无疑问，你当初买进这家公司股票的原因，并不是你在今天还要继续持有这只股票的理由。任何一个这么说或是这么想的人，实际上都是在给自己找借口。这些人会这样对自己说："我确实不想抽时间去看看其他选择，也不想去操心尝试新的东西。"

当我们把投资锁定在某个领域或是某一只股票时，自然也就放弃了进行客观分析这个最重要的过程。如果我们定期分析市场形势，而且认为目前持有这只股票仍是合理的，那当然没有问题；但现实是会变化的，而且肯定会发生变化。针对过去 10 年而言的好形势，直接照搬到未来 10 年，就未必是好形势了。

图 2-3 显示了 20 世纪优质成长股 IBM 的长期变迁史。在 1983 年之前的 30 年时间里，IBM 的股价从勉强 1 美元多一点上涨到超过 100 美元，但是在 1983 年，人们却看到了新的一幕。在此之前，IBM 始终是牛市的领头羊，但是在 1983 年之后的 10 年里，IBM 的股价却显示出另一番景象。尽管任何锁定 IBM 股票的人都不会有太大损失，但他们却失去了史上最强牛市的一个机会，因为几乎其他所有蓝筹股在这段时间内的表现都要好于 IBM。

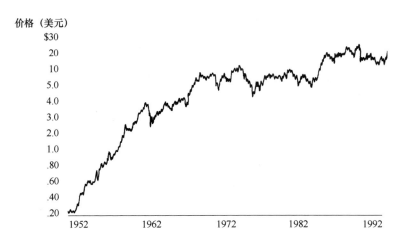

图 2-3　1931 年到 1991 年期间的 IBM 股价

资料来源：Perrett, *Diversify*, p. 77,（London：Longmans）。

一厢情愿之举——预测市场走向绝不等于事实决定的市场走向

在我们固执己见、坚持以先入为主的观点认识未来市场走向时，保持客观立场的最大障碍就出现了。这显然不同于猜测既定环境下可能发生的若干情景，因为这需要更为开放和灵活的思维方式。在我们以高度教条的方式解释事物发展趋势时，客观性会遭遇最大的挑战。在这种情况下，最有可能出现的结果是，我们有意无意地从思维上剔除那些与事前成见相冲突的证据。只有当市场开始背离我们的预测并在经济上给我们带来惩罚之后，我们才开始质疑自己最初的观点。因此，当一个人固执己见地带着强烈偏见进入市场时，实际上已经彻底抛弃了客观性。

有句老话说，市场永远憎恶不确定性。这句格言确实有道理，因为我们现在都知道，市场实际上就是所有参与者的态度、希望和恐惧汇聚于一处而形成的。但作为个体，我们当然不喜欢不确定性。因此，对价格水平形成明确的认识，是我们很多人用来消除这种不确定性的心理手段。但是要消除这种偏见并非易事，因为我们每个人都会受到周围事件与消息的影响。

不妨以经济摆脱衰退的方式为例来解释这个问题。作为经济形势的一个滞后指标，当失业成为媒体聚焦点的时候，这些消息通常会给股市带来下行压力。然而，货币供应和股票市场等经济领先指标不会像大规模失业那样引发社会关注。如果你告诉大家，加班时间（反映劳动力市场的重要领先指标之一）正在大幅提高；那么你的报纸很难实现大卖，你的电视收视率也不会因此而提高。结果，在经济走出衰退期的那一刻，反倒会让我们经历坏消息的连续轰炸。这种媒体炒作势必对我们的判断产生不利影响，导致我们设想出不切实际的悲观情景。在这种情况下，我们会认为股票将会下跌，并据此执行我们的投资计划。故之后市场反弹时，我们必然会完全不知所措。此时，由于市场与我们先入为主的主观预计格格不入，以至于我们会自欺欺人地否认现实。

克服这种偏见的方法之一，就是对经济走出衰退之前时期的经济情况进行研究，并尝试着找到可以提前预见这种发展趋势的经济指标（即领先指标）。实际上，这种操作并不需要弄得非常复杂。我们关注的信号可以是六个月或更长时期的利率下降，包括美联储连续两次下调贴现率，房屋开工率连续四至六个月的上调以及平均加班工作时间的增加等。

这种研究可以为我们对经济未来发展形势形成合理观点创造基础。如果采用前面介绍的几个公认性指标，那么经济的任何重大变化都需要引起我们高度注意。

经济指标的持续周期可以达到一年甚至更长。如果你用一个月的数据创建长期情景，那么这个情景很可能会让你对经济形势做出误导性解释，尤其是在这种解释与其他市场参与者和媒体观点相似的时候，更会让你笃信不疑。实际上，这样的解释或许会让不求甚解的人信以为真。

有些投资方法建立在坚实合理的指标之上，这些指标以审慎的方式对市场每月公开披露的数据做出反应；但有些方法则依赖于对市场传闻的本能性反应，而且这些消息要么是媒体大肆宣传的热门新闻，要么是不顾现实的夸大其词。两种方法孰优孰劣，不言自明。对最新引用的经济指标以及其他拥有良好预测效果的指标进行深入研究，有助于我们建立一套客观的评价标准，使得投资者不太可能去奢望让市场走上他们先入为主的设想。

在这里，我只是用一个简单例子来说明建立客观预测的基础。实际上，任何经过实践检验的投资理念或精心设计的系统都可以达到相同的功效。例如，选股者可以根据一系列经过长期验证，并取得合理收益的基本标准进行投资决策。还有些人可能会使用以价格变动为基础的技术分析系统。归根到底，最关键的因素在于，所有这些方法都为从业者进行投资或交易决策提供客观的依据。

本章小结

了解自己的良好起点，就是对你在过去几年中的投资或交易业绩进行分析和反思。即使你实现了盈利，认真回顾也可能会让你意识到，你在这段时间内的盈利，其实仅仅是某一笔投资的超额收益，而且这笔投资又恰恰可以归结为运气，而不是你自己的某种特长。

即便是成功的投资，也总会留下改进的空间，而且任何有信念的人都可以在成功的基础上不断进步。但这种进步不可能在一夜之间完成，它毕竟涉及长期习惯的改变；因此，这是一个需要在长期不断重复和强化基础上才能兑现的过程。习惯是一种根深蒂固的思维模式，它在我们生命历程中的早期阶段就已经建立和成型。心理学家告诉我们，除非我们能持之以恒、全身心地去改变，否则，任何习惯都是很难发生变化的。

我们所有的情绪都会随时根据外部标准发出或接受刺激。这些刺激的方向，或者我们对既定刺激做出反应的方式，取决于我们以往的经验和偏见。你会阅读这本书，就足以表明，你有改善思维方式的意愿。

第三章 独立思考

任何人都必须自己去思考；必须遵循他自己的信念。自信是你的努力获得成功的前提。

——迪克森·G. 沃特斯（Dickson G. Watts）

在上一章中，我们指出，投资成功最重要的要求之一，就是必须具有实现完全客观性的能力。这说起来容易，但做起来可就难得多了，因为不管我们如何努力实现心理平衡，过往经历或外部影响带来的偏见，还是会影响到我们的判断力。虽然困难重重，但我们还是要尽可能地做到不偏不倚。

无论是内部力量还是外部力量，都有可能打破我们的心理平衡。因此，要做到客观公正，我们就必须评估自己的内部力量——也就是说，我们的心理脆弱程度，并确定如何最大限度地克服这种脆弱性。我们已经在第二章里介绍了这一过程。外部力量可以来自同事、媒体以及发生在我们周围的事件。我们将在本章讨论这些要素。

在大多数情况下，外部因素对给我们的情绪带来不利影响，妨碍我们进行清晰、独立的思维。因此，它们也是实现投资目标的主要障碍。在高科技社会环境下，任何人都很难让自己彻底摆脱这些破坏性倾向的影响。当然，一个显而易见的解决方案，就是迁移到一个与世隔绝的地区，关闭所有通信方式，也不看报纸。只有这样，我们才能不会被外界事物和意见所影响。当然，这也是一种完全不切实际的方案。此外，正如我们在下文中将会看到的那样，这些以群体思维或群体行为等形式出现的负面外部影响，实际上还发挥积极的作用。对于媒体的吹捧、经纪人的谈话、投资提示或是闲聊之类的外部因素，如果将它们作为逆向投资思维的基础，反倒可以成为我们制定理性投资决策的宝贵分析工具。

如果我们承认，接受随机观点会带来一定程度的心理"噪音"；那么要实现最大程度客观性的目标，就需要我们有意识地过滤掉尽可能多的噪音。杰西·利弗莫尔被很多人视为史上最伟大的投机者之一，他就曾试图让自己与可能影响其投资盈利能力的外部影响隔离开来。在《利弗莫尔的股票交易方法》（*Jesse Livermore's Methods of Trading Stocks*）一书中，作者理查德·D. 威科夫（Richard D. Wyckoff）介绍了利弗莫尔为避免这些影响而采取的措施。

"很长一段时间，他都没有体会到沉默和独处的优势，但多年之后，他已经适应于在自己的私人办公室进行交易。这样，他就可以远离客户房间的喧嚣，免受外界因素的干扰。每天早晨乘车从城区住宅出发……从不搭乘火车或地铁。实际上，很多富有和杰出的金融家都是这么做的，但**他们并不是刻意避免与其他人**

接触，而利弗莫尔则是有意而为之的；他知道，如果每天上班途中接触到其他人，一旦有人谈到股票市场，他会不可避免地会听到**消息和传闻，而这就会影响他形成自身判断的过程**。独处与静思可以让他独立思考，而且他绝不希望思维过程在早晨、中午或是晚上有所不同。"

随后，威科夫又描述了利弗莫尔的办公室设置。他的办公室布置非常简单，基本上只包括股票报价磁带和一些主要股票和商品的报价。（这表明，早在半个多世纪以前，人们就已经普遍认识到不同市场之间的相互关联性，并开始利用这种关联性。）

杰西·利弗莫尔每天都在密切关注股票报价磁带，关注自动收报机会对新闻报道做出怎样的反应。他之所以对瞬息万变的消息感兴趣，并不是出于情感（即在出现好消息时买进，遇到坏消息时卖出），而是依赖于这些新闻消息给市场或特定股票带来的影响。利弗莫尔笃信的理论是：真正的新闻不是头条新闻本身，而是隐藏在这些消息背后的东西。他认为，在市场上取得成功的唯一途径，就是认真研究和了解目标公司财务和基本面的经济条件。利弗莫尔尤其喜欢研究和解释报磁价带上的变动信息。其他成功人士则采取了不同方式。在这方面，我们每个人都需要研究不同的投资理念，并确定哪个最适合自己。有些人可能会选择价值投资；其他人则有可能专攻成长股、资产配置或执行某些简单但却有效的技术体系。运行是否良好是唯一的标准，至于这种方法性质如何，则无足轻重。但归根到底，就是能在不受外部负面因素约束的前提下执行既定战术。

虽然算不上极端笃信，但利弗莫尔的确认为，健全的身体有助于创造健全的思维。头脑清醒源自于身体健康的观点体现在这样一个事实中：在交易日，他几乎一直是站立的。他认为，这个姿势可以让他正常呼吸，确保血液循环顺畅。此外，威科夫还为我们讲述了华尔街的另一个传奇人物，詹姆斯·R. 基恩（James R. Keene）也习惯于采用类似的姿势。

通过简要了解利弗莫尔在工作中的动作习惯，我们可以看到，为实现自己的理想，他已经在习惯和生活方式等方面做出了重大调整。他很早就认识到，必须尽可能多地掌握投资领域知识；但利弗莫尔也知道，心理因素对市场价格的影响非常大，因此，他还对心理学领域开展了正式研究。当威科夫请他指出成功投资者的两个最重要品质时，利弗莫尔的答案就是耐心和知识。他坚持认为，要做好这件事，首先需要以某种方式将自己隔离起来，克制外部环境对心理的影响，因为它们很容易会让那些粗心大意的人偏离原本完美的行动方案。

在认识到保持客观立场的重要性之后，我们的关注点将转移到某些有可能导致我们的判断力发生扭曲的常见方式。与此同时，我们还将提供有助于抵御这些诱人干扰的技巧。我们即将讨论的外界影响因素，可以划分为如下几个大类："价格新闻的毒品效应"、"传言、舆论专家和大师"，以及我所说的"别人家的更好"效应。

价格新闻的毒品效应

多年前，投资者和交易者获得连续、最新报价的唯一方法，就是亲临证券经纪人的行情室。这些行情室的一个特色，就是为公司客户预装了自动报价机。在行情室，他们可以取得所关注股票的最新价格信息。当然，这可不是经纪人出资给客户提供的慈善待遇，因为公司很清楚，让客户直接面对报价机提供的最新价格信息，会刺激他们进行更多的交易，从而为公司赚取更多的手续费。

今天的情况早已大不相同，因为交易者和投资者可以用很低成本取得各种在线数据、股票报价新闻和图表分析服务。现在，只需待在家中或坐在舒适的办公室里，我们即可获得每一笔实时交易数据和最新的市场新闻事件；在财经新闻频道上，你可以看到每个你信任的分析师，聆听他们对最新发展形势发表的"专业"观点。但这些随感而发、几乎未经过深思熟虑的分析是否真有价值，就值得怀疑了。此外，这些预测大师的观点表面上看，通常是免费的。因此，他们做这件事的最大动机或许就是推销自己，借以提升自身形象。

从本质上说，当下的任何投资者或交易者都可以无障碍地获得价格信息、新闻和分析结果；而且这些信息往往会激发我们的情感，并最终让我们摆脱理性的约束。比如说，在昨天晚上，你或许已经对债券市场进行了非常彻底的研究，并据此得出结论——利率即将下降，由此，债券价格将在未来几个月内触底反弹。于是，在今天早上，你就马上打电话给经纪人，要求买入部分债券。即使你出于对这些债券长期潜力的预期而买入，而且对这些债券的前景感到无比憧憬，但还是忍不住咨询一下你的经纪人或是参考财经渠道和在线报价服务的观点，当然，你的初衷就是想检验自己的判断是否正确。随后的事实证明，债券的反弹如期而至。这让你神清气爽。于是，就在当天的晚些时候，你再次核查债券的价格情况。这个过程让你情绪高昂，以至于在从办公室回家的路上，你就已经想着如何将这笔尚未实现的账面利润收入囊中，而且盘算着明天进一步买进更多债券。第二天一大早，你就迫不及待地等待债市开盘，你真是太急于买进更多债券了。

即使额外买入债券并不符合你的原定投资计划，但你认为这次反弹将会"变成现实"。因此，你觉得除了买入更多债券之外别无选择。事实证明，其他人也有同样的想法。债券市场开盘即开始上涨。这只会增强你的信心，因为你认为"自己已进入正确的轨道。"进入交易日，债券价格继续上涨。你对当日的交易情况非常清楚，因为你给经纪人打电话的频率已大大增加。尽管债券的收盘价已开始下探，但你对此不以为然，因为你已经信心爆棚。

我们不妨分析一下，到底发生了什么。你基于合理的判断完成了一笔非常精彩的投资。但频繁给经纪人打电话却加大了你在情绪上的参与度。这就导致你买进的债券数量远远超过最初预期，与此同时，你还大幅缩短了这笔投资的持有时间。请记住，最初购买债券的预计持有时间为三至四个月。现在，你开始不停地盯着债券价格，而且债券价格的每一次波动都会给你带来影响；于是，你会发现，自己已经陷入了只见树木不见森林的境地。

当经纪人第二天打来电话时，你决定出售这些债券，这么做丝毫不会让人感到意外，因为对方带来消息称，债券已被大幅抛售，而且目前的价格已低于你的最初买入价格。从初始分析的角度看，债券价格下降的原因已无足轻重。你之所以会清空长期仓位，是因为你已经完全丧失了个人观点和独立思考的能力。

这只是实际交易情景中可能出现的一种情况。这个过程通常会更微妙，而且会延续更长的时间。实际上，对消息和报价的渴望已会成为一种满足情感需求的毒品。和所有毒品一样，随着时间的推移，始终维持相同"高水平"所需要的剂量会越来越大。在上面的例子中，毒品的剂量体现为你会向经常联系的经纪人提出更多问题，打更多的电话，而且多半会导致所持头寸达到畸形的高水平。所有可上瘾的嗜好都难以戒除，投资者对消息和报价的追求也不例外。在这种情况下，由于市场会不可避免地逐渐侵蚀每一个构建不当的头寸；因此，戒除成瘾招致的痛苦往往体现为破坏性亏损。

要解决这个问题，一种显而易见的方法就是借鉴利弗莫尔的做法，尽可能地规避这种频繁的接触。当然，我并不是说，我们不应关注市场报价或是了解投资信息，因为在一定条件下，这些资讯确实是每个人都需要获取的。但如果能将这种联系维持在最低水平，你的投资结果必将得到改善。

　　减少非必要干扰的接触和影响，一种有效的方法就是有意识地设计决策过程，以确保只有在市场收盘时才做出买入和卖出决策。一个忙得不可开交的人可能会在周末做这件事，因为只有在这个时候，他才会有足够时间去总结和思考。此外，在市场交易清淡时，也应该自己去做研究。通过这种方式，会最大程度减少新闻事件促使你做出冲动性决策的可能性。如果你是交易者，就应使用技术分析方法来制定交易决策。根据特定股票的预期变化，提前向经纪人发出交易指令。因此，何时进入或退出市场的决定最终将取决于预先设定的客观标准，而不是一时头脑发热的冲动；而且你的买入或卖出行为完全依赖于预先规划的市场行为，而不是冲动。

传言、舆论专家和大师

　　事实上，所有关于市场心理学的书都会警告我们，千万不要过分关注市场传闻和谣言。以前，这种传言常常表现为经纪人和客户之间的一对一对话。而今天的市场传言则会表现为其他形式。我们或许可以把报纸和电视报道视为一种制度化的传闻形态。这种现象的最新形态就是所谓市场大师的日益普及，在很多情况下，大师已成为"万灵丹"在金融领域的化身。在下文里，我们不妨依次看看这些不同形态的市场传闻，首先是最常见的流言蜚语。

经纪人，我的账户有亏损了

绝大多数投资者的信息源泉是他们的经纪人。但是在大多数情况下，为自己的事情思考要比听经纪人的建议好得多。当然也有例外，大多数经纪人会把自己归入这一类。但永远不要忘记的是，几乎所有经纪人都是依赖佣金获得收入的，这自然会带来利益冲突。经验告诉我们，最成功的投资者往往是那些长期持有且很少清理仓位的投资者。但这样的策略显然有悖于经纪人及其管理层的目标。他们的想法是实现佣金的最大化。

在现实中，一个优秀的成功经纪人必须对客户的长期财务状况负责，他们会发现，只要让客户开心，他们就会被推荐更多的新客户，这样，佣金自然会滚滚而来。而依靠客户不断交易赚取佣金的经纪人往往不会成为成功者。他们的客户经常赔钱，而他们最终也将失去客户。即便他们或许能在短期内赚到佣金，但就长期而言，他们终究会成为失败者。

即使你非常幸运，能遇到为数不多拥有稳健、成熟特征的经纪人，但为自身利益进行独立思考的重要性永远是无法替代的。如果不能设定切合实际的利润目标，并提前确定清算仓位所依赖的条件或事件；那么你注定更容易受到新闻报道或是其他事件的诱惑，让你偏离既定轨道。即使是最开明的经纪人，也不会完全放弃以这种方式来引诱你。

千万不要被经纪人的豪华轿车和豪华服饰所迷惑，因为这些只反映他们的产品推销能力，与他们对市场的敏锐度和成功与否毫不相干。此外，经纪人在推荐金融产品时也会采用这种方式。大多数人都在出售由总部发行的金融产品。这些产品可以是荐股研究、炙手可热的新发行产品或是"不可失去"的避税工具等。有些经纪人会向客户出售收取大额佣金的产品。这和通过推销严重滞销且大量积压的汽车而取得额外佣金的汽车销售员没有任何不同。在大型机构，经纪人往往会被其他同事的野心所洗脑。在这种竞争激烈的环境中，急于求成的经纪人在推荐金融产品时，很可能没有对产品的潜在价值和市场前景做认真研究。他们的态度是："既然查理能把它卖给自己的客户，那这种产品肯定就是好东西。"

永远不要忘记，这是你自己的钱，你才是自己的主宰者。因此，你必须自己去思考，而且应该是唯一有权做出最终决策的人。使用经纪人提供的信息，确实有助于我们得到比闭关自守状态下更明智的结论。因此，还是应该利用大多数经纪人使用的各种研究资源。毕竟，佣金就是你为获取这些信息而间接支付的成本。既然如此，你就应该使用这些信息。

区分事实和观点

在考虑某一条新闻或新闻背景时，区分事实和观点是非常必要的。几乎在所有情况下，值得进一步研究的都是新闻和新闻背后的报道；但我们没有必要去进一步研究观点。此外，在我们形成针对未来价格走向的观点时，有必要做进一步分析的是总体市场新闻，而不是股市新闻。除非是意料之外的消息；否则，即便是市场上的最新新闻也会在价格结构中得到体现。另一方面，一般性新闻则反映了逐步演进的基础经济和金融趋势。此外，这种趋势更难以检测，因而通常不会被市场所反映。

谨防专家

至于观点，我们必须牢记，专家也和我们一样无法抵御偏见的折磨。几乎在任何情况下，他们都会有意或无意地为自己倡导的观点摇旗呐喊。在《投机：实践原理和规则》（*Speculation：Its Sound Principles and Rules for Its*）一书中，作者托马斯·霍恩警告我们，永远不应"接受任何人对市场历史行为的所谓解释权威"。霍恩之所以这么说的理由是，我们必须自己去思考这些事情。对此，他认为，这可以为我们确定未来有可能发生的事情做最好的准备。如果能对具体的价格波动给出合理解释，会让我们更坦然、更自信。设想一下，在接到《华尔街日报》记者打来电话询问当日股价下跌的原因时，接受采访的"专家"会有什么感受呢？他们要么给出令人信服的解释；要么回答"我不知道"，但这只会让他显得无知。这个假设不仅适合于你的经纪人，也适合任何因"知道"某个事情而取得收入的人。从根本上说，只要投资者不断改变对经济和金融条件基本变动的认识，就完全可以对金融市场的长期波动做出合理解释。遗憾的是，这种解释却无助于增加报刊发行量或是维持受众。因此，媒体只好求助于更合理的价格变动解释方法。

由于财经记者通常会联系几位分析师，并综合他们的观点形成对当日市场行为的结论。因此，新闻报道上的解释会带来更多问题。财经记者需要根据这些报告得到的所谓共识形成新闻标题。1990 年 9 月 25 日的一篇报道颇为典型，这份报道的标题为"债券收益率重回 1989 年 3 月水平"。每一个拿起这份报纸并阅读这篇报道的人，都会形成一个显而易见的认识：由于油价飙升等诸多原因，收益率正走向更高位，而价格则会不断探底。但就在几天之后的 9 月 28 日，市场同样出现上涨，而媒体报道的标题却是"紧张的投资者大举抛售银行金融业股票导致股价大跳水"。根据这篇报道决定出售股票的所有人都会犯错，因为价格随后便再次反弹（见图 3-1 中的 A 点和 B 点）。

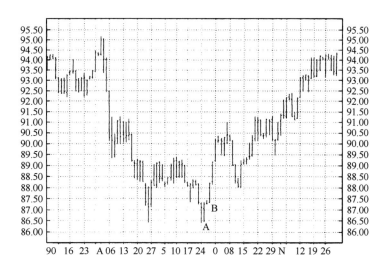

图 3-1　1990 年 11 月的国债期货

资料来源：*Pring Market Review*。

这是财经媒体在市场相关新闻领域的一个典型写照。我并不是在有意指责《华尔街日报》，毋庸置疑，它是全球的顶级金融报纸。而且撰写这些报道的记者也并非是为了取得报酬而进行预测的，他们只是在做新闻报道。当然，新闻报道也难免彻底撇清与街头八卦的干系。实际上，我只是想告诉大家，绝不应按字面含义去理解这些报道，并把它们作为制定投资决策的基础，因为价格变动毕竟只是在公之于众时，才成为既成事实。我们可以这样考虑：虽然在发生价格变动之前没有任何报道，但价格变动本身确实需要一个报道，因为市场必须为它找到理由，使之合理化。如果这么想的话，我们可以认为，这种性质的报道确实是一种精妙绝伦且无处不在的流言传播方式，它的最大特征就是各种道听途说的观点和传言。媒体传播和日常所见流言的主要区别就在于，前者被戴上了权威的光环，似乎更为可信。

不要依赖于所谓的内幕消息或是市场传闻

对投资者而言，最有价值的信息就是这样一种认识：市场价格取决于市场参与者对新出现的基础商业状况的心理认知。在乔治·查尔斯·赛尔登（George Charles Selden）的代表作《股票市场心理学》（*Psychology of the Stock Market*）一书中，作者用了整整一章来专门解释"他们"这个概念。任何有机会接触经纪人或是其他依赖金融市场谋生者的人，对"他们"都不陌生。这些人通常会放出"他们会在本周买进股票"或是"他们已经抛出债券"之类的消息。显而易见，要明确识别"他们"到底是谁是不可能的，因为"他们"实际上代表了其他所有市场参与者。

大多数投资者都曾按照经纪人或其他"知情"消息来源提供的信息购买过股票或其他金融资产。基于"独家"信息买入投资产品的机会确实非常吸引人。遗憾的是，这种交易几乎总是以灾难性结局而告终，这显然不是投资者最初的期望。我们有充分的理由相信，热门信息极少会帮投资者获得收益。如果你是某个消息的接受者，那么，在按照这条消息买进股票时，你会误以为，这是一个严密保密的内幕消息。但是在大多数情况下，你基本可以确定其他很多人都已经知悉即将发展的事情。因此，这个消息或许已经体现在价格中。另一个原因可能是，信息本身就缺乏依据。归根到底，尽管这些信息或许完全合情合理，但却不像我们想象的那么重要。比如说，你可能了解到，公司 A 刚刚开发出一种用于制作某种部件的新型设备。从表面上看，这或许是一种技术创新，但实际上，市场早已知悉其他在相关产品上进入类似开发阶段的公司，这就使得你得到的消息没那么令人兴奋了。

另一种形式的消息就是经纪人为一家公司进行的宣传，他们会大张旗鼓地称这家公司前景光明。尽管这种宣传或许非常有说服力，但我们必须清醒地认识到，经纪人通常会在该公司股价的上涨过程中享有既得利益。也许这家经纪公司正在为该公司的股票做市，在这种情况下，它需要持有公司股票。因此，一旦股价下跌，经纪公司就会亏钱；但如果价格上涨，经纪公司就可以在出售股票时稳稳地赚一笔钱。

有的时候，这种宣传直接采取了推广特定资产类别或商品的形式，如黄金或白银。在这种情况下，只要出现交易，不管交易结果如何，经纪人即可取得佣金收入。这种类型的宣传模式一直存在，但是从投资分析的角度看，它的价值非常有限。但是在多个消息来源同时宣传同一对象的时候，这种宣传就有可能非常有启发性。这些消息的基本操作模式，就是宣称商品的潜在供应将受到威胁，因而有充分理由可以预见，该商品的需求将会增加。贵金属通常会采用这种方式进行宣传。这种宣传模式的要点是，如果所有机构都在白银市场上宣传相同的"报道"，那么接受这个报道的原因就应该是不言自明的。华尔街上流行着这样一句话："已知的牛市论点就是毋庸置疑的牛市观点。"换句话说，如果是所有市场参与者都知道的利好消息，那么它就是已经反映在价格中的消息。道理很简单，如果你知道价格会受到某些利好因素的影响，那么在新闻变为现实之前，你难道不会买进吗？在面对利好消息时，如果你依旧静观其变，那么当其他人得到这个好消息时，肯定不会像你一样视而不见，而是会抢在你之前果断出手。

这些具有推销性质的消息可信，大多因为它们通常是在价格快速上涨背景下出现的。当然，这种令人欣喜的市场状态还要归结于看涨消息的迅速传播。因此，需要当心的是经纪机构针对特定市场或金融资产的宣传，尤其是在多家机构对已持续一段时间的主流趋势同时展开宣传时。

说了这么多，我们不妨举几个关于经纪机构的宣传示例。事实证明，这些广告性宣传最终都给投资者带来了利润。以美林证券在 1981 年经济衰退时期进行的债券推广活动为例（见图 3-2）。尽管美林证券提出买入建议早了数周，但是在随后几年时间里，所有购买债券的投资者都取得了丰厚的收益。希尔森（Shearson）在 1982 年年初开展的类似活动也取得了类似的效果。由于价格直到夏季才开始触底反弹，因此，他们的投资建议同样过早（见图 3-3）。即便如此，由于美国股市即将步入史上最大规模的牛市行情之一，因此长期投资者依旧会获利丰厚。

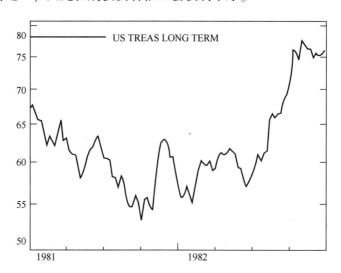

图 3-2　美国财政部 1981 年发行的长期政府债券价格走势

资料来源：*Pring Market Review*。

但隐藏在这些推广活动背后的逻辑完全不同于此前介绍的白银市场。前者的核心在于信手拈来的利润和当下市场的热点。另

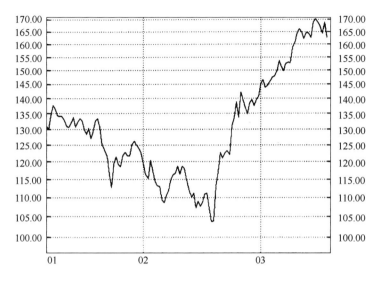

图 3-3

一方面，美林证券和希尔森提出的看涨观点，则出现在价格正在下跌并呈现出与当前趋势相反的走势时。它们反映的是牛市的两种特征。首先，它们是证券营销人员对市场做出的本能性反应，在佣金因行情下行而减少时，这些营销人员正在不遗余力、甚至是不择手段地赚取更多佣金。其次，价值已跌至底线，而这恰恰是研究部门希望向市场推出的重要报道。研究人员已随时准备置身于风险之中，因为他们坚信，相关市场正在触底，大规模反弹即将出现。从理论上说，这种宣传活动应该出现在价格长期下跌之后，在这种情况下，市场上已充满悲观情绪。失望和沮丧的双重打击最终会带来物极必反的效应。在这种预期下，大多数投资者最想做的一件事，就是买进这些备受打击的资产。因此，这些宣传活动的适时出现，也就成为市场正在触底的兆头，尽管市场很有可能在底部持续数月的时间。

对大师的盲目崇拜⊖

作为市场的预言家，大师们凭借预测市场的每一次重要转折而赢得声誉。在长期取得市场认可的正确预测之后，这些大师的权威与日俱增。有的时候，尽管实际取得的业绩与坊间针对这些大师的传闻并不完全吻合，但重要的是市场已对他们的能力形成共识。在这段时期，大师们逐步积累了一批渴望宣传其权威性的粉丝。人们喜欢将大师成功的报道挂在嘴边，而对挫折则有意或无意地避而不谈。最终在某个时点，市场预言专家的名声建立了，让他们的声誉瞬间响遍整个金融界。这个爆发点通常是某些报告或是对某个市场预言进行超常宣传带来的直接结果。从这个临界点开始，市场参与者和媒体对他嘴里吐出的每一个字都会翘首以待，所有目光都会聚焦于大师的身上。即便是后来被否认的观点也会影响到价格。媒体必须以合乎逻辑的理由证明价格变动的合理性，只有这样，才能让大师自圆其说找到完美的托词。于是，大师和媒体的相互吹捧进入一段完美的蜜月期。对这些大师而言，他们渴望自己的观点成为市场焦点，也只有这样，他才能积累更多的追随者，让自己的神话成为市场的永恒基调。出于同样的原因，媒体也需要不断寻找更动人的报道或是更新颖的视

⊖ 部分观点改编于亚历山大·埃尔德（Alexander Elder）的《大师的生命周期》（*The Life Cycle of Gurus*）一文（见 1990 年 9 月《期货与期权世界》）。

角，以增加产品的销售量或是提高尼尔森评级。和这些总能将价格变动归结于人文视角的股市大师相比，其他宣传手段自然也就相形见绌了。

所有大师的言论都有一定的欺骗性，原因在于任何人都不可能预见到市场的每一次重大转折点。大师也和我们所有人一样，首先是一个人，而不是神。他们的市场预测能力也是存在周期性的，就像运动员的成绩一样。有一段时间，他们的预言炙手可热，但这种市场预测能力会随着时间的推移而减弱。通常情况下，当某个人跻身于大师行列之时，实际上已取得了相当长的成功经历。因此，随着灾难性预测不可避免地到来，他们吸引"聚光灯"的时间往往是非常短暂的。

另一个导致存在大师现象的原因，是过度自信。"精彩绝伦"的市场预测与大师所享受的曝光度以及崇拜的结合，是大师形成的天然土壤。大师与媒体相辅相成，相互吹捧，共同营造出一种不可战胜的虚幻情景。据报道，20世纪70年代后期的股票投资大师乔·格兰维尔（Joe Granville）曾说过："我永远不会犯相同的错误。"当然，他确实做到了，但他曾经犯过的一些错误也的确令人瞠目结舌。遗憾的是，无论是多有才华的大师，似乎都已经习惯于过去的成功，并且在这种崇拜者的拥护中迷失了自我。于是，大师和追随者之间的姻缘也就此成为一种痛苦的约会。追随者绝不质疑大师的预言；而大师也自认为无懈可击，这就促成了他们的武断和随性。但事实上，追随者之所以会遭受亏损，完全是因为他们未能设身处地地为自身利益进行独立思考；

反过来，追随者的亏损也会让大师的声誉随之下降。声誉在金融领域至关重要。声誉的建立需要经历长时间的积累，但却可能随时毁于一旦，因为任何一个错误的市场预测都有可能让那些大师名声扫地。此外，在投资领域，大批不安于现状的人对这些大师的崛起采取了质疑态度，当然，这其中也有嫉妒的成分。那些以前曾被大师证伪的怀疑论者，当然不会放过任何反击的机会，一旦这些大师犯错，他们自然会不失时机地直击要害，让大师颜面全无。

尽管媒体在大师成名的过程中功不可没，但在他们的衰落过程中，媒体也会落井下石。因此，也会对两者之间的共生关系带来破坏性。一个曾经"无懈可击"的大师出现失误，这本身就是一则有号召力的新闻。

有些大师凭借一系列巧合与不可持续的暂时性技巧而引起公众关注。这些人大多举具备维系成功所需的分析能力，因而会成为昙花一现式的人物。另一方面，真正的大师往往坐拥天赋和能力。他们不仅能提出新的理论体系、指标或是理念式方法，而且还能对这些理论和策略进行持之以恒的改进升级。少数情况下，他们也会重拾淡出金融界已很久的分析师的理论或方法，对其进行升级改造，从而达到一种新的境界。他们的方法最初会吸引一小批粉丝，并通过这些早期拥护者的口口相传而得到普及。新颖的理念及其取得的成功会让追随者体会到一种迷幻般的陶醉，尤其是在他们的理论渐入人心，不断被市场所接纳的情况下，必将让他们收获更大的声望。

　　遗憾的是，市场上唯一永恒的主题就是变化。在一个周期中流行的东西，很少会成为下一个周期的宠儿。传奇人物、技术分析大师爱迪生·古尔德（Edison Gould）就是最有说服力的典型。古尔德深耕技术分析领域数十载，他的声誉在 1973 年至 1974 年的熊市中达到巅峰。《巴伦周刊》对他的一次著名采访，让全世界最早开始关注他。我至今还记得他最著名的一次预测——"最后 100 点"。当时，道琼斯指数从 900 点低位开始反弹，并最终创下当时的历史新高——超过 1 000 点。随后，古尔德再次预测股票市场将进入一轮毁灭性的大熊市，而他的预言也再次兑现。当然，古尔德最著名的成果还是他提出的"三步一跌"（Three Steps and a Stumble）规则。他认为，一旦美联储连续三次提高贴现率，就需要警惕新一轮熊市的出现。此外，他还提出了一些其他指标，如情绪指数（Sentimeter）。从根本说，情绪指数衡量了投资道琼斯工业平均指数取得 1 美元股息所需要的成本。按照他的估算，当情绪指数上升到 30 点时——这意味着，投资者愿意为 1 美元的股息支付 30 美元的成本，表明市场已被高估。这对 1973 年的市场来说同样是利空消息。根据这些方法及其他分析工具，古尔德正确地预见，道琼斯指数中的最低点将出现在 500 点左右。他指出，熊市的一个通常现象就是价格减半。尽管他最初预测市场低谷将出现在 1974 年 8 月，但直到 10 月份才姗姗来迟的谷底，实际上也非常接近他的预测了。

　　毫无疑问，古尔德的预测能力主要还是归结于他数十年的研究和实践。但这其中也存在很大程度的机会因素。在典型的熊市中，价格有的时候确实会降低一半，但有时候也会缩水到最初的1/3，甚至是1/4。在这个方面，古尔德显然是幸运的。不幸的是，古尔德淡出投资舞台的速度几乎和他的成名一样迅猛。他的"三步一跌"规则并没有像以前那样屡试不爽。市场实际上在1976年达到顶峰，而市场参与者或许都还记得利率上升给1973年至1974年期间市场带来的打压，但他们在事实呈现之前显然低估了这一轮牛市的潜力。而古尔德的"三步一跌"规则并未预测到这个顶峰，只是在预测1978年至1980年期间的上升区间时才有所应验。而在这个时候，古尔德已经进入退休年龄，再也未能重现昔日的辉煌。

乔·格兰维尔显然是一位毋庸置疑的殿堂级市场大师，他不仅"创造性"地提出能量潮指标（On Balance Volume，也称为平衡交易量指标），而且兼备自我推销的才华，并将两者巧妙地结合起来。他把自己的方法归结于"量乃价之先驱"这一理论。交易量"顺应趋势"是一种常态（即，当价格上涨时，交易量应扩大，反之亦然）。能量潮指标的目的是通过交易量与价格关系的微妙变化来预测市场趋势，提早识别市场转折点的出现。

在20世纪70年代中后期，市场几乎是按格兰维尔设计的剧本徐徐展开的。他在全球各地进行巡游演讲，让全世界开始关注他以及他所倡导的方法。弹钢琴、唱歌甚至用棺材将自己抬上演讲台，都成为他推销自己的与众不同之道。1981年年初，他转而对市场采取看跌观点，而市场也曾在一天内下跌40点。考虑到当时的道琼斯指数还不到1 000点，因此，一个交易日出现40

点的下跌确实算得上大跌。随后，当美国利率在 1981 年 9 月接近历史新高时，他对市场的影响力开始大打折扣。当时尚在国外的格兰维尔预言，股市将迎来大幅下跌。但是在 1981 年 9 月 26 日利率创下新高之时，股市依旧在上涨。虽然市场最终小幅回落，但 1981 年 9 月依旧是很多股票的最低点。到了 20 世纪 80 年代早期，格兰维尔已声誉全无，因为在历史上最大的一轮牛市面前，他还在看空市场。尽管在这十年时间的后期，他的声誉有所恢复，但却始终再未达到他在十年之前曾经收获的认同感。

无论是格兰维尔还是古尔德，都是顶级的分析师。但就格兰维尔而言，他的自负无疑让他的声誉大打折扣。因此，在初期阶段遵循大师的建议确实是有好处的；但随着这些大师的声誉与日俱增，其建议的价值却有可能逐步缩水。公众确实会迷恋大师的精明与超前；但历史的教训却告诉我们，大师不太可能让你富有，除非你能在大师的影响力达到顶峰之时，明智地转变策略，做出与他们相悖的市场决策。

"别人家的更好" 效应

我们每个人都会时不时地陷入一种心理陷阱：我们会错误地把投资业绩持续低迷的原因归结为没有把握住机会。每个季度末，《巴伦周刊》《金钱》及其他金融报刊都会报道顶级共同基金的业绩。当然，他们更重视业绩最好的基金。统计数据表明，尽管有幸将资金投入这些基金的散户投资者寥寥无几，但这种宣传却往往让我们相信，我们自己的投资始终表现不佳。在做出任何考虑不周的调整之前，我们都应该记住，即便是这些基金，也很少能始终站在投资殿堂的金字塔尖上（甚至从未有过那样的经历）。通常，这些基金之所以能进入这个排行榜的前列，纯粹是因为它们的投资理念比较时尚，或是因为它们投资了某些特殊的市场门类，如生物技术或黄金股。这些基金待在这个业绩优异榜单上的时间通常只有一、两个季度，因为它们的投资风格或是它们所投资的行业只能在有限时间内超越大盘。因为成功本身就会创造新闻，它们很自然会引起媒体的关注。毕竟，有谁真的想要了解业绩排在后一半的基金经理呢？

　　如果你产生了这种"遗漏"的感觉，那么最好忍住不要问自己："为什么我没有投资这些基金呢？"假如你投资上季度业绩排在前五名的基金，那么它们在下一季度的业绩很有可能会差强人意。而对过去五年业绩始终排在榜首的基金来说，出现这种反差的可能性则相对较小，因为长期业绩更有可能说明，基金收获超凡收益率所依靠的是能力，而不是运气。

　　即便如此，为确保投资业绩不会因某个阶段的非正常超强表现而被夸大，仍有必要深入分析基金在较长时期有优异表现的原因。另一个需要考虑到因素是基金的规模。与规模在 5 亿美元到 10 亿美元的基金相比，在 1 000 万美元到 5 000 万美元之间的小型基金更容易获得高回报。

　　造成这种"别人家的更好"心态的部分原因，在于金融界竞争性的加剧导致了对业绩的过度强调。快速发展的电子通信缩短了大多数投资者的投资期限。今天，我们可以轻而易举地将大量统计信息输入计算机，并在很短时间内完成分析，并取得结果。因此，面对琳琅满目、层出不穷的新产品时，投资者没有耐心坚守业绩不佳的投资，自然也就不足为奇了。人们在鸡尾酒会喋喋不休地谈及赢家；而失败和挫折却总是被遗忘。

因此，很多投资者会对错过产生一种复杂的情感，这难道不也是正常的事情吗？但是，因为股票或基金拥有合理的价值和良好的前景或仅仅因为价格出现大度波动就投资它们，是否就有道理呢？实际上，我们应该采取一种更合理的策略：既然最糟糕的情况已经体现在价格中，那么我们就应该寻找业绩最糟糕的基金和行业门类。然后，我们再来回答这个问题：在其他人还没有意识到的这些领域中，适合我的是什么呢？

第四章 骄兵必败

在华尔街，骄傲情绪带给投资者的失败远多于其他任何因素。

——查尔斯·道（Charles Dow）

《华尔街日报》创始人查尔斯·道并没有统计数据来支持这一说法。但任何研究过交易者和投资者的人都知道，这么说绝对是有必要的。然而，我们惊讶地发现，当我开始对市场心理学这个领域开展研究时，竟然没有在我研究过的 30 本书里找到一个关于这个话题的论述。

从根本上说，自负的态度意味着固执和没有能力承认错误。在生活中的大多数领域内，这种态度都会暂时妨碍人际关系，并导致具体的目标无法实现。而在投资领域，刚愎自用绝对是招致灾难的必经之路。

在经历了长时间的连胜之后，几乎每一个投资者和交易者都陷入了一种误区：他们是不可战胜的。不幸的是，市场总有方法让他们暴露自己的弱点，长期的成功很有可能被瞬间的溃败所淹没，此前积累起来的利润也就此灰飞烟灭。成功之后的风险意识下降是人类固有的属性。因此，过度的自信和狂热也就成为酝酿粗心大意的温床，最终导致市场判断力减弱，并将杠杆率推高到不合理的水平。

此外，在市场萎缩时，自负情绪也会带来问题；因为武断的投资者往往会坚持自己的立场，即使证据能毋庸置疑地表明形势已发生变化，他们也会不为所动。这种傲慢会促使他们在任何情况下都不放弃对利润的追求。

在第三章中，我们讨论了保持客观态度的重要性。能否根据环境因素或条件的变化而转变观点，是决定一个人在市场上是成功还是失败的关键因素。任何固执己见的人注定会遇到麻烦。

投资交易也是一次创业

每个从事市场活动的人都会拥有不同的心态结构。因此，作为一种潜在的缺陷，自负也会呈现为不同的形式并表现出不同的程度。大多数人认为，在最初涉足市场时赚钱相对容易。但是在本书的序言中，我就已经强调，任何理性人都不应奢望在未经过大量培训或取得多年经验的情况下，就能在所有业务或事业中取得成功。投资市场也是如此。在市场上交易和投资同其他创业行为是一样的。

但两个方面的原因却导致我们并没有把该领域视为一种创业行为。首先，启动一笔交易或投资计划所需要的成本和精力相对较低。我们只需要一点点启动资金，用一部电话联系经纪人或共同基金公司即可。在回答几个问题并填写调查问卷之后，我们即可开启投资交易之旅。

在任何其他形式的商业活动中，入门阶段都不容易。如果是在求职，我们需要证明我们具备必要的经验或资格。创建一家新企业也是一个需要投入大量资源的过程：遵循政府法规，进行信用审查，签订设备及办公场所的租赁合同，雇用员工，还有招揽客户。相比之下，进入金融市场似乎就像是在公园里闲庭信步。

导致人们认为进入金融市场不困难的第二个原因是，这个过程在表面上看确实不复杂。我们唯一要做的事情似乎就是低买高卖。媒体的聚光灯也只盯着表现优异的基金经理和资产，却很少关注失败者。这会让新入门者有一种特殊特的感觉，即，交易和投资所对应的主要是收益，而且风险却很小。

但认为投资和交易很容易的观点与现实并不相符。要成功践行这些技艺显然需要极高的技巧。90%开设了期货账户的交易者在第一年即被淘汰，这是不是有点让人不可思议？如果每个人都预先知道，成功的概率微乎其微；那么，他最初还会开设账户吗？如果能认识到这一事实，他们肯定会得出专业的结论：要成为少数的成功者，就必须进行一定程度的研究和思考，并在思维态度上做出改变。

即便是世界上最聪明机智的人，也只是在投入大量时间和金钱之后才打败市场。实际上，这些才华横溢、经验丰富而且资金充足的专业人士，只不过是在想方设法赚走你身上的钱。因此，大多数人开始交易时都会赔钱，这有什么奇怪的吗？这个事实本身就说明，交易和投资远比最初看上去复杂得多。对那些热情有余而经验不足的人来说，是否真的有可能抵御这些强大对手的攻击呢？

当然，并非每个市场新入门者都会刚愎自用；而且这种僵化的思维也不是导致新手难以成功的唯一原因。但是在你第一次投身股市的时候，就应该意识到，你的自负是最有可能被市场利用的缺陷。因此，它也是我们需要防范的第一个漏洞。

你可能会觉得，你的身上根本就不存在自负这样的缺陷。如果是这种情况的话，不妨问问自己：你是否会掩盖你最后一次的交易失败，或是干脆不愿承认如果不是那么自负的话，也不会有这次失败。市场决不会让你不劳而获。正如 R. W. 沙贝克（R. W. Schabacker）在《股票市场利润》（*Stock Market Profits*）一书中所说的那样："市场只会奖励那些谦逊、渴望知识和有工作、学习意愿的人，这种奖励既有可能是财务上的，也可能是心理方面的。"如下示例表明，自负心态如何成为妨碍交易或投资计划取得成功的最大绊脚石。

武断思维在作祟

几年前，一位靠白手起家取得成功的商人找到我的一个朋友。我们不妨把这个人 称为杰克，他曾在大宗商品市场上买进一笔大额投机仓位，这笔投资当时让他赔了钱。杰克认识我的朋友比尔已有多年，他觉得比尔对市场有一种敏锐的直觉。尽管比尔在交易方面没有多少经验，但早在多年之前就已开始研究市场。

杰克建议，他们应开设一个联合账户，由比尔单独管理和运营，资金则主要由杰克提供。此外，杰克还非常明确地向比尔表示，他希望两人之间能保持密切联系，以便于和比尔对市场的评估保持一致。这倒不是出于理念或是教育方面的原因，而纯粹是因为，杰克的确需要这些信息为他的个人账户交易提供依据，这个账户当时仍处于亏损状态。比尔很愉快地接受了这个建议，毕竟，这让他有机会用杰克的资金来证实自己的观点，而且也能为此赚钱。

这种安排初战告捷，取得了非常不错的效果，让这个联合账户赚了不少钱。比尔后来告诉我，尽管这在一定程度上归功于他本人对账户的管理，但更有可能归结于运气以及杰克给他提供的支持和启发。在开始投资的短时期内，他们经常在一起讨论。比尔开始逐渐认同曾经让杰克取得成功的敏锐思维。杰克也很满足，毕竟，他的个人账户已出现转机，眼下已出现了可观的利润。

两个多月之后，两个人的盈利更为可观。尽管他们承担的风险已变大，但幸运的是，市场形势非常有利。大宗商品价格持续上涨，两个人一路顺风，似乎任何阻力都无法阻止价格的上涨以及随之而来的利润。当然，由于市场毫无疑问地验证了他们的看法。因此，成功让两个人感到无比兴奋。在最高点的时候，联合账户在不到五个月时间里的增值率就达到了30%左右。

比尔告诉我，回首那段时间，他和杰克都非常幸运，因为他们恰恰是在市场近乎抛物线上涨的状态下开始投资。回顾整个投资过程，他也承认，成功在很大程度上可以归结于他们承担了过大的风险。由于成功更多的是源于运气，而不是有节制的思维，因此，最终出现问题自然也不足为奇。

首先，两个人都逐渐变得过于自信，相信在当时打败市场是件轻而易举的事情。在这两个合作伙伴的心目中，唯一要做的，就是找到一条顺应市场长期趋势的"正确"路线，然后走上去，抓住机会。即使市场发生不利变化，他们也能安然度过，因为任何挫折都只是暂时的，市场最终会再次眷顾你的投资。

他们已经证明了这一过程的有效性，因为在他们合作的初期，联邦储备委员会提高了贴现率；因此，在他们的投资价值大幅下降后又重新上涨，而且超过原来的最高位。而以往的经验也让比尔从容不迫，他知道，最容易遇到麻烦的交易者通常是那些资金不足的交易者。如果仓位很小而且又资金充足，那么你可以安然渡过这波逆周期行情。而且他们在当时也确实是这么做的。但随着时间的推移，市场的行情再加上他们自欺欺人的心态，进一步固化了他们认为大宗商品价格必定大幅上涨的预期。

尽管比尔仍相信以充足资金构建小规模仓位的原则，但是在操作中，他并没有完全兑现这样的政策。正如我们在这种情况下经常看到的那样，他决定"暂时性"改变策略，使用账户中积累的保证金存款扩大仓位，从而大大提高了投资的杠杆率。在他看来，他曾"坚决"依靠更保守的态度，而他现在给自己找到的理由是，这就是传说中千载难逢的大好机会，他必须用大把资金抓住这个机会。因此，他们最初的成功实际上是基于一个错误的前提，而且他们忘乎所以地抛弃了基本规则。

每一个趋势最终都会走到终点，这一次当然也不会例外。因为比尔和杰克都过于自信，因此，他们开始越来越懒惰，而且分析也变得越来越粗糙。他们根本没有注意到市场已接近顶部的迹象。一方面，利率开始急剧上升。由于监管当局已认识到投机性泡沫正在形成，因而开始定期提高大宗商品投资的保证金要求。最初就应该引起他们恐慌的市场下挫，即便是现在，几乎也未能让他们感到些许的困惑。他们早已习惯于处理大数字，而且丝毫没有受到已形成的大幅震荡的影响。他们完全可以"承受"巨额亏损，在他们看来，利润是这笔投资的唯一归宿。最终，趋势的回调会拯救他们，而且他们也可以在下一轮、也是最后一轮和市场的较量中反败为胜。

但这轮反击始终未能到来，从两个人的合作开始，形势第一次变得异常恶劣。在我们看来，首先兑现利润，等到时机到来时再回到市场似乎才是明智之举，但在过度自信的冲击下，他们根本就看不到横亘在面前的灾难性结局。

即便如此，在损失了约 1/3 的账面利润后，比尔还是开始担心了。于是，他向杰克建议应开始逐步退出这笔投资。尽管杰克将联合账户的控制权完全交给比尔，但始终蔑视"他们"（即，其他更明智的投资者）在市场上涨之前进行看空操作的做法，在他看来，这么做无异于是对原本孱弱的市场落井下石。这一次的情景似乎注定会印证杰克的预测，而且在很大程度上，过去也正是杰克对市场一贯的淡然处之甚至有点玩世不恭的态度，才说服比尔守住原本有可能错误抛出的仓位。

是一定程度上的担心，促使比尔向杰克提出清算仓位的建议。不能忘记的是，比尔不是一个有钱人；他独立掌握的资产就是自己的抵押房产。但这部分目前只相当于比尔净资产的 5% 左右，其他财产已全部投入到与杰克的联合账户中。而杰克的处境则完全不同，尽管他在这笔合作投资中持有的股份及其个人大宗商品投资资产确实是一个不小的数字，但他的大部分净资产仍在其他商业项目中。因此，比尔现在开始担心，一旦出了问题会给自己带来怎样的影响。他的理由是，如果迟早都要出现让你恐慌的事情，那就应该早做打算。

在比尔第一次找到杰克提出清算账户的时候，杰克就满口答应，尽管比尔觉得自己并没有彻底说服合作伙伴。但形势很快就证明，放弃投资是明智之举，因为市场持续下行，丝毫不见反弹的迹象。比尔回忆，那天早晨，他们两个人早上 4 点就爬起来，通过电话会议要求伦敦的大宗商品经纪人清空铝、铜和黄金仓位。大约四个小时后，比尔来到自己的办公室，此时，市场已彻底跌入谷底，所有人想的都是一件事——那就是清空仓位，投机泡沫彻底破裂。到此时为止，他们的投资已尘埃落定，联合账户的金额已从最高点缩水了 65%。但这个数字依旧远高于他们最初投入的资金。尽管比尔犯很多错误，但运气和正常人应该有的恐惧感还是让他逃过一劫，让他还有机会再试一次。

但杰克就没有那么幸运了。到这个时候，他自己的投资账户比他们初次见面时还要糟糕。如果杰克在清空联合账户的同时，借鉴和比尔的合作经验，对自己的账户也采取相同的措施，怎么可能出现这种情况呢？答案就是他的自负在作怪。

杰克的经历生动地告诉我们，为何这么多才华横溢而且依靠自我打拼而成功的企业家，一旦进入金融市场就会遇到麻烦。首先，如果没有事先取得一些经验或是聘请这个领域的专业人士，他们永远都不应该梦想进入这个新的行当。尽管杰克在某种程度上是与比尔建立联合账户做到了这一点，但是不愿意对自己的独立账户也如此操作，这实际上就意味着，杰克认为自己比他的合作伙伴更了解投资。在这种情况下，自负的心态已经一点点地侵蚀了他的思维。

其次，杰克在预测市场即将上涨方面确实有很多诀窍，这种敏锐的思维无疑是联合账户最初成功的主要原因。另一方面，杰克也有一种固执的天性。这种性格特征在杰克的其他商业投资中带来了很大的帮助，因为在买卖公司时，这种天性让他能在谈判中获得更有利于自己的条件。只要交易对方不能满足他的条件，他会毫不犹豫地退出谈判。但是在投资市场上，这种个性显然对他来说是不利的，因为这意味着，即使是在联合账户被清算很久之后，杰克仍固执己见地不打算清空自己的仓位。杰克非常擅长把握出售的时机，但却缺乏一种形势不利时随时放弃的灵活性。过度自信和自负是导致其个人账户在联合账户盈利情况下遭遇亏损的主要原因。

　　杰克和比尔最终分道扬镳。杰克放弃了投机，专注于自己的其他商业项目，并取得了更大的成功。而比尔则继续从事投资理财，但从未重蹈和杰克合作时的覆辙。

　　这个真实的故事表明，要将在商业活动中掌握的技巧和能力一成不变地转移到投资领域，并不是一件容易的事情。杰克在寻找优质商业项目上的确具有不可思议的窍门，这种能力能让他正确洞悉解金融市场会在什么时候进入上升期，但是在价格下跌时，这种曾帮助他取得有利交易条件的坚持却成了他适时退出的绊脚石。他确实善于评估一个人应在何时进入市场并得到自己满意的价格，但市场显然不会顺应他的想法。市场也许对这笔交易一点也不感兴趣。市场绝不依赖于任何人的需求或愿望。因此，当一个人任意放纵性格中的固执主宰自己时，市场就会发现可乘之机，给浑然不知情的投资者在经济上予以重击。

　　此外，杰克的态度还表明，在商业领域享受了长期的成功之后进入投资市场，比尔这种人会居于劣势——哪怕在其相对较短的投资生涯中，比尔鲜有成功之时。原因不难理解，任何一个曾经取得成功的人往往都会更自信。尽管信心、乐观和热情是投资者和交易者所需要有的良好品质，但前提是，他们还需要兼具同等重要的灵活性和细致性。在时间允许的情况下，如果一个企业家能从市场中的错误汲取教训；那么曾经让他在商业领域取得成功的天赋，也有可能让他在投资市场上做到游刃有余。

　　在这方面，我们需要学习的最重要的教训就是，优秀的交易者或投资者总是谨小慎微，对市场有一颗敬畏之心。之所以这么说，我想表达的意思是，他们始终在寻找有可能在市场中引起风吹草动的细微变化。当然，这并不意味着他们马不停蹄地在投资市场上进进出出，也不意味着他们必须采取悲观的看法。相反，我想说的是，他们必须学会找时间让自己放松下来，认识到他们确实已经弄清楚某个即将对其投资仓位造成威胁的新要素。按照他们采取的做法，不再是为了持有而不计一切代价的态度；相反，应该学会审时度势，学会适时放弃退出。这是一个完全开放的态度。之所以需要这样做的道理是："我觉得目前市场正在上涨，但如果形势发生意料之外的变化而且我又恰好非常幸运地及时发现了这种变化；那么，我会相应调整投资观点，及时清算自己的投资。"

　　杰克和比尔在态度上的鲜明对比显然是最重要的。杰克以往在事业中取得的成功，没有让他感到本应该有的畏惧，及时清仓。他从事的业务就是收购经营不善的企业并帮助这些不良企业扭转颓势起死回生。即使经济形势以完全背离最初设想的方式发生恶化，但由于杰克收购这些不良业务的价格非常低廉，再加上凭借其管理专业而取得的效益改进，完全可以弥补商业环境逆转带来的损失。因此，武断和自负带来的损失还不足以让他付出无法承受的代价。

克服自负的途径

　　自负的态度意味着对外界事物始终采取自负的武断观点。由此带来的结果是，当你认为最初环境已发生变化时，却不能采取弥补纠正措施。而克服这种障碍的第一个步骤就是首先要认识到，你确实已经遇到问题。你必须深入解析无法带来盈利的交易，并分析导致你走到这一步的想法。愿意接受这个程序本身，就意味着你正在向前迈出健康的一步。这不仅表明你已经认识到自己可能会犯错，而且显示出你愿意纠正错误。

第二个步骤就是为自己设定一些保护性措施，以尽量避免再次落入同一陷阱的可能性。当你开始一笔交易或投资时，不要问自己希望赚多少钱。可以设想，你肯定认为收益必定会超过风险；否则，你根本不会进入市场。相反，我们需要反问自己，在正常情况下，可能发生的最坏情况是什么？换句话说，在考虑潜在收益之前，我们首先想到的应该是风险。通过这个过程，我们达成了两个目标：首先，它为我们弄清了风险和收益的关系；其次，这有助于我们在心理上提早认识到，我们有可能会犯错误。

假设你打算继续自己的投资或交易，那么接下来就需要确定有可能导致你退出投资或交易的条件。这个步骤将取决于你本人对市场的认知方式，或者说，你的基本理念是什么。如果你的特长在于技术分析，那么你需要做的就是确定支持这笔投资的临界点，一旦特定事件超过这个界限，就将触发你抛售。另一方面，对于强调基本面分析的投资者来说，可以将对当前利率趋势的逆转作为触发条件。只要从业者对所选择的理念有信心并且它在历史上是准确的，具体用什么方法就不重要了。但如果对投资或交易基本理念并没有信心，而且还只是停留在口头上；那么在触发条件出现时，就很有可能不会采取任何措施。最终的结果就是让全部努力付之东流。克服自负情结的最后一个要求，就是在满足预先确定的条件后，必须不折不扣地执行应对措施。

我们已经看到，在成功的交易活动完成后，幸运的投资者和交易者往往会出现一种过度自信的情绪，在这种情况下，即便已出现明显的市场见顶迹象，他们也会自负地视而不见。这是一种更微妙的自负心理。必须记住的是，任何人都不可能无休止地提高投资业绩。成功来得越快，它们就越有可能是偶然因素带来的幸运。防止这种自负情绪的一种有效措施是：提前确定一个收益率，一旦达到这个预定收益率，就应该抛出部分仓位，并将这笔收益从投资账户中提出，转而投资于货币市场基金或其他相对安全的投资工具。这也是从事大宗商品基金管理企业采用的典型技术。他们非常清楚，在投资基金经理取得可观收益时，他们就会变得自满，开始对分析不以为然；于是，公司管理层必须及时抽走投资账户的一部分，对公司来说，这是一种制度化的防御机制。一旦达到预定的收益率，有些基金公司要求基金经理终止交易。之后，公司将会给这位基金经理提供"假期"奖励，并要求其在几周之后重新回到岗位上，开始新的交易。因为他必须重新设置自己的心态，在心理上实现一次归零设置，只有这样，才能保持应有的谨慎和风险意识。

这些公司还会制定相应的规则，迫使账户管理人员在损失达到一定水平时，立即对账户做止损处理，暂时停止交易。这么做的目的，就是让交易者有时间反思之前的错误。这个过程通常需要基金经理提交一份书面报告，在报告中，发生账户亏损的基金经理需要对糟糕的业绩做出说明，并尝试着解释错误之所在。只有当基金经理在静默期中重新振作起来并找回心态的平衡后，公司才允许他们重返岗位，继续使用公司资金进行交易。这些都属于合理的基金管理措施，对个人投资者和交易者来说，他们没有理由不遵循这些操作方式与规程。

第五章 耐心是赚钱的美德

在步入金融市场那一刻，大多数投资者和几乎所有的交易者及投机者都相信，他们马上就会赚到一大笔钱。媒体习惯于大肆追捧那些让人瞠目结舌的成功报道和有着辉煌业绩的基金经理和共同基金，似乎是在告诉我们，只要把钱投入任何一种资产，我们就可以坐等收成，正是这种片面的宣传，让我们脑海中形成了一种在市场上只赚不赔的期望。实时性的全球沟通和新闻的快速传播，更是营造了一种逼真的错觉——如果不果断出手，我们就会错失重大价格变动带来的支付时机。

这些心态只会让我们把应有的审慎思考和精心设计的规划抛在一边，取而代之的是急躁和冲动。这些诱惑不可避免地会造成市场参与者在还没有学会走路时就急着去跑步。以这种方式做出的决策必然与初衷背道而驰。

真正的情况或许是，大多数参与者在金融市场上表现出的焦虑和不耐烦，是其他任何领域都不具有的。对这些急于一夜暴富的人来说，正是这种想法，促使很多潜在投资者认为，再现成功的过程将非常简单。曾在 1923 年出版《关于投机的事实》（*The Facts about Speculation*）一书的托马斯·吉布森（Thomas Gibson）

对投资的这个特征进行了分析，他认为："没有任何其他业务会像成功的投机一样，试图完全忽略时间因素。"

大多数投资者和交易员经常犯的一个重大错误，就是企图精确预测到每一次市场变化。但这种策略几乎没有任何成功的概率。在市场上，我们不仅有可能丧失自身的判断力，而且我们的大多数投资或交易都处于一种周期之中，在连续盈利和连续亏损之间挣扎。在试图预见到每一次趋势的翻转时，我们都会无一例外地失去客观性，并丧失与市场的真实联系。因此，我们在心理上失去平衡只不过是一个时间问题。试图预测到每个市场变动的愿望，会增加我们采取冲动性行为的可能性，而不是依据事实做出客观判断。不要频繁做出决策，只有这样我们才有可能更好的思考。而深思熟虑会给我们更多成功的机会，而不是企图预见和把握每一个市场波动。

永远记住：即使错过了眼下的机会，但未来总会出现另一次机会。当时机对你有利时，一定做出最好的投资决策。如果能以冷静、客观的视角看待投资机会，并尽可能不为市场的频繁波动而扰乱思维，那么你的成功概率就会大大增加。

始终坚持自己的目标

在不计其数的财经媒体和形形色色的电子媒体上，每天都会有专家的建议——他们心甘情愿地在自己的所谓专业市场或股票上随时发表观点。比如说，《金融日报》的记者莎莉会打电话给大宗商品分析师哈里，咨询他对可可商品行情的看法。尽管哈利对可可市场或许还没有任何确定性的意见，但他还是会热情洋溢地满口应允。之所以这样，完全是因为他必须为自己和所在公司在报纸上获得一点版面，因为版面对他们来说就意味着利润。但考虑到他并没有有力证据证明自己他的观点是可信的；因此，他做出不正确预测的可能性自然很大。但报纸仍会把哈利的观点视为具有权威性的"专家意见"。

如果他礼貌地拒绝了这次采访，并告诉萨利，如果下一次发现重大情况会及时打电话给萨利，这样做不仅有利于他本人，更有利于其他人。

按照这些基本规则，哈利会选择在适当的时间提出更有说服力的观点，而不是信口开河地做出不负责的评论。这完全就是游击战取得成功的手段。从理论上说，游击队的人数肯定不及与之交锋的正规军人数；所以，他们必须引诱敌人靠近来进行伏击，才能增加获胜的概率。也就是说，他们必须让自己成为选择作战时间和地点的一方。如果他们决定每次遇到敌人都要决一死战，那么他们就有可能让自己陷入正面作战的风险。毫无疑问，在这种情况下，敌军拥有压倒性优势。

同样的原则也适用于市场评论人士或是以交易者或投资者身份积极参与市场活动的人。作为一名游击队员，必须有足够的耐心，而市场参与者也应如此。他们所需要的耐心程度取决于投资或交易的时间范围。对期货交易者来说，他们的耐心可能会持续一到两周；对当日交易者来说，这个时间可能只有四到五个小时；而对于长期的保守型投资者来说，这个时间跨度可能超过一年。时间的长短并不重要，关键是你必须有足够的耐心等到时机成熟。要正确把握最好的时候做出最合理的决策显然不是可以轻易做到的，因此，一定要让自己找到适合交易或投资的时机。显而易见，市场时机是转瞬即逝的，它不会等着你，只有你去把握它。

对那些依赖基本面分析进行投资决策的长期投资者而言，他们需要等待出现被低估的资产。为此，我们可以使用一个有借鉴价值的估值指标——标准普尔综合指数（Standard & Poor Composite Index）的股息收益率。在这方面，我们可以在图 5-1 中看到，从以往情况看，6% 或更高的股票收益率往往是一个不错的低风险切入点。而对于喜欢技术分析的投资者来说，可以将 12 个月变化率指标低于 −25% 这一标准作为入市参考基准。我们将这些入市标准点绘制在图 5-2 中。

但这两个指标并不是绝对可靠的，也正因为这样，在这个例子中，无论是基本面投资者还是技术分析型投资者，都需要在决策过程中考虑其他几个指标的情况。在这里，具体的方法或时间框架并没有区别，关键是要确保你有足够的耐心，等到适合于特定系统和投资时间范围的低风险入市点出现。不存在任何要求你一定要投资的规则或是标准。但冲动或许会让你贸然出手。冲动是魔鬼，因此，一定要谨防冲动，让理性成为你的主宰者。

保持耐心的第一个原则，就是要有不过早进入市场的耐心。如果你掌握的材料可以得出结论，能表明市场已接近深度底部的

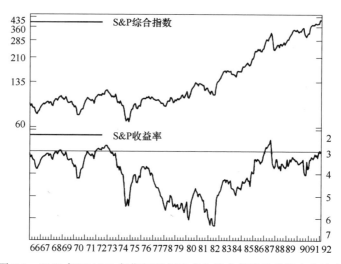

图 5-1 1966 年至 1992 年期间的标准普尔综合指数及其股息收益率

资料来源：*Pring Market Review*。

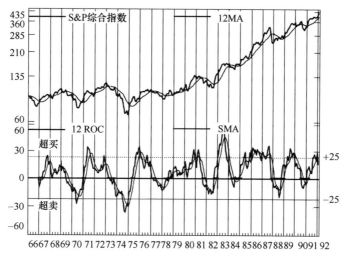

图 5-2 标准普尔 500 综合指数及其 12 个月的变化率

资料来源：*Pring Market Review*。

大多数指标或条件已具备；那么，即便形势不佳时，你也会更有信心坚持自己的交易或投资。

当我谈到市场底部，我使用的词汇是"深度底部"，这是你个人投资需要掌握的一个时间节点。如果你是一个保守型长期投资者；那么，债券或股票的深度底部可能每隔一年就会出现一次，就像为期四年的商业周期达到新周期的转折点。另一方面，短期期货的深度底部则有可能每隔一个月即出现一次。

为什么说参与投资市场不同于参与其他业务

经纪公司建立的投资组合或交易账户应该和其他任何业务一样运营。也就是说，必须建立基本运营原则，制定经营目标，遵循经营计划开展业务，并确定潜在交易的风险和回报。我们已经指出，从感觉上看，开展投资业务的成本似乎远低于任何其他业务，这就刺激了没有经验的人涉足这个市场。对那些从未在"实体"经济有过失手经历的人来说，他们往往愿意把大部分净资产投入到金融市场中。这不仅是因为易于进入这个市场以及认为投资金融市场相对简单的观点，还有这个市场具有高流动性这一事实。

我们不妨将买进和抛出股票或债券的难易程度与买卖任何其他资产的难易程度比较一下。例如，你可能会收购一家小型零售店，但后来发现，经营这项业务并不像你原来想象的那么容易。可能是因为时间不便，人员问题比你原先估计的更大，或是政府法规的限制让你感到负担沉重。但无论是出于何种原因，要摆脱这项业务远不像进入那么容易了。零售店的流动性很差，你很难找到手里拿着现金站在你面前的买家。即使有这样的潜在买家，你也可能不喜欢对方的出价；于是，你决定等待另一个买家的出现。此外，你可能还需要向业务经纪人支付一大笔佣金，通常会达到价格的 10%。所有这些需要考虑因素的叠加在一起，会让大多数企业的清算消耗大量的时间和金钱。

另一方面，在金融市场上，买家和卖家随时存在，双方都在等待适合自己的交易对手，这意味着，我们可以对资产轻而易举地做出定价。这种流动性为人们提供了一个强有力的理由：投资金融市场要比投资任何其他业务更具吸引力。

不幸的是，这种似乎唾手可得的定价机制也有它的缺点。只要看看报纸上的报价或是给经纪人打一个电话，你都能确切知道自己的投资值多少钱。在价格上涨时，你可以看到这个价钱，结果会让你开心；价格下跌时，你也会紧紧地盯着，但结果只会让你感到压抑。这种可以随时跟踪的定价机制，会让你全身心地投入到市场中。当你的"业务"暂时遭受打击时，你可以轻而易举地以低成本清空手中的仓位，因此，这种诱惑自然会让你去兑现。于是，你抛出仓位。但是，对于价格的波动，你在心理上的反应很可能远大于基础市场条件本身的振幅。

另一方面，我们再考虑一个投资者收购制造业企业的例子。在这种情况下，并不存在招之即来的定价机制。最初，收购者可能会发现，事情进展非常顺利。收购完成后之后，他采取的成本削减措施立竿见影，他的现金流直线增加。他将结余作为资本，投资扩大工厂的产能和设备，以达到刺激未来增长的长远目标。但是在过了一段时间之后，他开始遇到问题：企业销售下降，整体经济趋于疲软。于是，我们说到的这位企业家可能会想到卖掉这家公司，但要做到这一点并不容易，因为他还没有找到合适的买家。最终，他失去了出售企业的冲动，又经营了几年，直到退休。在15年之后终于清算这家企业的时候，他发现，企业本身已经大幅升值，现在，他有一个聚宝盆般的金蛋。在这个例子中，企业的老板始终专心经营自己的企业。他并没有每天盘算着自己的企业到底值多少钱，根本原因就是他没有办法得到这个价值。业务本身的属性迫使他必须有耐心。当然，他也可以在15年中的任何时点卖掉企业，但出售所带来的成本以及出售本身的难度，最终还是妨碍他采取这一措施。

而投资股票市场就完全不同了。在股市中，不断的价格波动、市场对新闻如痴如醉的跟踪以及对短期业绩的关注，必然会让我们将自己的情绪不知不觉地带入市场，并促使我们做出草率而欠考虑的决定。金融市场的流动性和定价机制确实为我们进入这个市场提供了便利，但这也带来了问题：它们是对我们耐心的考验。在我们的思维中有一种天然的倾向：要取得成功，我们就需要不断地获取价格和其他信息。正如我们在前面所看到的，过分关注价格实际上并不符合投资收益的最大化原则。

利润往往是对耐心投资者的犒劳

1991年3月5日，弗雷泽出版社的埃里克·汉森（Eric Hanson）在佛蒙特州伯灵顿市的《自由新闻》（*Free Press*）发表了一篇文章，在文中，他提到 Dean Witter 证券公司杰克·万德尔·佛列特（Jack Vander Vliet）的一项研究。该研究假设，一个人在此前21年中每年在股票市场投入2 000美元，而且每次投资的时间均为市场处于当年的最高点时。此外，每一笔投资均维持下去，投资者在此期间没有任何一笔卖出。尽管每次买进都是在最不利的时点进行，但这个假设的投资组合仍会按11.6%的年均复合增长率升值。4.2万美元的原始投资最终将增加到18万美元。根据这项研究的解释，出现这种情况的主要原因，就是股票市场在这21年期间的整体趋势体现出明显上涨。即便如此，我们仍需要认识到，这段时间不仅有1973年至1974年期间的大熊市，还有1987年的股灾。如果任何人以相同方法在1960年到1980年之间持续买进债券，都不会实现这么好的收益，因为债券价格在这期间的长期或超长期走势是下跌。

这个例子并不是说，你不问青红皂白地一味购买并长期持有，就可以坐拥客观的收益，因为事实并非如此。相反，这个例子的真正含义在于，如果你以乐观、理性的观点开始投资，那么这笔投资带来盈利的机会就会很大。如果每个新闻或是价格反转都会让你坐立不安，并据此进行频繁操作，虽然你或许赚钱或许赔钱，但几乎可以肯定的是，这笔投资注定不能兑现其最大收益潜力。因此，最重要的一点，就是必须以足够的耐心对待投资——除非基础条件发生改变，这样，你的成功概率就会大得多。

按照汉森先生在这篇文章中说法："最关键的原则就是要做长期规划。而更重要的，就是要决定你到底要承担多大的风险、准备投资多少钱以及如何将这笔钱分配给股票、债券或是房地产等，而不是担心明天的市场会怎样。"换句话说，如果你已经做好功课；那么就让自己放松一下，把剩余的事情留给市场去做吧。

我可以用自己的部分经历来验证这个观点。在 20 世纪 80 年代早期，我就曾准确地预见，市场利率已达到历史高点，而且在未来 10 年左右的时间里，债券价格将持续上涨。此外，我还通过市场研究发现，这次大幅反弹不太可能呈现为直线形式，而是穿插了一些相当明显的长期价格逆向走势，持续时间可达到一年甚至更长时间。当时的政府债券利率在 11%～14% 之间。在完成这些研究之后，我决定买进部分债券，使用的资金来自我的个人账户以及我负责管理的公司养老基金。由于养老基金无须支付利息，也不需要按资本利得纳税，只需满足长期利润目标即可，我购买的是部分零息债券。我为个人账户购买的是定期政府债券。因为利率实际上已开始下调，所以这两笔投资的最初情况非常不错。

经过一段时间之后，我开始进一步研究债券市场的经济和技术状况，但是从未来一年的预测情况看，前景似乎并不像我最初预测的那样理想。这就促使我清空了在个人账户中持有的债券。可以看到，我已经违反了投资的原则之一：因为我原本曾估计，整个过程中可能会出现某些重大调整。而且事实也确实一再表明，我这种缺乏长远视角的交易决策是错误的。清盘时间是在刚刚进入 1986 年 1 月的时候，当时的清盘价格约为 87 美元。但是到了 3 月份，债券价格已经涨到 105 美元。在短短三个月的时间里，债券就完成了与过去 16 个月同样多的涨幅。可以想象，这个愚蠢的错误给我带来的愤怒和沮丧。我当时的想法是，在这轮"千载难逢"的债券牛市中，收益率注定会进一步下跌。到了1984 年，尽管已错过收益率从 15% 降至 11.5% 的第一阶段走势，但是能"坐实"史上最高的两位数收益率，仍然让我心满意足。但直到如今，我其实正在退出一轮似乎注定还将继续反弹的牛市。

这个时候，挫败感又刺激我进入澳大利亚债券市场，因为在这里仍有可能凭借政府支持债券取得 13% 的收益率。我的先期研究再次应验，在接下来的几年里，债券和货币价格均出现反弹。只要我有耐心坚持下去，那注定将是一笔盈利非常可观的投资。但是，我当然没有这样的耐心。就在我买进几周之后，债券价格和澳元同时开始下跌。尽管我构建了一个规模可观的仓位，并却没有为正在呈现的双重风险做好心理准备。这些风险来自债券市场和货币市场。随着澳大利亚债券价格的下跌，澳元也随之下挫——这让我彻底失去方寸，马上清仓。在接下来的五年里，我根据对中长期趋势的预期又多次买进美国债券。虽然这些尝试均实现盈利，但由于缺乏足够的耐心，没有一笔投资能达到与总体价格走势对应的利润。

耐心的重要性，在个人账户与养老金账户的业绩对比中得到了充分显现。我们都应该记得，在 1984 年，我为养老金账户买进零息债券，其长期盈利目标与个人债券保持一致。但不同之处在于，在清空养老金账户时，我发现，由于这些债券缺乏流动性，导致买卖差价非常大。这意味着，如果我要在以后重新买进债券，一旦判断失误，其代价将是不可承受的。因此，买入和卖出的庞大费用迫使我必须以足够的耐心继续持有仓位。但如果我对长期利率下降的观点完全失去信心，那就另当别论了，因为到了那个时候，无论成本如何，清算费用都是必须支付的。但一直让我担心的还是短期利率走势，因为我总可以证明，至少清空个人账户中的债券仓位是正确的。毕竟，使用个人账户重新买进债券既方便，又无须承担高成本。但我没有想到的是，一旦市场价格超过清算价格，我也就没有重新建仓的必要。

我曾读过爱德华·勒费夫尔（Edward LeFevre）的《一个股票操盘手的回忆录》（*Reminiscences of a Stock Operator*）一书，作者在书中提到在趋势当中清仓的危险，但直到我的这次亲身经历，才让我开始体会到其中教训的沉痛。我之所以强调"开始"这个词，是因为要在学习中逐渐形成一种习惯需要很长时间。

第六章　百变而不乱方寸

对投资或是交易来说，最困难的一个方面就是要守住既定原则。在很多情况下，我们会发现，在经历了一连串亏损之后，我们会以这样的思维重新进入市场："这次我一定会坚持自己的计划，不会受到任何外界的影响。"无论是交易者还是投资者，都不例外，都会面临这个问题；只有时间范围或事件可能会有所不同。

根据既定方法制定投资决策或交易决策，而后便坚持以这个计划作为指导原则，这听起来似乎是一个再简单不过的命题。但是在现实中，要做到却绝非易事。很多人、事态的变迁以及心理障碍，都会随时让我们放弃原则、丧失机会。最初，我们往往怀揣着最美好的初衷；但是在前行的路上，我们常常会不断改变最初的计划，以至于丧失了原本有利可图的投资或交易机会。

坚守既定立场固然非常重要，但也需要我们有足够的灵活性，在必要的情况下做出调整。这个建议可能听起来自相矛盾，但实际上却意义非凡；任何改变都是需要前提的，也就是说，你对战略和策略的任何调整都是为了适应基础经济条件的变化。大多数人会面临完全不同的问题。比如说，我们首先启动了一项计划，但是在经过一段时间之后，意外发生的新闻事件、经纪人新提出的评论或是新闻报道都有可能促使改变既定计划。在这种情况下，我们要么彻底放弃原定计划，要么选择对外界环境的变化视而不见。但变化是客观存在的，它已经发生了。但真正促使做出改变的，是内化于我们思维中的变化；外部事件并不会影响到我们对投资未来的看法。换句话说，即便是对于我们身边的现实，我们也会有所选择地认识。我们不妨看看两个例子。第一个与投资有关，第二个则是关于交易的方法。

坚持既定计划

投资

一个完整商业周期从前一个低谷走到下一个低谷的时间大约为四年。股票价格基本取决于投资者对企业盈利前景的预期。由于利润是与商业周期保持同步的，因此，股票牛市行情的持续时间应为整个商业周期长度的一半，也就是说，大约在两年左右。但股市发展的历史却显示出，牛市行情的持续时间要稍长一些，因为牛市的形成时间往往要长于崩盘的时间。金融市场的价格趋势很少呈现为直线形态；通常表现为上涨过程中穿插回调的振荡形式，如图6-1所示。尽管整体呈上升趋势，但也存在被业内称为次级回调（secondary reaction）的市场纠正行为，由于这些回调通常幅度较大，以至于在形式上造成一种错觉：在牛市周期中，即便是最坚定的牛市拥护者也会质疑基本上涨趋势的真实性；而在熊市中也类似。

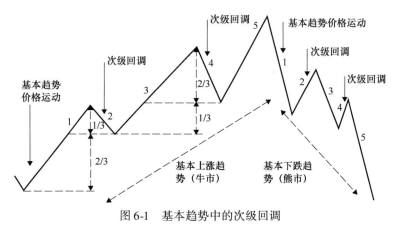

图 6-1　基本趋势中的次级回调

资料来源：Pring，Martin J.（1991）．*Technical Analysis Explained*．New York：McGraw-Hill。经许可使用。

次级回调的幅度通常可以达到前一次反弹涨幅的 1/3 到 2/3，回调时间可持续六周，甚至是六个月。最有可能让市场参与者心灰意冷、放弃投资或交易的事情，莫过于行情与他们的预期完全相悖。有些在市场上取得成功的人，之所以能在心理上不为所动、渡过难关，是因为他们拒绝放弃最初促使他们进入市场的基本观点。实际上，只要得到市场的验证，采取什么样的方法并不重要。

我们不妨假设：你很幸运地在新一轮牛市刚刚形成就发现了趋势的端倪，并采纳一种非常简单但却经过市场检验的投资计划。这种方法既考虑到金融市场形势的变化，也认识到美联储政策将会给股票价格带来很大影响。按照这种方法的要求，只要美联储在连续加息之后下调贴现率，股票就有可能出现牛市。

但如果连续三次加息，这就是危险信号了。当然，除金融因素以外，市场还要受到诸多因素的影响，但表6-1表明，在1956年至1991年间，这种简单方法的确取得了良好的效果。有某些时期也会出现例外，如1958年的第三次加息就是一个导致市场过早卖出的信号，而1981年的加息信号则提前到来。但是就总体而言，市场已经证明，这种做法是一种有效的长期投资策略。

这种方法取得成功的理由不难理解：宽松货币和低市场利率迟早会形成经济增长的刺激力量。在这种情况下，有助于企业扩大业务，进而创造更多的利润；而利润增加则意味着股息的增加，进而推高股价。但是在经过某个临界点之后，利率上涨则会抑制经济增长，从而开启熊市行情。

表6-1　适用于股票市场的贴现率标准

	熊市周期			
第三次加息的日期	第三次加息时的S&P指数	连续三次加息后第一次减息的日期	连续三次加息后第一次减息时的S&P指数	收益率（%）
1955年9月	43.34	1957年11月	40.35	-9.00
1959年3月	56.15	1960年4月	57.26	1.98
1965年12月	91.73	1967年4月	90.96	-0.84
1968年4月	95.67	1970年11月	84.28	-11.91
1973年5月	107.22	1974年12月	67.07	-37.45
1978年1月	90.25	1980年5月	107.69	19.32
1980年12月	133.48	1981年12月	123.79	-7.26
1989年2月	293.40	1990年12月	328.33	11.91

（续）

牛市周期				
第三次加息的日期	第三次加息时的 S&P 指数	连续三次加息后第一次减息的日期	连续三次加息后第一次减息时的 S&P 指数	收益率（%）
1954 年 2 月	26.02	1955 年 9 月	44.34	70.41
1957 年 11 月	40.35	1959 年 3 月	56.15	39.16
1960 年 6 月	57.26	1965 年 12 月	91.73	60.20
1967 年 4 月	90.96	1968 年 4 月	95.67	5.18
1970 年 11 月	84.28	1973 年 5 月	107.22	27.22
1974 年 12 月	67.07	1978 年 1 月	90.25	34.56
1980 年 5 月	107.69	1980 年 12 月	133.48	23.95
1981 年 12 月	123.79	1989 年 2 月	293.40	137.01
1990 年 12 月	328.33			

客观看待这张表格，用这种方法，长期以来的良好业绩是有目共睹的。因此，如果说有人采用了这种方法，但却不愿或是无法坚持下去，这的确会让我们感到难以理解。但事实是，大多数人不会一如既往地坚持下去。简单回顾一下其中某个信号出现之后发生的事件和市场行为，或许有助于我们理解投资者的非理性：因为非理性是大多数投资者思维中的固有成分。

史上最大的一轮牛市出现在 20 世纪 80 年代，我们不妨看看，在这轮牛市行情中，贴现率信号是在什么时点出现的，以及随后的市场反应又是怎样的。从 1980 年中期到 1981 年年初，贴现率出现了快速提高，而后在 1981 年 12 月出现回落。这是一个刺激投资者进入股市的信号。图 6-2 显示，在市场反弹一段时间之后，出现卖出行情，这是即将走向熊市低点的信号。几乎是与此同时，投资开始出现亏损。此外，短期利率似乎也开始进入新的周期性上涨，因为到 1982 年 1 月和 2 月初，利率已相对 12 月的最低点出现了明显反弹。但贴现率却并未变化，因此，按照这种思路，投资者本应继续保留仓位。

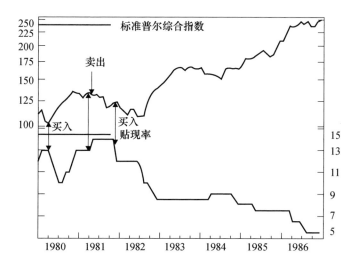

图 6-2　1980 年到 1986 年期间的标准普尔综合指数与市场贴现率

资料来源：*Pring Market Review*。

在接下来的几个月里，投资者依旧有很多理由抛出股票。比如说，在 1982 年 5 月，市场因担心出现重大破产事件而大幅下挫。而进入 1982 年 7 月，坏消息更是纷至沓来，媒体头条的焦点就是墨西哥及其他第三世界国家的债务危机。当时，大多数投资者都担心，这些国家的债务危机可能会引发全球性经济崩溃。

在这种经济形势下，任何投资者看空市场肯定都是不无道理的，而且汇集方方面面的悲观消息，他们也的确有理由清空仓位。而且他们完全可以解释自己的仓促行为：贴现率方法在正常情况下确实是有效的，但因为"这次的条件已发生变化"，因而已不能用正常情况来解释。然而，我们在这里所看到的是投资者让自己的投资决策完全依赖于外部事件，而不是经过深思熟虑的投资原则。

在进入市场时，投资者的决策依据是美联储正在采取宽松货币政策，下调贴现率迟早会给经济和股市带来有利影响。这个逻辑没有任何问题。随着美联储在 1982 年 7 月再次下调贴现率，货币形势确实得到了改善。这表明，联邦储备银行已充分认识到经济形势疲软以及由此可能带来的危机。但是对投资者而言，财务状况却似乎是在恶化。因为这是一个坏消息，它意味着股票价格远低于买入价格。假如投资者在 1982 年 6 月或 7 月清空买入的仓位，那么考虑到后续形势的进展，拥有这种心态的投资者几乎不太可能重新买进。也就是说，他将坐失一个赚大钱的机会。另一方面，如果投资者坚守贴现率规则；那么他就不会担心错过机会，因为他已经建仓，只要坐等大盘上涨即可轻松获利。

但我们经常看到的情况却是，在进入市场时，人们都会信誓旦旦地要坚守既定原则。毕竟，他们已经为自己找到了令人满意的证据：这种方法已经得到了时间的考验，而且他们对即将开始的投资也充满了激情。遗憾的是，他们只记住了业绩良好的那些时期；相反，他们反倒应该自问，如果当前信号发生逆转，甚至直逼 20 世纪 20 年代"大萧条"以来的最恶劣情况，他们的投资会损失多少呢？

从不考虑最恶劣的情况，只会让投资者不断提高预期，并招致原本不必要的挫败感。只要出现导致股票价格下跌的利空消息，投资者的第一反应自然就是退出市场，而且退出有可能出现在最不合时宜的时点。正因为如此，我们才说，坚持最初制定的投资规则是非常重要的。如果这种方法确实经过市场验证，那么坚持既定决策的收益更有可能超过由此招致的损失。

我们再回头看看 1984 年春天的例子。当时，虽然股票价格远远高于 1982 年的水平，但短期利率已开始上升。当时，坊间对经济走势做出了非常悲观的预测。进入 1984 年 4 月，在短期利率持续上涨近一年后，贴现率实际上也从 8.5% 上调至 9%。因此，我们很容易得出这样的结论：第二次加息乃至第三次加息即将来临。此时的明智之举似乎是在第三次加息之前清空股票仓位。毕竟，股市即将进入熊市的迹象正在日渐明显。当然这种行动只会适得其反，因为市场在夏季末便再次反弹。而且事实也证明，折现率并未提高；折现率在美联储再次加息之前已经过数次下调。

到 1987 年夏天，美联储已连续提高贴现率，下一个节点出现在 1987 年 10 月（见图 6-3）。在这个月，整个股市陷入崩盘，股票价格在几天之内便下跌 25%。在这种灾难性环境以及整个市场存在高度不确定的情况下，对任何人来说，守住仓位都需要巨大的勇气。尽管媒体一致看空市场，但有趣的是，由于经济持续增长，股市危机并未蔓延到实体经济。更重要的是，美联储并未实施第三次加息，因此，按照这种方法，投资者应守住方寸，维持原有仓位。具有讽刺意味的是，因为美联储通过小幅下调利率而提振了市场信心，因此，此次股市崩盘不仅有效延长了经济复苏期，最终也带来了股市的反弹。第三次加息直到 1989 年 2 月才最终出现，当时，标准普尔综合指数已站稳 290 点到 300 点，而且略高于 1987 年的峰值。由此可见，如果在 1981 年到 1989 年期间守住仓位，投资者即可坐享标准普尔综合指数从 123 点上涨到 290 点的收益。

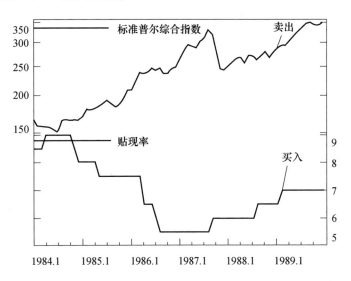

图 6-3　1984 年到 1990 年期间的标准普尔综合指数与市场贴现率

资料来源：*Pring Market Review*。

显然，这种投资方式也并非完美无缺。在上面提到的例子里，这种方法并没有引导投资者在底部进入市场，并在顶部退出。但是，正如我们在第一章中看到的那样，绝对不存在让我们一夜暴富的"圣杯"。作为一种投资方法，折现率指标系统可以让你在投资期内把握基本的"上涨"趋势，与此同时，避开长期熊市中最令人痛苦的部分。每个人选择的方法可能会有所不同。但只要你选择的方法经历了市场的长期检验，并拥有让使用者满意的历史业绩；那么，它就能为你提供一种宝贵的基本规则——当然，前提是你必须严格遵守这个规则。

因此，一种投资方法的主要功能，就是让支持者规避和抵御各种妨碍他们做出理性决策的陷阱和妄想。我们讲述的例子表明，使用贴现率指标，投资者几乎可以让自己的财富增加三倍，但这显然需要他们具有极大的耐心和严谨的自律性。如果无时无刻不紧盯市场的每一个举动，他们的投资或许会取得不错的业绩，但只要有一念之差、一次失误，就有可能让他们错过某些绝佳机会。

交易者

同样的道理也适用于期货市场的短期交易者。在这种情况下，交易采用的杠杆率更高，而涉及的时间范围则大大缩短。比如说，只需要 1 500 美元的出资，就可以"控制"价值 35 000 美元的黄金或是 10 万美元的债券。如果期货合约价格上涨，正确建仓的交易者即可大功告成。遗憾的是，杠杆效应带来的影响是双向的，也就是说，如果下错赌注，又缺乏合理的资金管理，最可取的做法就是尽早清盘。出于这个原因，在期货市场上，交易者根本就无力承受当市场走势明显偏离预期带来的损失。

同样，我们再考虑一个可以运用到债券市场的机械指标。不妨假设你是一名交易员，你既不想一战成名，也没有想过一定要做到底部入市、顶部退出。只要采用的方法能带来满意的利润，你就会感到开心。为此，你可以用的一种简单指标，就是 25 天移动平均线。移动平均线的使用原理是这样的：计算出债券期货的 25 天移动平均值，在交易价格超过这个移动平均值时买入，而在低于这个平均值时卖出。当然，这种方法不能保证始终盈利。因此，我们只是使用这个指标来说明问题，而无意推荐这个指标。在这个例子中，我们假设已使用这种方法对历史数据进行了成功地回溯性检验。

图 6-4 显示，"买入"信号出现于 1991 年 4 月的 A 点位置。这位假设的交易者原本希望在进入市场时赚一大笔钱，但他很快就会失望，因为这笔交易马上就出现了亏损。但他并没有气馁，而是再次进行交易，但亏损却进一步加大，如 B 点所示。现在，他自然会怀疑这个系统的有效性。尽管这种方法在过去三年中取得了令人满意的总体业绩，而且他也清楚地意识到，在某些时段进行的交易确实是亏损的，他仍对这种方法心存疑虑。但是在下一个买入信号在 C 点出现时，他还是决定再次进入市场。在随后的几天里，由于行情完全与他的判断吻合，他的期望值也开始提高。但最终还是出现了一些意想不到的坏消息，再次压低价格，

也让他的亏损进一步加剧。现在，他已经彻底失望了，在他看来，这个操作系统似乎根本就没有用，而且媒体风向也非常不利，以至于在下一个买入信号在 D 点出现时，他已完全没有勇气重新进入市场了。图 6-4 显示，这个时点其实正是他应该重新进入市场的时候，因为价格随后便出了大幅反弹。在投资领域，一个不争的事实是：在某些最有利的价格行情出现之前，往往会经历一段令人困惑的震荡，在这段时期，价格通常会在极其不利的狭窄范围内上下波动。无法使用移动平均线方法取得盈利，恰恰是这个特征的外在表现形式。

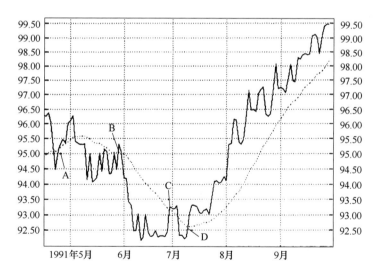

图 6-4 1990 年到 1991 年期间的美国国债期货（三个月期永久合约）
及 25 日移动平均线

资料来源：*Pring Market Review*。

实际上，这位交易者犯了两个错误。首先，他任由自己的交易决策受媒体消息的干扰。其次，他未能给这个操作系统提供足够的运行时间来证明其有效性。实际上，他恰恰是在错误的时间放弃了对市场的关注，而这个错误也让他不得不面对亏损。

任何一个曾在市场上从事过交易的人都会认识到，不能坚持既定计划是一种极其常见的缺陷，而每个交易者都会时不时地受到这种缺陷的侵袭。我们经常会看到很多投资书籍或软件，向读者和使用者承诺可以为他们带来立竿见影的收益。但购买这些商品的人是否能达到其预期，却令人质疑。首先，大多数此类方案或系统并不能提供它们所承诺的结果，即使是那些确实带来预期结果的产品，实际上也很少是按它们所推荐的方式实施的。尽管信心满满的投资者和交易者最初都曾踌躇满志，但却很少会坚持最初制定的方案。即使他们已掌握特定投资规则有效性的证据，但却缺少耐心和自律性去持之以恒地遵守这些规则。

这种现象并不仅限于金融市场。例如，很多关注健康的人都会购买价格不菲的运动器材，以达到健身或减肥的目的。但是在最初的热情散去之后，他们就会对这些设备失去了兴趣，甚至把它们扔到地下室、车库或阁楼里。知道该做什么是一回事，但是要把这些知识诉诸行动则是另一回事。

在图 6-1 中，我们可以看到，在牛市周期中，经常出现被称为次级回调的逆周期行情。此外，基本趋势由一系列不断抬高的顶部和底部构成的观点也表明，即便是在反弹周期的顶部买入投资，这种错误也只是暂时的，因为不断抬高的长期上涨趋势最终会让我们反败为胜。这就引出"坚持既定方针"的另一个侧面。

在大多数时候，我们都不可能对基本市场走势做出明确判断，但是在预测市场趋势时，逆市场行情建仓无论如何都是非常不明智的。不妨看看我在《技术分析》(Technical Analysis Explained) 一书中最早介绍的一个交易系统。它的基本思路非常简单，即，根据技术分析的结果交易英镑货币。交易规则如表 6-2 所示。在图 6-5 中，箭头表示在 1974 年至 1976 年期间出现的买入信号和卖出信号。这种方法已经过实践检验，最早的数据可以追溯到 20 世纪 70 年代早期。事实证明，它带来的盈利水平非常可观。根据我的计算，截至 1980 年，只要严格遵循这些基本交易规则，采用10%的保证金率并将全部利润用于再投资，那么，最初投入的 1 万美元到目前其价值将超过 100 万美元。而在 1980 年之后，这笔投资的收益能力将更为可观。

表 6-2　买入和卖出英镑货币的交易规则

规则一

当英镑价格超过 10 周移动平均线，13 周平均变化率大于 0，6 周平均变化率也大于 0，选择买入（做多）。

规则二

规则之一中的所有前提均不符，即，价格低于 10 周的移动平均线，且两个平均变化率均为负数，则选择卖出（做空）。

在这里，我想说的主要观点是：通过对投资业绩的认真研究表明，收益几乎完全来自与基本趋势保持一致的买入信号。显示

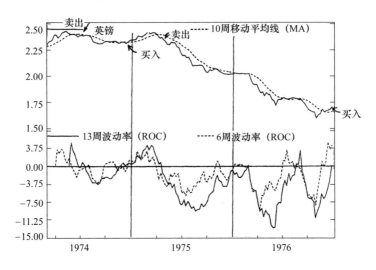

图 6-5 1974 年至 1976 年期间的英镑交易规则系统

资料来源：Pring，Martin J.（1991）. *Technical Analysis Explained.* New York：
McGraw-Hill。

在图 6-6 顶部的序列线为股票价格趋势。它显示出，在 1980 年
至 1992 年期间，在不使用杠杆的基础上采用该交易系统对 1 000
美元进行投资的情况。我们将部分逆周期信号用箭头进行标记。
请注意，它们也是亏损最严重的交易。

这种按基本趋势走向进行交易的原则，适用于任何中期交易
系统和大多数短期交易系统。显然，任何人都不可能对基本趋势
的走向做出完全坚定的判断。但是在进行这种判断的时候，一定
要顺应基本趋势进行交易，不管其他操作方式有多么诱人，都需
要尽力规避，这一点至关重要。

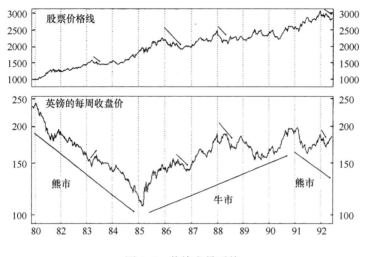

图 6-6　英镑交易系统

资料来源：*Pring Market Review*。本图采用 Metastock Professional 绘图软件绘制而成。笔者对有关系统测试能力的介绍见 "探索 Metastock Professional Ⅱ" 视频中的 "系统测试" 部分（国际经济研究所，P. O. Box 329，Washington Depot，CT 06794。经许可复制）。

坚持既定方针，但也要保持足够的灵活性

坚持已经实践检验的有效既定方针的观点当然是合理的，但也需要保持开放的思想，因为基本财务状况完全可能而且也注定会发生变化。这个建议听起来似乎有点自相矛盾。但事实并非如此。

在大多数情况下，对商业周期形势的预期推动了金融市场的

发展。毕竟，总体经济不会像汽车或快艇那样可以轻而易举地改变方向。它更像是一艘巨型油轮：改变方向需要时间。因此，我们所跟踪的任何指标也都在缓慢而有目标地变化着。有些指标会经常失灵，正因为这样，我们不应该让投资决策依赖于某一个指标，而是应该依赖于市场的共识。

不过，制度变化偶尔也会影响到特定指标的可靠性。在这种情况下，考虑到这些指标已不太可能像过去那么可靠，因此，理智的做法是忽略这些指标的信号效应。这种情况的一个典型例子出现在20世纪80年代。当时，市场刚刚出现股指期货及其他衍生品。这些产品带来了一些全新的交易和套利活动，而其中最值得关注的就是程序化交易。毫不奇怪，这项新活动给技术分析人士自20世纪30年代以来成功运用的某些指标造成了干扰。受到影响最大的指标则是空头净额比率（short-interest ratio，也称为放空比率，是指在特定时点上，个别股票或整个市场融券放空数量与这段时期内平均成交量的比率。）

在20世纪70年代通货膨胀猖獗的时候，也曾出现过类似的制度扭曲现象。比如说，公司披露的收益根本就不考虑通胀状况。因此，当公司通过高估大量且不可持续的存货收益而夸大真实盈利水平时，利润也自然被注水了。如果不考虑这一重要变化，那么当投资者采用以市盈率为基础的投资方法时，难免会遇到麻烦。他们或许在选择股票时确实在坚持既定原则，在这个意义说，选择标准保持不变。但环境的变化有可能严重扭曲股票收益的质量。

另一个制度变迁的例子出现在 20 世纪 70 年代和 80 年代初，当时，货币市场基金开始日渐盛行。最初，这些存款并没有被包括在货币供应量之中。但随着越来越多的现金进入这个市场，货币供应量数字显然已失去了客观性。最终，监管机构把货币市场基金纳入到货币供应量的某些指标中。因此，在定义做出调整之前，如果盲目采用货币供应量的变化作为制定投资决策的基础，就有可能造成决策不当。

上述示例无不表明，不仅要严格遵循既定的投资策略，还需要定期审核这个策略，以避免出现重大的基础经济环境变化。

这一次不同以往

所有投资者面对的最恶毒的陷阱之一，就是将偏离经检验的方法或理念的理由归结为"这次和以前不同"。在市场达到甚至超过正常的技术标准或基本标准之后，对更高价格的某些解释似乎唤醒了群体的想象力。这些论点通常极具说服力，因为它们恰好出现在市场被乐观情绪所笼罩时，此时，每个人都希望价格进一步上涨。遗憾的是，这些观点大多源于希望，而不是依赖于更容易被忽略的事实。因此，人们更愿意张开手臂迎接所谓的"新时代"思维，而对最基本的投资概念却置若罔闻，更意识不到，对"新鲜"事物的赌注往往会带来灾难性的后果。

一个典型的例子发生在 20 世纪 20 年代。当时，因为商业前景持续高涨，因此，很多投资者相信股票价格已达到新的高位。此时，很少有人去关注股票价值高估以及杠杆率过高等问题。合并潮和类似的泡沫性概念已经完全吸引了公众的眼球，他们已经准备抛弃守旧的既定原则，迎接"新时代"的热门思维了。

在 20 世纪 70 年代早期，基金经理对那些被称为"漂亮五十"的新兴企业趋之若鹜。凭借持续增长率和良好的财务状况，这些公司成为市场上见了就不能撒手的热门股票，其中就包括 Avon、施乐和宝丽来等。在这轮狂潮中，这些股票的市盈率已达到完全不切实际的水平，但无论价格多高，它们的价格还在继续上涨。它们的估值不仅按历史水平衡量是不可思议的；从横向上看，它们也缺乏与其他市场的契合度。因此，不难解释，这些股票为什么会在 1973 年到 1974 年的熊市期间一败涂地，而且大多数股票在十年之后才重新恢复到此前的高位。

一旦市场进入与 20 世纪 20 年代和 70 年代相似的情况，报警信号就会提前出现，而且往往是过早降临——因为很多投资者都会正确地判断出市场高点即将到来的迹象。但问题是在价格持续上涨的阶段，股价似乎永远都不会下降。此时，这些投资者就有可能在错误的时点重新入市，而忘记了曾鼓励他们提前退出的所有原则。实际上，他们已经选择放弃最初设定的基本原则，而后就只好接受由此带来的后果。在这两个例子中，解释股票价格上涨的基本理由是错误的，归根到底，价格已超出正常的估值标准。

随机性经济数据会让你的财务健康经受考验

注定让你陷入困境的一种方式，就是只根据某个经济数据制定投资决策，而不考虑基本趋势。如今，我们经常会看到，市场会对各种利好或利空的经济消息的预期作出反应。当数据发布且与预期相悖时，市场几乎是立即做出反应，就像最初建仓一样迅速完成清仓。对于靠波动和刺激性新闻发财的媒体来说，这种近乎疯狂的举动当然是天大的好事，但对于深陷其中的投资者或交易者来说，就并非如此了。但只要能坚守原则并保持良好的心态，如此巨大的反差反而可以为投资者带来可乘之机。

本章小结

周围发生的事件和新闻很容易会让我们缩手缩脚。意外的价格波动会刺激我们的神经，这也是导致我们偏离既定轨道的一个重要原因。在这种情况下，我们必须确保不会误以为基本趋势发生逆转。一月份的好天气并不表明春天已经到来，同样，一条孤立的好消息也不能说明熊市已经结束。我们必须学会退后一步，放开视角，只有这样，才不会只见树木不见森林。

如果我们要遵循并采用既定的模式或方法——无论它是一种交易系统还是一种长期基本理念，那么，就一定要坚持下去。否则，我们就会丧失做出正确决策所依赖的出发点。

第二部分

华尔街上的芸芸众生

第七章 认识逆向投资的新视角

有组织或是有意识人群的基本法则就是精神上的统一。构成群体的个人会在情感影响下丧失其有意识性的个性，此时，他们的行为就会服从于更低水平的群体智慧。

——托马斯·坦普尔·霍恩（Thomas Temple Hoyne）

逆向思维理论（Theory of Contrary Opinion）最初由汉弗莱·尼尔（Humphrey Neill）提出。这个理论源于尼尔在股票市场上的经验心得与查尔斯·麦基（Charles Mackay）、古斯塔夫·勒庞（Gustav Le Bon）以及加布里埃尔·塔尔德（Gabriel Tarde）等人研究成果的汇聚。今天，人们普遍接受的观点是，由于"群体"会在主要的市场转折点出错，因此，每个人都想成为逆向投资者。在当下时代的投资领域里，遵从于群体的诱惑就相当于承认自己犯下了不可饶恕的罪孽。

然而，一旦某个概念或理论被普遍接受，它的基本思想往往就会遭到歪曲。那些没有运气拜读过尼尔及其他作家关于这个问题的著作的市场参与者，自然也不会意识到，他们或许已处于根基不稳的状态。因为尼尔曾指出，群体（即，大多数投资者或交易者）在大多数情况下的现实行为是正确的；真正容易出错的情况，就是在发生转折的时刻。

但最根本的区别还是尼尔理论的本质。一旦一种观点形成，它就会受到大多数人的模仿。这个过程会不断延伸，以至于最终每个人都会接受它的正确性。正如尼尔所说的那样："当每个人都这么想的时候，那么，每个人便都有可能出错。当大众开始不加判断地服从于某个观点时，他们往往会因为心理暗示而放弃独立判断能力。而在人们停止**独立思考**事物的时候，他们自然会做出非常相近的决定。"

在这里，我之所以强调"独立思考"这个词，是因为在实践中提出反对观点更大程度上是一门艺术，而不是科学。要成为一名真正的逆向投资者，首先需要学习、创造力和广泛的经验，但最重要的是耐心；没有两个市场的情况是完全一样的。尽管我们知道历史总会以某种方式重演，但永远都不可能以完全相同的方式再现。因此，我们不能在不加思考地得出结论："因为其他所有人都看涨市场，因此，我就要看跌。"

知道应该在什么时候做出逆势预期是至关重要的。很多人会一厢情愿地认为，我们在市场中使用的特定方法应该始终会有助于我们。但遗憾的是，正如我们之前所提到的那样，这个世界上不存在完美无瑕的投资方法，因为要形成正确的反对意见，是一项非常艰难的任务。即使我们能正确评估群体的立场，这种知识仍会带来挫败感，因为群体往往会在重要的市场转折点出现之前进入极端状态。很多聪明的股市操作者正确地判断出，1928 年的市场处于失控状态；于是，他们得出的结论是，股票价值已被高估，并就此对估值给出折扣。尽管他们的判断是正确的，但他们选择的时机却过早。遗憾的是，很多投资者在致命的终极拐点到来之前进入市场，这让他们陷入万劫不复的深渊。经济趋势在逆势阶段往往会进展得非常缓慢，而投资者的狂热不仅会导致价格超过合理估值，甚至有可能达到荒谬和非理性的水平。

1987年9月的《巴伦周刊》曾发表一篇正当时令的悲观报道，作者约翰·舒尔茨（John Schultz）在文中写道："逆向投资论的指导性原则在于，大多数人的观点——无论是传统观念还是广为接受的智慧，都是错误的。实际上，多数人的观点反倒容易固化为一种教条，终有一天，它的基本前提会失去原有的合理性，并在市场上逐渐演化为越来越错误的定价。"

之所以会出现这些趋势，是因为投资者倾向于附和群体的声音，而群体在本质上会屈服于从众心理以及对一夜暴富的渴望。只有在独立思考的情况下，个体才能摆脱群体的影响，并以更理性的方式行事。比如说，假如你看到一套房子，在一年前的售价为5万美元，而现在的价格则是10万美元；那么，你的判断是这套房子的价格太高了。但如果你还听说，类似房产的价格已经达到12万美元；那么，10万美元的价格似乎就很便宜了。如果朋友和股票经纪人对你展开轮番轰炸，向你炫耀他们如何在房地产中一夜暴富，以及媒体和房地产经纪人向你许诺未来美好如花的前景。即使你从直觉出发可能会意识到，房价不会无止境地暴涨，你依旧会陷入眼前的兴奋当中。

在这种情况下，任何人都很难摆脱这些既定立场去做独立思考。正如尼尔所说的那样，要提出反对的观点，就"需要训练你能在与大多数公众观点相反的道路上进行正常思考，并根据眼下人类行为所展现的结果评价自己的观点"。一个好的逆向投资者不应该纯粹为了做反对者而去"反对"任何观点，而是应学会在反方向上进行理性分析。通过逆向思维，你可以找到群体观点有误的原因。如果你的理论基础站得住脚，那么，逆向的观点就有可能是正确的。

那么，为什么说大多数人往往是错误的呢？答案就在于，当几乎所有人都接受市场就沿着某个方向前进的观点时，就不会有人去进一步纠正这个趋势。这个观点不仅适用于市场，也适用于政治、社会、宗教和军事趋势。

我们不妨以长期陷入衰退状态下的经济为例。在这种情况下，媒体的热门话题通常是裁员、汽车销售疲软、破产以及其他困境时期的种种迹象。经济预测几乎也不约而同地发出悲壮的声音，似乎所有事件都进入一种自我延续的螺旋式下降过程。这无疑是让绝大多数人陷入极度沮丧的环境。而且一种越来越强烈的感情是，经济永远不会重新抬头，或者充其量也只能是极度微弱的复苏。

而逆向论者会如何看待逆境呢？他们会看涨，而不是一味地看跌。逆向论者会问："哪些事情有可能是正确的呢？在令人绝望的经济时期，通常会发生什么呢？"而答案就是，一旦人们意识到，艰难时期即将到来，他们就会采取各种措施，保护自己免遭灾难；于是，他们会削减库存、裁员、偿还债务及采取其他措施，勒紧腰带过日子。但也正是这些举措进一步加剧疲软的经济环境。然而，一旦采取这些措施，当经济恢复供需平衡并开始复苏时，采取这些措施的企业和个人就有可能迎来巨大的盈利爆发。正如尼尔所说的那样："在以往的金融时代里，人们曾一再看到，在沮丧笼罩下的衰退时期，经济是如何通过自我修正而迎来随后的再生和复苏的。"

　　股权或任何其他市场也会出现同样的问题。如果投资者认为价格将长期下跌，他们就不愿意持有股票。当然，他们的选择就是不断地卖、卖、卖。当准备抛出空股票的投资者都将这种策略诉诸实践时，价格也就只有一种走向了，那就是下跌。造成这种局面的原因在于，股票价格的变化源自市场参与者对新的市场基本面的看法。价格走势发生逆转的依据，往往就是有越来越多的人意识到经济形势疲软的基本假设是错误的。随着市场进入熊市，很多投资者发誓，一定要在利率开始下跌时买进股票，因为在他们看来，这是经济和股市将出现转机的公认信号。在利率达到顶峰时，股票价格已开始下跌。但负面的经济新闻铺天盖地，以至于会让这些投资者要么忘记策略，要么是被周遭的恐惧和恐慌彻底压倒，以至于想都不会想去购买股票。因此，逆向思维理论要求我们必须敢于挑战我们的天赋本能——这确实是一项艰巨的任务。

　　在这里，我只是简单地探讨了逆向思维的部分要素，在下文中，我们将深入探讨这个话题。但在此之前，我们首先考虑两个

群体陷入极度狂热情绪的例子，并以图例方式来说明群体本能的
浮躁和易变。

佛罗里达州的土地泡沫

佛罗里达州的土地繁荣始于 20 世纪 20 年代初，当时的美国
已开始了一派繁荣昌盛的景象。多年以来，富裕的东北部人口已
养成了一个习惯：在冬季，到佛罗里达州迈阿密和棕榈滩这种阳
光明媚的地方度假。在第一次世界大战爆发之前，较为富裕的中
西部农民和北方工厂主也加入了这个行列。在 20 世纪 20 年代早
期，这种度假性旅游几乎已成为所有人的习惯。

最初，佛罗里达被视为人们心目中的天堂。那里，生活方式
轻松惬意，游客可以整天沐浴在阳光中，而家里的邻居们还在北
方严冬的恶劣气候下劳作。佛罗里达州的土地价格大大低于全国
平均水平，因此，很多人自然会想到在这里购买一块地，既可以
做永久定居，也可以用做未来第二套住房的用地。当然，随着土
地需求量的增加，土地价格也随之上涨。

和其他地区相比，佛罗里达州的土地价格仍有良好的价值基
础，而且这里还有大量未开发土地可以补充到地产存量中。因
此，这轮土地繁荣期形成有着完备的基础。在 1923 年至 1926 年
间，佛罗里达州的人口增长到 1 290 350 人，增长幅度达到 25%。
不动产价格上涨得更快。逐渐地，消息开始四处传播，土地价格
开始大幅飙升。在《心理学和股票市场》 （*Psychology and the*

Stock Market）中，大卫·德莱曼（David Dreman）提到了位于迈阿密海滩的一个地块，这个以 800 美元价格买进的地块在几年之后（1924 年）便以 15 万美元的价格被转手出售。另一个位于迈阿密附近的地块，在 1896 年按 25 美元的价格买进，而在 1925 年则是以 12.5 万美元的价格被出售。

当一夜暴富和快速致富的消息传播开来时，发生这种事情再正常不过了。毕竟，整个国家的经济前景都是值得期待的。当时的土地价格还很低。于是，开发商蜂拥而至，涌入从棕榈滩到科勒尔盖布尔斯之间 100 英里长的狭窄地带。一片片的沼泽地被排干水，新的道路投入建设，不动产项目如雨后春笋般迅速发展。

在这个例子中，导致不动产畅销的一个重要因素，就是美国处于亚热带地区的土地数量是有限的。这种稀缺性增加了人们对土地的预期价值，从而在这里引发了巨大的情感附着力，并最终将价格推到不可思议的水平。稀缺性是给这种狂热带来可信度并形成诱惑力的关键因素。

土地繁荣进入成熟时期的一个明显迹象，就是不动产经纪人的数量已达到不可思议的水平。1925 年，迈阿密已有 25 000 名不动产经纪人和 2 000 多家房地产中介公司。由于整个迈阿密人口的数量约为 75 000 人，因此，这意味着，在每三名当地居民中就有一名不动产经纪人。不动产经纪人在居民总数中的比例，也成为不动产价格失去继续攀升动力的迹象之一。当然，其他指标也表明房地产市场已进入饱和期，包括铁路、航运和公共设施超负荷运行。到 1926 年，经济泡沫破裂，不动产价格开始下滑。

但狂热依旧在延续。

此外，德莱曼还提到，有个人在海滩上的一套房产价格居然在一个星期内翻了两倍。在房地产市场中，当人们经常购买无意居住的房产时，这种类型的投机就是市场已进入顶部的典型特征。当时，购买房产的首付款比例已低至10%。作为买方期权的一种形式，市场上还出现了能让购买者立即出售物业的产品。但这种投机活动不可能永无止境地延续下去。在这些形势下，价格迟早会达到某个高位，以至于进入市场的土地最终超过它可以合理吸收的数量。类似现象也曾发生在1980年的尼尔森·班克尔·亨特白银潮结束的时候。当白银的价格达到30美元左右时，大批人将手中的银器融为银锭拿到市场上出售。此时的白银价格早已经和现实脱节。

但是对于任何人来说，要在如此疯狂的行为中客观思考，都是一件极其困难的事情。尤其是在这个国家最受尊敬的金融人士也未能意识到即将发生的危险时，更难以做到独立思考了。顶级基金经理兼市场评论员罗杰·巴布森（Roger Babson）曾为这场土地大繁荣呐喊助威，并为之提供了若干理由。即使是杰西·利弗莫尔等本应认识到潜在威胁的投资大师们，也在与众人同乐。更不用说 J. C. 潘尼（J. C. Penney）和威廉·詹宁斯·布莱恩（William Jennings Bryan）的倾力支持了。随着价格的持续上涨以

⊖ Nelson Bunker Hunt，20世纪60年代的全球级富豪，最终因大量买入白银而破产，其买入量已超过全球前四大白银生产国年产量的总和，尽管他始终否认垄断市场的指控，但最终还是陷入破产。——译者注

及坊间知名"专家"的鼎力支持，每个人都想跃跃欲试也就不足为奇了。在那个时候，很少有人质疑这些所谓的房地产专家在房地产领域以外到底有怎样的声誉。

随着价格的扶摇直上，市场信心也随之膨胀。信心水平上升带来的影响，主要表现在贷款的授予方式上。最初，银行家往往还对房地产贷款采取非常谨慎的态度，但随着价格持续上涨，他们对贷款的安全性也越来越有信心，以至于他们审批贷款时，已不再考虑借款人偿还贷款的能力，而是更多地依赖于贷款人的净资产。当然，整个流程完全应该采用另一种相反的方式，即，房地产的价格越高，借款人违约的可能性就越大。而银行家们的肾上腺素也开始因为竞争压力的加剧而加倍释放。因为即使他们不愿提供这笔钱，竞争对手几乎也不会坐视不管。毕竟，银行家也是人，他不可能不受到周围狂热气氛的渲染；因此，他们开始越来越多地发放"无风险"贷款来参与这场大繁荣。这种心态不仅限于房地产领域。在20世纪80年代初期，我们也曾看到，大量贷款被发放给经济学家们所说的"欠发达国家"；而在20世纪80年代末期，杠杆收购（LBO）热潮中的投资则成为贷款的首选方向。

随着价格上涨导致新的边际供给持续进入市场，佛罗里达州土地大繁荣这样的市场狂热最终化为平淡。一些高杠杆率的市场玩家迟早会陷入难以为继的危机，从而给市场带来更多的供给。我们必须记住的是，人们只能接受价格在某一个方向的变化。当价格开始下跌、一旦低于未偿还抵押贷款的价值，原本让银行家觉得完全可以接受的 10% 保证金，在一夜之间便灰飞烟灭。在繁荣时期，每个人都只会盯着所有看涨的观点，因为这些观点更受欢迎、无处不在。这意味着，一旦潮流逆转，市场上将找不到任何新买家。

市场狂热的一个特征（特别是在它们的最后阶段），是往往充斥着各种欺诈行为。在佛罗里达州的土地热中，出现了形形色色的虚假广告和其他极端做法。一旦这些欺诈行为被曝光，就成为价格进入螺旋式下跌的动力。在 20 世纪 60 年代后期的新股发行潮中，人们则看到了 IOS 共同基金公司精心打造的庞氏骗局。进入 20 世纪 80 年代后期，杠杆收购大潮与肆无忌惮的内幕交易勾结起来。随着泡沫的破裂，犯错的代价也变得越来越大。对于佛罗里达州而言，房地产市场在 20 世纪 20 年代末期先后遭遇两次飓风式的打击。

尽管我们确实需要从市场狂热中汲取更多的教训，但我们首先还是看看另一个群体心理导致行为疯癫的例子。

南海泡沫

任何金融热潮的出现，首先都需要有一个革命性的观点或概念，它貌似可以为市场带来无限增长和一夜暴富的可能性。我们已经在佛罗里达州土地热的例子中看到了这一点：在亚热带地区，房产数量有限的想法几乎勾起了每个人的想象力。而类似的幻觉也曾在 18 世纪早期席卷整个英国。

当时，人们普遍认为，一个关键的增长领域就是发展与南美洲和南太平洋地区的贸易。为此，英国在 1711 年创建了南海公司。南海公司对英国与南美洲和南太平洋地区西班牙殖民地的贸易享有专营权。因此，南海公司股票的购买者不仅参与了这个拥有无限增长潜力的市场，而且还将取得对这个市场的垄断地位。毫无疑问，公司股票的发行者不难找到心甘情愿的投资者。

为换取贸易权，南海公司承诺代英国支付偿还部分国债。因此，这家公司实际上是在购买贸易权。但是在现实中，这项权利却并不像公司董事们所说的那么有吸引力。尽管西班牙确实控制着广阔而富裕的领土，但西班牙政府几乎不允许与外国人进行贸易。事实也证明，这家公司只能进行奴隶交易，而且每年也只能派出一艘船。即便如此，公司的利润还要和西班牙分享。这项政策大大妨碍了公司的活动，因此，南海公司在 1719 年再次找到英国政府，并提出以偿还更多国债为代价，以获取更多的贸易权。作为交换条件，接受偿还条件的原国债持有人将取得南海公司的股票。政府当然很高兴，因为原本由他们承担的债务得到了偿还；债务持有人同样也很满意，因为南海公司的股票价格还在继续上涨。

在两次尝试这种创造性融资方法取得成功之后，南海公司的董事们自然有动力用更多股票去换取剩余的国债。为了确保这项计划的成功，他们有必要将股票价格推至更高的水平。但由于利润增长有限，因此，实现这个目标的唯一方法，就是取得新的贸易权。于是，他们开始四处撒布谣言，以至于市场充斥着关于南海公司的好消息，比如说，西班牙政府愿意将秘鲁的部分主要基地提供给公司。大把大把黄金白银从南美洲滚滚而来的景象开始进入人们的脑海。

截至1720年9月，南海公司的股票发行价格已达到1 000英镑，在六个月之内增长了八倍。价格的急剧上涨自然会引起金融界的关注，但这一次却不同。有关南海热的话题挂在每个人的嘴上。这种狂热已经发展到极致，以至于拥有南海公司的股票已成为一种时尚。因此，一股强大无比的社会和金融力量与这个计划汇聚成流。在佛罗里达州的土地繁荣时期，只要摆脱群体的痴狂，冷静看待事物，每个人其实都可以从一个简单的统计数据中发现真相，即，房地产经纪人占居民的比例已达到不切实际的虚幻水平。南海泡沫也是如此。在狂热的最顶峰时期，公司股票的价值已相当于不只英格兰而是整个欧洲可动用现金数量的五倍。从事后看来，一个显而易见的事实是：这种形势已经完全与实际相悖。然而，对那些已深陷狂热已无法自拔的投资者来说，要做出客观判断显然是不切实际的。因为在当时的情况下，价格的不断推高，也在不断证明——收手是错误的。

那些正确识别这种泡沫的有责任心的人，最初往往能得到认真对待，但随着价格以近乎疯狂的方式直抵巅峰，人们便开始对这些冷眼看世界的人冷嘲热讽。法国心理学家古斯塔夫·勒庞和汉弗莱·尼尔等股市评论家指出，躁狂症的严重程度取决于他们以事实支持其狂热的能力大小。比如说，如果我从窗户向外望去，看到的是一片绿色草坪；那么任何人都很难说服我认为这是一个游泳池。经验已经告诉我草坪是什么样子，因此，我知道，草坪和游泳池没有任何相似之处。另一方面，如果事实本身就存在争议，比如说南海公司的未来成长，那么我就有可能会被说服投资这家公司。例如，经纪人可以给我指出一些以前不了解的新论点。如果我能看到公司拥有良好的历史记录，而且股票价格也确实在持续上涨，那么我就可能对投资这家公司更有兴趣。当我听说权威投资者也投资这家公司，而且我身边的所有人均反应积极，这个想法注定让我难以抗拒。因此，当价格上涨已不再是问题，唯一问题就是上涨的时间和幅度时，也就是我们真的该做客观思考的时候了。

在 1720 年，随着人们对美好未来的预期不断强化，因此，其他公司自然也开始发行新股票，寄希望于吸引更多投资者的资金。贪婪似乎没有界限，因为轻而易举的一夜暴富会让人上瘾。所有类型的项目都开始发行股票，人们开始成立专为发行股票而组建的公司，项目内容五花八门，既有爱尔兰沼泽地的排水，也有从西班牙进口卡车以及进行人头发的交易。公司准备做什么已经不重要，唯一的目标就是招揽资金。在资金过剩又缺少投资项目的情况下，任何一个看到南海公司股价飙升的普通人，都会心急如焚，他们当然不想错过下一轮投资热潮。同样，我们再次看到供需规律的作用，南海公司股价的上涨带动了大多数股票价格。当时，其他很多公司的形势也非常有利于公开发行股票。这些新发行的股票很快便吸引了市面上的闲余资金，就像佛罗里达州的空置土地以及人们在 1980 年拥有的银器一样。当一位来自伦敦的印刷商人也决定公开发行股票，并声称让投资者有机会参与"更有优势的事业"时，这场热潮似乎也达到了巅峰。尽管没有人真正知道他的事业到底是什么，但这位印刷商还是在六个小时里筹集到 2 000 英镑，这在当时绝对是一笔巨款。随后，他便离开伦敦去了欧洲，人们再也没有听到他的音讯。

欺诈行为的这种激增是金融狂热后期的典型现象，因为更多受骗的公众逐渐成为骗子们越来越容易俘获的猎物。欺诈行为已不再局限于小经营者，此时已蔓延到南海公司的董事。为取得他们所需要的让步，这些董事们已经买通很多政府人员，但是这些新公司吸金的方式让他们感到恼火，毕竟是他们打通了这个渠道，如果这些公司不出现，这些游资本来可以用来支撑南海公司的股票价格。于是，这些董事们巧施伎俩，揭露了那些小"泡沫"犯下的一些"滔天罪行"，与此同时，董事们也让自己的股东们心生疑惑，即南海公司是否也只是这些新对手的巨型版本。

不到一个月，随着人们终于开始质疑西班牙是否愿意向南海公司给予更大的让步，市场情绪迅速逆转。有利的传闻很快被不利的谣言压倒，南海公司的股票价格开始暴跌。截至 9 月底，公司股价已降至每股 129 英镑。成千上万的投资者被深度套牢，而政府调查也暴露了大量的欺诈行为。很多银行使用南海公司股票为抵押品提供贷款。如今，随着股票的价格暴跌，抵押品价值全无，导致很多银行破产。即便是英格兰银行自己，也只是勉强逃过这一劫。

市场狂热的两个阶段

上面提到了金融泡沫的两个例子。其实，类似的案例不胜枚举，比如17世纪著名的荷兰"郁金香"热，约翰·劳（John Law）的"密西西比计划"以及20世纪20年代出现的大牛市。尽管没有两个事件是完全相同的，但它们确有一些共同特征。在这里，我们想强调的是，尽管这些都属于极端情况，但它们也确实反映了市场的日常心态。躁狂症与日常情绪波动之间的最大区别在于，躁狂症的持续时间更长，并且在程度上更趋于极端。

我们可以把构成市场狂热的基本要素归结为如下两个方面："泡沫的膨胀"和"泡沫的破裂"。

泡沫的膨胀

1　通过一个值得信赖的概念，营造出一条具有创造性和无限增长的财富之路。

2　闲置资金以及投资机会短缺现象并存。这就会吸引足够数量有钱人的注意力，让他们毫不犹豫地将注意力转移到任何价格上涨的物品上。它们就像是传播疾病的细菌，引发了泡沫的萌生。

3　虽然观点并非无懈可击，但却非常复杂，以至于普通人只有借助于其他人的意见才能判断其合理性。

4　一旦泡沫形成，群体便开始试图模仿领导者的观点，从而让观点拥有了足够的力量和有说服力的可信度，并逐步从少数人向大多数人传播。

5　价格持续上涨，从一般水平到被高估，进而暴涨至不可思议的全新高度。

6　新的价格水平得到社会公认的业界领导者或专家的认可，从而让泡沫取得官方支持。

7　开始担心错失良机。人们复制泡沫的标志或核心，打造出新形式的计划和项目，但它们只是改变了形式，归根到底还是借助原有模式的顺风车。但这些新模式毕竟更容易被接受，尤其是对那些还在门外观看的旁观者。

8　随着贷款质量的下降，银行及其他金融机构的贷款质量也在不断恶化。抵押品的价值被人为高估，但高估值已达到不可持续的地步。脆弱而摇摇欲坠的债务金字塔成为泡沫最终破裂所必需的催化剂。

9　被崇拜者的出现成为泡沫的象征。在密西西比计划中，这个令人顶礼膜拜的人物就是约翰·劳本人；而在20世纪20年代的股市大潮中，则是著名的股票操盘手如杰西·利弗莫尔；进入20世纪60年代后期，伯尼·康菲尔德（Bernie Cornfield）成为坊间热烈吹捧的共同基金"枪手"；而迈克尔·米尔肯（Michael Milken）则是20世纪80年代后期LBO潮的佼佼者。

10　泡沫的持续时间实际上会超过所有人的预期。那些曾在1928年提出危机警告的评论员最初也曾被认真对待，但他们的预言毕竟没有立即被市场所验证；于是，到了1929年年初，他们的提醒早已被人们忘得一干二净。

11 一夜暴富、唾手可得的收益预期,几乎注定会带来乌七八糟的商业行为和尔虞我诈的欺诈手段。譬如 20 世纪 80 年代 LBO 潮时期的各种内幕交易丑闻。我们已经看到,欺诈在南海泡沫和佛罗里达州土地泡沫中扮演了罪魁祸首的角色,而密西西比计划的手法也基本与此雷同。

12 在泡沫的鼎盛时期,即使不是最客观的人也能找出简单但吸引人眼球的统计数据,以证明疯狂是不可持续的。20 世纪 20 年代佛罗里达州房地产经纪人与当地居民数量的比例以及南海公司股票价格与全欧洲可使用现金总额之比,就是两个很有说服力的示例。而在现时代,我们不得不提到 20 世纪 80 年代末,东京皇宫周围的土地价值与全纽约土地价值的关系。当日本股市在 1990 年达到最高点之前,无论是按日本股市还是全球股市的标准看,日本股市的市盈率均已创下历史新高。

泡沫的破裂

1 按照供求规律,当价格涨到足够高的时候,就会吸引更多新的供给进入市场。对于股票市场,就会出现加速向投资者发行新股票的现象。如果找不到支撑新股的合适公司,筹集方就会以概念作为发行股票、吸引资金的手段。我们早在 1720 年就已经看到了这个现象,但 1968 年至 1969 年期间新股发行潮接近尾声时的情况,显然更有说服力。尽管发行规模可能不大,但基本原理是一样的。实际上,越来越盲目的公众需要找到一夜暴富的载体时，他们的投资标准必然会大打折扣。另一个例子出现在白银泡沫达到最高峰的 1980 年。在这个例子中，供给的增加来自普通百姓：在看到白银价格扶摇直上、财富似乎就躺在眼前的时候，他们将家中的银器融为银锭拿到市场出售。当时，白银的市场价格已经高得摇摇欲坠。

2　另一个原因是利息成本的提高，这既有可能是信贷需要增加的结果，也可能是政府出于怀疑而对供给的限制，抑或是两者兼而有之。

3　此时，价格已不只是下跌，而是自由落体式下坠。"概念"股终究要回归概念，但概念本身一文不值。贷款抵押品的价值在一夜之间即灰飞烟灭。因为银行家不仅会收紧对新创办企业的信贷，为了自保，他们还会不惜一切代价地收回已发放的贷款。最终的结果就是一种自我加速的螺旋式下跌，所有人都在不约而同地逃离市场。

4　不可避免的欺诈及其他不可见人的交易最终大白于天下。有的时候，这些交易会成为债务金字塔的支撑点，一旦破裂，这个价格大厦将彻底崩塌。有的时候，这些交易则会成为助推器或是辅助力量，让市场整体信心大打折扣。

5　政府及其他准政府机构偶尔也会出手干预，以期达到提振市场信心的目的。但这些举措只能让那些头脑冷静的人停下脚步，而此时的真实价格早已陷入不可逆转的下行通道。我们曾在 1929 年 11 月看到过这种情形，当时，有 J. P. 摩根牵头的几家大型银行试图出手救市。在预见到自己一手打造的泡沫行将破裂时，约翰·劳在巴黎发起了一场精心策划的游行，但他的努力也仅仅让泡沫苟延残喘了几天。而通过近期的几场轻度危机，我们已经逐渐习惯于政府的吆喝了。这些言行只是治标不治本，因为问题的严重性早已超过可自我修复的程度，唯有通过痛苦的价格纠正才有可能回到正轨。

有关逆向思维的其他观点

尽管上述例子代表的是极端情况，但其中所隐含的基本宗旨则适用于所有市场趋势和热潮。市场狂热状态可以持续多年，但很多市场波动的形成时间要短暂的多，而且强度也未必如此剧烈。在经典论著《逆向思考的艺术》（*The Art of Contrary Thinking*）一书中，汉弗莱·尼尔指出，这个理论基于几种他所说的"社会法则"。

这些法则包括：

1　一群人（或称"群体"）会本能地受到个体永远不会接受的言行支配。

2　人们会下意识地服从群体思维，也就是说，他们会屈服于所谓的群体意识。

3　对少数人的传播和效仿，会导致个体易于接受他们的建议、指令、习惯和情感召唤。

4　在成为一个组织或群体时，人们很少会提出质疑，而是盲目非理性地接受外部的建议或命令。

　　在践行"逆向思维理论"时，我们首先需要认识到这些基本法则，并据此构建有助于抵御它们的思维模式。这就意味着，我们必须敢于怀疑所谓的主流观点，并努力挖掘出支撑这些观点的理由。显然，我们可以动用某些最基本的常识。譬如，如果我们看到的标题是"飞机失事造成五位公司高管死亡；股票价格随之暴跌"，我们要想到，最有可能的情况是，飞机失事是由某些机器故障或驾驶失误造成的，和这家公司本身的运营没有任何关系。而对另一个标题"董事长解雇 CEO；股票价格随之暴跌"，我们或许就更应该深究背后的原因了。市场可能将这条消息解读为公司内部爆发内讧，因而导致股价出现下跌。另一方面，也可能是这位董事长向外界发出一个信号：公司正在进行一场建设性的重组，旨在改善公司经营，并最终有利于提高公司的盈利能力。因此，这背后的教训是，我们不应仅仅是因为利空消息和价格下跌就盲目采取做空策略。或许这种观点是可接受的，但我们至少应在采取行动前从正反两个方面考虑一下。

　　当然，要接受我们周围人的逆向观点是非常困难的，因为能证明逆向趋势的新证据可能尚未出现——无论是价格趋势的变化，还是事实本身的变化。在上述 CEO 被解雇的例子中，公司可能需要几个月时间才能看到重组的结果并验证重组的理由。需要记住的是，群体会在预见到将出现最糟糕情况的时候卖出股票，因此，在转折点浮出水面之前，抛出股票将会持续很长时间。市场本身就是最好的逆势预言家，它总能预计到会发生什么。

对我们中的大多数人来说，要通过目前行动预测未来事件都是非常困难的，即使这个事件在某种程度上注定会发生。比如说，我们都知道，到了夏天，花草会重新开始生长，但是当1月份出售割草机时，我们中又会有多少人愿意花时间和精力购买一台新割草机呢？尽管只有少数远见卓识的人能充分利用这种类型的交易，但绝大多数人在想到交易时都为时已晚。即使我们都知道，从逻辑上说，提早购买可以享受更优惠的价格。在预期结果不存在任何确定性时买入一只股票到底是多难，似乎不需要想象。

周围人的态度会进一步影响我们采取行动的愿望。从定义上说，几乎所有人都会不同意反对观点，有时甚至会以暴力反抗。偶尔，反应的激烈程度本身就是指引你下一步行动的信号。我记得，我曾在1985年为《巴伦周刊》撰写了一篇看涨债券的文章。在接下来的一周里，一位读者对这篇文章做出了非常强烈的反应，甚至赋诗一首对此进行谴责。在20世纪80年代后期，著名的市场评论作家鲍勃·普莱希特（Bob Prechter）也在《巴伦周刊》发表了一篇看涨黄金价格的文章。为此，他受到读者的严厉谴责。但后来的事实却证明，两篇文章的观点都是正确的。我也遇到过预测错误但却没有引发任何反应或愤慨的文章。

难以采取逆向立场的另一个因素在于：我们的观点往往需要很长时间才能得到证实。逆向观点很自然会削弱你的信仰，因为你会担心这些逆向观点找不到依据。毕竟，因为人是一种习惯性动物，以逆向观点作为思维起点自然非常困难。威廉·詹姆斯

（William James）在一篇名为"习惯"的文章中指出："一个普遍承认的事实是，任何经常被重复的心理行为都倾向于自我延续；因此，我们会不由自主地发现，即使没有任何刻意制定的目标或是对结果的主动预期，我们也会以自己习惯的方式去思考、感受和采取行动。"正如汉弗莱·尼尔所指出的那样："习惯会让我们的思想进入既定轨道——而要脱离这个轨道则需要我们投入相当多的精力和时间。"因此，如果我们希望能以不同于群体的方式进行思考，那么我们首先就需要建立一种阻止我们不断陷入坏习惯的思维方式。

尼尔还列举了我们缺乏预测能力的其他一些原因。首先，个人观点往往是不正确的，因而也没什么价值。其次，恐惧、贪婪、自负及类似的人性弱点，也会导致普通人难以保持客观的立场。他指出，"主观性推理会产生自以为是的结论"。第三，如果我们坚定维持自己的观点，那么，我们就更有可能会捍卫这个观点——而不管这个观点正确与否。很多人都不愿意承认自己的错误。

对此，尼尔得出的结论是，既然任何人的观点都容易出现缺陷，那就应该和经常出错的群体"作对"。这远不像说起来那么容易，毕竟，既然你没有处理好个人偏见，又怎么能去反对别人的观点呢？例如，如果你认为黄金价格处于上涨行情，那么，去看跌金价的文章宣称你采取的反对观点，这实际上并没有什么意义。在这种情况下，你可能会削足适履，为迎合自己的观点而主观裁剪事实，而不是根据事实形成自己的意见。

出于同样的原因，我们自然也没有必要说："我之所以看跌黄金，是因为其他人都在看涨黄金。"尽管这种判断或许是正确的，但我们需要记住的是，群体的观点在趋势期间往往是正确的，只有在趋势开头和结束的两端才有可能出错，也就是在趋势最重要的节点阶段。因此，我们仍需根据符合逻辑、有理有据的论证来证明自己的看跌观点。

1946 年，美国证券交易委员会（SEC）分析了 166 家证券公司和投资顾问在 8 月 26 日至 9 月 3 日这一周内发布的邮件，其中的 4.1% 看跌股票。投资者肯定会根据这项调查得出结论：群体会按看涨方向进行操作。这种观点也可以得到如下事实的支持：联邦储备委员会已表示，将通过提高贴现率来实施货币紧缩政策，这样，股票将按更高的市盈率出售，并且一些投机性交易已开始出现。在随后的一周里，股市下跌 26 点，熊市开启。

其实，与其说有近 96% 的经纪公司和投资顾问看涨股票，还不如说，是他们的观点左右于或者说反映了绝大多数市场参与者的观点。因此，几乎所有曾考虑买进的人实际上已经买进了股票。一旦尘埃落定，人们就开始预测美联储将会收紧货币政策；现在，他们确实可以"看到"，股票被高估，市场开始下跌。实际上，看涨行情所依据的论点已不再符合逻辑。

逆向思维的前提

考虑替代方案

有人曾经说过，如果你想不清楚一个问题，那说明你正在思考它。逆向思维法需要我们首先找到替代方案并对其作出判断，而不是人云亦云。一种方法就是采取当前普遍接受的共同观点——无论是在金融、经济、政治、社会还是哲学领域，并分析改变这种观点会发生什么。在使用这种方法时，不要局限于某一种方案，而是应考虑尽可能多的可行方案。通过这个过程，我们会认识到，在某些不被绝大多数人所能看到的重要线索成为现实时，哪个方案更有可能被采纳。

我们每个人都要面对的一个问题是，我们在很小的时候，就已经习惯于相信教科书里的一字一句，学会对老师的观点全盘接受。正如汉弗莱·尼尔所说的那样："我们养成了不假思考便默许的习惯，而不是运用我们原本拥有的理性和智慧。"在我们当中，很少有人会煞费苦心地去钻研一个观点的两个方面。我们要么从听到或读到的东西中得出二手观点，要么干脆采取与个人哲学或政治信仰一致的立场。

不能用现在去推理未来

在预测市场转折点的过程中，部分内容就是评估当前价格趋势发生逆转的时间。随着价格的上涨，大多数人开始信心膨胀，不仅是因为账户中纸面利润的增加让我们对自己的财务状况更放心，还因为价格上涨是我们做出这个判断的主要证据。由于市场已通过价格上涨体现利好消息，因此，牛市行情的持续时间越长，媒体的基调就有可能越积极。因为我们都习惯于从现状出发推断未来，因此，这就会导致我们很难预测到趋势的转折。很多市场分析师使用的都是依赖历史经验构建的模型或其他分析工具，因此，他们自然会遇到类似问题。

20 世纪 80 年代后期，全球经济经历了一轮长期复苏，整个跨度远远超过正常情况下两到三年的复苏期。这就促使很多经济学家得出结论：原来的商业周期理论已寿终正寝。这种观点依赖的是所谓的滚动经济现象（rolling economy），即，在这种经济体中，不同区域的经济交替下降，会导致整个经济实现自我纠正。在这样的环境下，总体经济的增长率只是暂时性放缓，但并没有出现真正的收缩。此外，建立在全球经济基础上的类似理论也宣称全球商业周期已不复存在。的确，1990 年和 1991 年中期出现了一轮较长时期的衰退。但现在回头看来，整个过程确实有助于我们对未来经济复苏的主流趋势做出预测。

如果看看以往的报纸，我们就会惊奇地发现，对市场的基本观点更多地取决于主流环境。媒体很少会关注那些有可能导致未来发生变化的事情。当然也有例外，那就是价格发生的意外剧烈变动。媒体发言人总能找到借口来证明价格变化的合理性，于是，他们往往会这么说："昨天的债券价格之所以遭遇大幅下挫，是因为投机者担心通货膨胀率再度高企。"在这种情况下，对未来的分析完全依赖于市场对价格变化做出的本能性反应，而不是对通货膨胀为什么有可能成为未来的问题进行的合理分析。

在很大程度上，我们会在不知不觉中受到当前正在发生事件的影响。如果价格上涨，那么我们就会看到坊间叫好声此起彼伏，铺天盖地都是看涨的论点和评论员。相反，只要价格下跌，人们就会大声疾呼，熊市马上要到来。因此，逆向投资者的任务就是不要混淆因果关系。

切记，影响未来的是事件，而非人

在这个公共关系和"媒体顾问"备受关注的时代，由于权威人士总能凭借适时的言论、影像或者小道消息来操纵媒体导向，因此，人们自然愿意相信，有些人确实能够左右事件。但是在大多数情况下，造就这些舆论领导者的原动力则是这些事件本身。外部环境控制着个人和群体的态度，因此，对逆向投资者来说，不仅要分析观点、个性和情绪，同样重要的是要分析事件。

在关于群体观点的经典文章中，勒庞曾写道："很多历史事件经常被人们误读……是因为我们总试图根据在现实中几乎没有因果关系的逻辑去解释它们。"我们经常把政府奉为解决一切问题的根源，但最终往往会发现，政府反倒有更多需要解决的问题。如果说逻辑能在政府决策中扮演什么角色的话，越南战争就不会激化到进退两难的窘境，也不会有苏联入侵阿富汗这样的事情。通常，执政者发现，他们需要对某个事件做出反应。但是真正让他们有别于伟人的，则是应对事件的方式。符合逻辑的推理很少会成为社会趋势中的要素，否则，诸如种族偏见和民族主义等之类的问题早就不是问题了。这些困境往往是情绪和态度带来的结果，而与逻辑无关。由宗教冲突引发的很多毁灭性战争，归根到底则是因为信仰冲突，而非知识上的差异。

在《文明与腐朽规律》（*The Law of Civilization and Decay*，

1897）一书中，布鲁克斯·亚当斯（Brooks Adams）在序言中简述了这种情绪："通过对长期历史的考察，另一个被强加入我脑海中的观点是，在塑造人类命运的过程中，意识性思维的作用微乎其微。在采取行动的那一刻，人类几乎总是服从于某种本能，这一点和动物没有什么区别；只有在行动停止后，他们才会反思。"

汉弗莱·尼尔在《思考者》（*The Ruminator*）一书中总结了事件的作用："事件控制着个人和群体的行为和态度。因此，反对者不仅需要在相关者观点、情感和活动的分析中寻找反面依据，还要在事件中寻找反对证据。"

服从是人的倾向

人们之所以喜欢形成群体并采取群体行为的一个重要原因，就是他们喜欢顺从。在某种程度上，这就是一种模仿。在 20 世纪 50 年代，几乎每个男性都喜欢留短发；长发被视为反社会潮流。到了 60 年代，大批著名的摇滚乐队将长发变为时尚，于是，为了模仿这些摇滚明星并顺应时代潮流，很多在 50 年代还留着短发的男士开始留长发。同样的事情也会出现在委员会的会议上。多数人觉得随大流、不破坏现状会让自己更安全；而在公司会议上，从众的做法可以保全自己的职业生涯。

在金融市场，我们会寻求知名分析师及其他专家的观点，但却忘记了他们和普通人一样会犯错。而且我们还经常会忽略一个原因：这些人往往是出于个人动机而持有这些观点。在这个方面，一个典型例子就是已投资所推荐股票的基金经理或投资顾问。

观点从何而来

市场主题以及其他一般性观点往往源于突发事件，比如价格出现的大幅急剧上涨或下跌以及少数舆论制造者观点的逐渐散布。后一种情况就如同向平静的池塘里扔出一块石头，掀起一圈圈的涟漪。因此，逆向投资者也应该浏览各种金融期刊，即捕获有可能在公众中进一步传播并吸引公众注意力的观点，并充分利用这种观点在市场上激起的涟漪。

论坛或会议为这种高度集中统一的意见提供了良好的来源。我记得1990年10月参加的一次股票市场技术分析国际会议。由于海湾危机的爆发，全球股票市场在9月遭遇大幅下跌。很多与会者要么已经失业，要么对投资安全心有余悸，整个会议笼罩在一片阴沉压抑的氛围中，这种会议确实很少见。尽管我们很难直面主流观点的对立面，但事实证明这往往是正确的做法。比如说，美国股市正处于一轮大熊市趋势中的最后阵痛阶段，因而出现了绝佳的买入机会。而导致市场呈现负面情绪的主要原因之一，就是对油价上涨的担心，这种顾虑反过来又刺激了通货膨胀率的上升。而实际发生的情况则是，利率因经济增长疲软、美联储通过一系列减税措施执行宽松货币政策以及股票市场的上涨。

在时尚界，不同的风格潮起潮落，相互更迭，而买卖股票的世界里也不例外。各种行业都曾受到投资者的热捧，而后便如流星般失去光彩。在 20 世纪 70 年代后期，食品和烟草板块的股票曾一度成为市场的宠儿，更是给投资者创造了巨大的价值，而且在相当长时间内维持着稳定的增长记录。但即便如此，人们依旧认为这两个行业乏善可陈，缺乏兴奋点，因为它们的前途似乎并不光明。但是到 20 世纪 90 年代初的时候，也正是这些股票，已经成为所有机构投资组合中的"必需品"。到了 1983 年，科技股成为市场的宠儿，但直到多年之后，它们才最终达到真正的巅峰，成为投资者竞相争夺的宝贝。因此，逆向操作者的任务，就是在失宠者的身上发现优点；或是在得宠者的身上发现缺点。

　　我至今还清清楚楚地记得，1980 年年底，我曾在金融媒体上看到过一篇关于石油股票的文章。当时，石油股价受多种因素的影响，比如石油供给的短缺和全球需求的增加。可以想象，这篇文章对石油市场进行了全面的分析。但无论如何，要让人们不相信石油股票会继续上涨都是非常困难的。事实证明，当时的股价确实是多年来的石油股票价格的最高点。因此，有必要寻找相反的论点，因为看涨因素已在价格中得到反映。如果一种观点已成为大众媒体的主流，那么你可以确信，所有相信这种观点的人都已经出手。此时，如果你愿意的话，就可以考虑一下这种观点的另一面了。

虽然历史总会重演，但逆向者务必小心

　　对以往市场经验的研究表明，历史确实会重复，但很少会一成不变地重复。如果从字面上理解这个道理，我们往往只会让自已陷入困境，因为即便是对于相同的两个事实，我们也必须考虑它们所处的具体情况，只有这样，才能避免重复过去的错误。比如说，人们很少会连续重复同样的错误，因为上一次不愉快的经历或许还让他们历历在目。因此，他们会发誓永远不再会犯同样的错误。在第六章里，我们曾列举了反映这种现象的例子。

当逆向思维理论无处不在时，是否它也会失效

从表面上看，逆向思维确实已经得到认可，但是要形成逆向观点，更多的却是一门艺术，而不是科学。因此，我们很难用程式化的简单方法去做这件事。找到一条新闻报道并不加揣摩地给出相反观点，或是采取"我看涨是因为每个人都看跌"的立场，当然不是一件困难的事情；但是要直面一种已经被固化为教条的大多数人的观点，并指出这个观点已丧失现实基础，显然才是真正的挑战。逆向思维理论在现实中很难兑现，因为它需要一种创造性思维，对于大多数尚有选择权的人来说，他们更愿意遵循和模仿，而不是反对。

大多数人总是会发现，遵循出现在文章或电视中的观点要比独立思考各种可能性要容易得多。汉弗莱·尼尔给我们的最后一句忠告是："逆向思维理论永远因为太受欢迎而有损自己的用处。任何需要你刻苦钻研、勤奋思考才能得以证实的事情，都不会成为被普遍接受的沟通行为准则。"

第八章　逆势而行也需把握时机

认识到逆向投资可能会带来利润是一回事，但是要把握应该在什么时候出手，却完全是另一回事。在本章中，我们将提出一些引导我们走上正确方向的基本指南。但是要找到这些路标并不容易；世界上没有万无一失的方法来确定可证明群体出错的确切时刻。市场价格取决于参与者变化无常的态度，但这些参与者可能只是暂时进入或是退出市场。这些人的希望、恐惧和期待以及他们对这些期望的态度，都是决定价格的因素。人的心理态度往往存在一种自欺欺人的倾向。在很多情况下，市场趋势可能已达到被我们称之为正常状态的极端阶段。尽管这已经成为普遍观点，而且市场似乎也已经完全体现了这一观点；但仍会有一些貌似非理性的原因，导致群体的心理突破正常界限。随着越来越多的参与者被吸引进来，这种传统观点也开始趋于固化。

幸运的是，这些完全背离正常估值水平和理性思维的极端情况并不经常发生。美国 20 世纪 20 年代的牛市以及 80 年代日本股市的繁荣就是两个典型的市场非理性热潮，这或许是我们最容易想到的两个例证。另一个例子则是价格暴涨并在 1980 年达到顶峰的贵金属泡沫的破裂。在每一个例子中，投资者均放弃了理性预期，市场从一开始就走上了一条最终注定崩盘的非理性之路。这些事实揭示出，在这些例子中，逆向投资者面对的一个关键麻烦，就是过早地做出与市场相反的反应。

在某种程度上，要形成一个考虑周全的反对意见，类似于制定一个非正式的市场风险衡量标准。当所有参与者对某种市场预期达成一致时，这就意味着，他们都已经为这种预期做好准备，并随时会把握机会从预期中受益。但如果实际情况与预期相悖，他们会通过直接出售、对冲投资或是两者的某种组合来保护自己。在这种情况下，主流趋势向相反方向发展的可能性很大，因为支撑现有趋势的人会越来越少。在这种趋势继续原有方向的情况下，参与者会不断寻找刚刚形成的新论点为依据，维护他们坚守最初共识的信念。在极端情况下，这些新观点与匹配的价格快速变动相互组合，会吸引更多参与者加入这个阵营。

比如说，20 世纪 70 年代早期，我曾在加拿大从事证券经纪事务。当时，还没有人对黄金特别感兴趣，当时的黄金市场价格约为每盎司 100 美元。很少有人意识到黄金在货币体系中的作用；大多数人对股票或债券更感兴趣。但是到了 1979 年年底，投资者的态度发生了变化。以前从事期货交易的投机者大批涌入黄金市场。瑞士银行接待了大量的黄金投资客户，当时，人们在银行里排队购买黄金。黄金可作为通胀对冲工具的观点不仅在专业领域得到了进一步的巩固，也吸引了一大批非专业投资者进入这个市场。

当问题从价格"是否"会上涨转变为"上涨将发生在何时

以及涨幅是多少"时，有些人经过深思熟虑后，会考虑清空黄金仓位。在前面的例子中，当黄金的市场价格进入 300～400 美元这个区间时，就有可能已达到清盘的时机了。当然，在这个价位出清太早了，因为黄金价格最终涨到了 850 美元。但逆向投资者认为，虽然为时过早但只要及时更正就总比一直犯错好得多。因此，逆向投资法最大的问题是，你经常会发现自己过早地清空仓位。

在价格合理并出现快速反转的市场底部，这个问题还没那么重要。当看跌观点已在市场上根深蒂固时，人们倾向于不惜一切代价地抛出股票及其他投资产品。此外，价格暴跌往往会在一段时间内实现自我加速，因为价格的降低会迫使持有加杠杆头寸的投资者仓促清盘，并进一步加剧价格的下跌，从而形成一种恶性循环。恐惧是一种比贪婪更强烈的力量，因此，即使是"过早出手"的逆向投资者也不需要很长时间，就能看到价格回归收支平衡点。在这种情况下，他们自己有信心坚持下去，因为现实毋庸置疑：眼下买入的低估值是不可持续的。这种估值可以表现为股票异常高的股息收益率，或是债券的利率水平非常高；而对于大宗商品来说，则表现为市场价格远低于目前的生产成本。

知道应在什么时候"背道而驰"，确实是一项非常困难而且又无法捉摸的任务。因此，最好将逆向方法与其他市场分析方法结合使用。从某种意义上讲，一种市场共识被固化的程度往往是衡量市场风险的一个标准，而且在基本趋势形成之前，风险性投资的风险水平会不断加剧。因此，将逆势方法与其他方法（如以往被市场接受的估价方法）相结合可以对当前趋势做出更合理的判断。比如说，如果股票的收益率低于3%，利率开始上升，而且对金融市场的主流预期是股价必将继续上涨，那么，股市的主要顶点很可能已近在眼前。估值过高，意味着股市已达到极端。

必须确定市场共识对应于短期转折点还是长期转折点

逆向投资者必须解决的另一个问题，就是要确定市场共识所带来的是短期影响还是长期影响。比如说，近期政府报告发布的就业情况可能表明，经济形势强于大多数人的预期。因此，对于面对利好经济消息通常会下跌的债券，将出现一轮价格大幅下挫。此时，债券市场上的投机者开始变得非常沮丧。但更糟糕的是，在价格下跌的同时，通胀率上升的传闻也开始出现。于是，债券市场的跌幅进一步加大。此时，交易商会一致认为，在未来几天或一周时间里，债券市场将陷入一轮大熊市。但这种情况很有可能只是暂时性的。

尽管我们根本就不知道，在这个例子中，基本经济形势的细节到底是怎样的，但是要证明债券价格已达到主要高点，显然还需要更多能证明经济形势正在发生逆转的证据，而不只是一份报告和市场传闻。在出现这种转折点时，市场通常会形成经济在一段时间内不会复苏的基本共识。一般情况下，大多数人会预见到市场将会发生逆转，但两者往往是不同步的。毕竟，预期成为现实需要一定的时间。最初做出了正确预测但最终没有坚持到底，自然会让人们灰心丧气。但这个"放弃"阶段通常是判断市场将出现逆转的最明显信号：也就是说，在这个阶段，复苏已经形成。

在任何市场环境中，都会存在结构性的乐观倾向或者说看多趋势，也会有结构性的悲观倾向或者说看空趋势。也就是说，人们总是在这个方向或那个方向上存在先入为主的固有偏见。在经济衰退的过程中，有乐观倾向的看涨者看到的主要是指标已开始好转，并从中获得心理提振。当指标确有改善后又出现暂时性逆转时，那些悲观的看跌者会更坚定自己的看法，但更重要的是，它也说服了绝大多数天生乐观的看涨者。这个"放弃"阶段的重要性在于，它让更多的市场参与者接受共识：经济疲软和债券价格上涨的预期已成为被放弃的结论。此时的问题已不再是"是否"，而是变成了"何时以及多少"的问题。

在出现短期的市场转折点时，一种被普遍接受的观点似乎就是市场预计"将继续进行纠正"。此时，市场上似乎存在潜在的认识——价格最终将会进一步上涨，但传统观点却坚持告诉我们："千万不要买进，价格将在未来几周变得更具吸引力。"但这通常不会应验，并且牛市的进一步态势会让绝大多数投资者震惊。在这种情况下，对财经媒体做出的市场修正预测就需要格外当心了。一旦这种预测成为普遍性的预期，你或许就可以肯定，一场重大反弹行情就在眼前了。

围绕市场大涨和大跌的传闻显然更具传染性。因为这种传闻已不再是头条新闻了，它们注定会成为主要期刊的封面报道，更是晚间新闻的专栏内容。在市场被看跌预期所笼罩时，政治家无比愤慨的反应往往就是市场即将下跌的最好证据。在趋势结束时，他们采取的行动通常是正确的。还记得吧，杰拉尔德·福特总统执行"控制通胀"政策（Whip Inflation Now）的时点，恰好是 1971 年至 1974 年期间的消费者物价指数处于高峰期的时候。在谈论一个新的时代或理由时，人们总是习惯于说："这次不同，估值不重要，因为……"这样的借口似乎取之不尽。我们稍后会分析一下其中的某些概念，但归根到底，它们都是对应于市场主要转折点的基本信号。即便如此，某些信号还是有可能会在实际价格顶点出现之前先行到来，而其他信号则与峰值同时出现，还有些信号可能会滞后于实际情况。无论实际高点何时出现，这些信号无疑都是一种警告：即忽视这些信号会让逆向投资者面对风险。

我们已经在总体上分析了应在何时实施逆向行为的问题。现在，我们再来看看一些更具体的问题，也就是说，如何采用可行的方法评估市场共识在某个方向已偏离正轨的时点。如第七章所述，这种判断通常会带来问题，因为我们不可能对此制定出一套一目了然的程式化规则，或者说，解决这个问题是一门艺术，而不是科学。在现实中，任何两种情况都不可能是完全相同的，任何市场狂热或群体行为都不可能走到完全相同的结局。图 8-1 是技术分析中采用的一种典型价格振荡指标。它从一个极端移动到另一个极端。从表面上看，这张图表告诉我们，当振荡指标达到代表超买和超卖的虚线时，价格的主流趋势就有可能即将结束。但是在某些情况下，确实也有可能进一步延续，如出现 1990 年年初的超买量。这和我们试图判断市场共识何时偏离正轨的问题非常相似。在趋势达到最终逆转的时点之前，被群体心理学通常解读为极端的事情，在现实中往往还会沿着原有方向继续发展，从而进一步推进了极端的界限。只有认识到这一点，我们才能进一步进行分析。

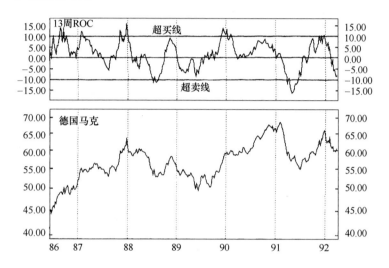

图 8-1　典型市场振荡指标的示例——德国马克及其 13 周变化率

资料来源：*Pring Market Review*。

标题、封面报告和媒体的罪孽

媒体的角色就是报道新闻事件和社会观点，而不是预测和预言。如果媒体能称职地履行自身职责，那么它们就应该客观反映读者的意见和观点。观点和意见转播得越广泛，影响力越深刻，它们就会变得越有说服力。我们当然愿意在《华尔街日报》等财经媒体上看到股票市场的报道。但这些报道本身并不能说明什么。另一方面，当有关股票市场的专题报道出现在《时代》、《新闻周刊》、《美国新闻》或是《世界报道》等大众刊物上时，我们就应该当心了，因为这些报道的影响力已开始远远超越传统的金融领域。它反映出，普通大众也可能会效仿这些"专家"。这些报道的有趣之处在于，它们总是在价格大幅波动之后出现。报道或许会解释价格为什么会上涨或下跌得如此之多，并旁敲侧击地将原因归结为传统观点，从而为普通民众提供了一种也应该跟庄买入的强大理由。而对逆向投资，出现这些报道并不是买入信号；相反，它会提醒投资者应考虑适时卖出。

当市场报道成为大众报纸或杂志的封面头版时，其影响力自然远远大于财经媒体所能达到的程度。几年前，我曾试图通过研究提出一个逆向媒体指数。我当时的想法是，当某个具体的报道或主题在流行媒体中出现的次数足够多，那么市场就可能即将发生逆转。遗憾的是，我并没有找到这些报道与市场逆转之间的联系：我的指数有时很有效；但是在其他情况下，封面报道与市场逆转之间却出现了严重滞后，有时根本就没有出现预期逆转。这无疑再度强化了这样一种观点：要提出真实而准确的反对意见在很大程度上是一种艺术，只有通过丰富的经验和大量的创造性思维才有可能得到。

保罗·麦克雷·蒙哥马利（Paul Macrae Montgomery）是弗吉

尼亚州纽波特纽斯市的一名股票分析师，他的专业就是我们所说的"封面报道分析"。在 1991 年 6 月 3 日《巴伦周刊》发表的一篇文章中，蒙哥马利声称，《时代》杂志封面报道与股市重大逆转之间存在显著相关性。他的研究从 1923 年发行的《时代》杂志开始，研究显示，在《时代》杂志封面报道持看涨观点时，股票市场通常会以 17% 左右的年增长率运行一到两个月，随后出现反转。需要提醒的是，按 17% 的年化增长率增长两个月，意味着一笔投资的实际收益率约为 3%。按照蒙哥马利的说法，报道出现的时点非常接近于最终的市场高点。另一方面，当《时代》杂志发表看跌观点的封面报道后，马上会出现一个月左右的大跌，下跌的年化比例约 30%（即，相当于看涨报告后上涨率的两倍左右）。有趣的是，在为期一年的时间内，市场发生与封面报道观点相反方向变动的概率居然达到了 80%。

无须多言，这些例子均发生在主要的市场转折点上。就市场形势本身的属性看，通过一篇广泛发表的报道来预测市场的短期转折点是不现实的。要成为一本主要杂志的封面报道，它就必须是和每个人都能或多或少联系起来的新闻。股票市场上的大规模抛售或是明显的牛市，当然符合这个要求。蒙哥马利引用的其他例子还有 1987 年 11 月著名的封面报道"崩盘"以及 1929 年市场崩溃前一天关于"火柴大王"伊瓦尔·克鲁格（Ivar Krueqer）的报道。《时代》之所以在这一期上选择克鲁格作为封面人物，是因为他为稳定法郎而刚刚借给法国政府 7 500 万美元，并向德国借出 1.25 亿美元用来巩固他在当地火柴制造领域的垄断地位。

这种高强度资金流动往往是投机活动达到长期顶点的典型标志。就在《时代》杂志的封面报道面世之后 24 个月内，克鲁格旗下 Kreuger&Troll 公司的股价从 35 美元暴跌至 5 美元。

封面报道有时也会关注利率。例如，在 1982 年 3 月，一篇名为"利率遭殃"的文章提到时任联邦储备委员会主席的保罗·沃尔克（Paul Volcker）。当时的美国长期国债收益率为 12.5%，但是在一年之后，便下跌至 8.5%。

我还发现，《商业周刊》的封面报道预测股票市场变化的准确度与《时代》杂志有异曲同工之处。最有名的一篇报道就是 1977 年发表的"股权之死"。当时，道氏化学公司的股价不到 1 000 美元。蒙哥马利引用了 1984 年一篇关于政府债券出现灾难性预警的封面报道（该报道暗示，投资者应避开政府债券）。在这个例子中，债券市场在报道发表后的几天内摆脱下行趋势转而上扬。而在其他情况下，趋势逆转往往需要更长时间。如果报道与整体市场环境相吻合，那么我们就应根据这些报道传递的信号，选择循序渐进的方式或是一次性清空仓位。

当市场情绪达到极端状态时，我们应该会预见到，价格将在与当前趋势相反的方向上出现极端变动。在上述 1984 年《商业周刊》发表的报道中，报道的部分内容甚至已经变成了市场预测，文中称："除了默默忍受债券价格的进一步下挫之外，投资者几乎别无选择……"按照这种说法，作者应该完全相信，价格还将继续下跌，以至于作者已经认为，他完全有必要超越作为记者的职责界限，去对市场进行预测。这显然是不寻常的现象，因为它提供了一种具有传闻轶事性质的证据，表明市场情绪已经过头了。

而后来的一个例子则是《商业周刊》1990年11月一期的封面报道。当时，市场刚刚经历了一轮大幅回落，《商业周刊》随后在这篇名为"华尔街的未来"的报道中提出了逆向投资的目标。这篇文章具有明显的提示性，它是华尔街在熊市期间最喜欢讲给投资者的故事，而且文章本身就很明确地看涨行情。它对投资者选择股票同样意义重大，因为它一针见血地指出，作为牛市最主要的受益者，券商持有的股票为什么将面临压力。在下一轮牛市中，券商股票只能是业绩表现最佳的行业类别。

此外，与股票市场或经济没有任何直接关系的封面报道也有助于辨别市场情绪。有关美国或其代言人（总统）的描述往往也能揭示我们是如何看待自己的。比如说，在1984年洛杉矶奥运会期间及之后的几个月里，美国人情绪高涨，这种情绪当然会反映在新闻报道中。1985年2月，美元结束了一轮超级大牛市，并在随后几个月内跌入令人恐怖的大熊市中。

此外，体现美国总统乐观自信形象的封面报道，也能反映与此类似的国家情绪。在这个方面，乔治·布什曾出现1989年夏天的《时代》杂志封面上。这篇文章称赞布什比罗纳德·里根更有智慧，且不执着于意识形态。而市场的反应则是急剧下挫。而在1991年1月的《时代》封面报道中，描述布什总统的主题词则变成了"两面三刀"、"摇摆不定"和"迷茫彷徨"，这同样是美国人当时的主流心态，这种不确定性也渗透到股市，并在股票价格中得到体现。随之而来的股市便经历了一轮非常强大的反弹行情。实际上，在主流媒体封面报道直接或通过当选领导者反映这个国家的积极乐观和自信时，那么我们就可以预期，该国股市将会下跌。另一方面，如果封面报道反映出这个国家缺乏自信心，而且愿意解决某些看似不可解决的问题，那么我们或许可以期待市场反弹即将到来。

需要补充的是，并不是所有封面报道都是值得我们信赖的。1982 年秋天《时代》杂志发表了著名的封面报道"公牛的诞生"，但此后并没有出现大规模的市场崩盘，反倒是一轮长期牛市。这说明，任何人都不应仅仅为了反对而去反对。我们必须深入解析事实，并提出各种合理可行的替代方案。就"公牛的诞生"这篇封面报道而言，经济和估值条件完全不支持市场已达顶部的预测。比如说，标准普尔综合指数的股息收益率为 5.1%，更接近于历史低位，而不是被高估。此外，利率也开始大幅下调，财经媒体哀声遍野——所有迹象都对应于主要市场底部。唯一不匹配的方面就是封面"公牛的诞生"，它之所以成为该期杂志的封面报道，是因为与股市大幅反弹对应的创纪录的交易量，而不是因为市场共识已转为大涨。

即使市场环境与封面报道相吻合，但也未必一定会出现反弹。1991 年夏天，《财富》杂志的封面人物为 IBM 的首席执行官。这似乎证实了一个普遍性观点，即，这家公司已进入一个非常艰难的时期，而且不太可能马上走出困境。在这篇文章发表的时候，"蓝色巨人"的股票价格已从 140 美元降至约 100 美元。

由于收益率已接近5%，因此，市场已经在很大程度上反映了这些坏消息。这倒不是说，IBM 的股票不会上涨，而更多地是为了强调，通常情况下，不应把封面报道作为可精确预测市场时机的工具；相反，把握市场需要的是耐心。只有采取逆向观点的价值投资者，才舍得花费时间去感受市场；在这个例子中，股息收益率几乎达到大盘收益率本身的两倍。

此外，在反映经济总体的新闻不多见时，我们就需要对封面报道进行审慎的分析。总要有人出现在《财富》杂志的封面上，因此，如果能登上头版的人物屈指可数，那么与市场或经济相关的报道就有可能乘虚而入，在不经意间成为头版头条。此时，这些报道的影响力自然也就没那么明显了。

薄片舌簧指标

对逆向投资者来说，封面报道确实是一种用于引起关注的预测工具，但是有些不那么明显的方式，也能以自己的方式达到同样效果。

一个典型示例就是 1990 年 11 月的《投资视野》（*Investment Vision*，现在已更名为 *Worth Magazine*）的专栏文章。这篇文章的作者显然持逆向投资思维，他使用的是化名里奥·德沃斯基（Leo Dwarsky），自称为前富达基金逆向投资对冲基金的基金经理。他在文章中指出，在股市上，很多股票就像时装风格一样成群结队地同步涨跌。这篇文章的主角是康宝浓汤（Campbell

Soup），在 1958 年至 1962 年间，这家公司的股票价格整整翻了四倍，最高点时的市盈率达到 30 倍。在随后的 19 年中，公司收益始终保持稳定增长，其间只有一个年度出现下降。尽管盈利增长势头有所放缓，但仍不失为作为增长股所拥有的实力。但令人惊讶的是，到 1981 年，这只股票的市场价格还不到 1962 年的 40%。显然，投资者已经对这只股票毫无兴趣。

随后，德沃斯基向我们讲述了"薄片舌簧"（thin-reed indicator）指标，这是市场共识已确定为看跌的重要线索。他提出了与康宝浓汤有关的一份投资："康宝浓汤——从投资范围中剔除。投资建议：为扩大对消费领域的覆盖面，我们正在将康宝浓汤剔除投资范围。"

事情很简单，一家原本非常优秀的全国性企业、一家在过去几十年里收益能力持续改善的优质企业，突然之间被投资机构彻底抛弃。这表明，公司股票已不受投资机构的青睐。但最令人无法理解的是，在扩大对消费企业覆盖面的同时，却抛弃了一家重要的消费企业的股票——康宝浓汤。研究机构的收入增长依赖于佣金的增加，既然从康宝浓汤拿不到佣金，最好就不要去研究它。而后来的事情尽人皆知，康宝浓汤的股价在随后九年内上涨了 900%。

在阅读具有高度技术性或专业性的通用杂志时，我们会看到另一种形式的薄片舌簧指标。比如说，在《华尔街日报》这样的金融出版物中，没有谈及股票指数期货或期权的报道显然是不合时宜的。它们始终是这些媒体的一个重要话题。但是在《新闻周刊》或是《时代》之类的大众出版物中，出现涉及股票指数期货或期权的报道则显得有些不同寻常。这种话题往往表明，这些通常仅限于少数投机者和专业人员的投资理论目前已得到普遍接受。因此，一旦出现这种"普遍"接受的报道，逆向投资者就应该嗅到"潜在逆转"的味道。

另一类可以归属于这个类别的专业概念或许就是交叉货币交易（cross-currency trade）。通常，美元可以和德国马克进行交易。因此，如果一篇报道指出马克兑日元或加元的收益高于马克兑英镑的交易，那么这就是一个表明当前市场趋势即将逆转的高强度薄片舌簧指标。

所谓的"泰德利差"是另一个受媒体喜欢的话题。这种交易是在买入美国国债期货的同时，卖出欧洲美元。交易的目的在于，如果金融危机已在酝酿；那么投资者就会急于接受更安全的美国国债，规避风险限度较高的欧洲美元。如果投机者能尽早把握这一趋势，就可以期望取得合理利润。这种方式是财经媒体人的话题，只有依附于能引发广泛兴趣点的报道，才能出现于大众报刊。这自然也就意味着，市场将会接近某个重大转折点。显而易见，长期国债与欧洲美元相对业绩趋势的逆转，在很大程度上和少数利差交易者有关，但也有可能对利率、股票市场和经济产生更广泛的影响。可以推测，如果主要参与者担心泰德利差之类的指标进一步扩大；那么相关报道的出现就可以说明，市场信心处于低谷，而股市也应该处于低位。

其他薄片舌簧指标还可能包括针对某些界限模糊的中间产品

的市场报道，如木材或糖等大宗商品。如果这些大宗商品的价格上涨，自然会引发投资者对相关股票的兴趣。当大众媒体也开始插手推断这些商品的近期趋势时，极有可能商品价格走势已达到顶峰。我还记得，在20世纪80年代早期，哥伦比亚广播公司"晚间新闻"栏目曾播放过一则关于糖价格的报道。这则新闻出现在糖价格大幅上涨之后。报道几乎就是在市场达到主要高点的那一天"破土而出"。后来，人们就一直怀疑，此事是否与该栏目的报道有关。

在这些指标中，并非所有都是及时有效的。例如，在1990年，曾有一家黄金基金因市场普遍对贵金属缺乏兴趣而被清算。此外，纽约和伦敦的几家主要经纪公司也在投资组合中剔除了黄金，类似于前述对康宝浓汤股票的处理方式。之后，黄金价格确实上涨了几周，但并没有达到预期水平。出于同样的原因，黄金价格确实也没有下降——而是在随后几年里徘徊在345美元到370美元之间。"薄片舌簧"指标以及前面关于IBM的封面报道告诉我们，这些市场有很强的流动性，而且风险水平较低。但是和往常一样，它们并未给出大规模反弹已经形成的信号。

畅销书

当试图形成逆向观点时，考量普通公众的情绪是非常重要的。尽管媒体可以为我们提供一些有用的线索，但最有价值的信号则是来自于畅销书排行榜。

这种性质的畅销信号并不经常出现，这在很大程度上是因为市场趋势并不是经常性地发展到极端的狂热状态。亚当·斯密（Adam Smith）的《金钱游戏》（*Money Game*）则是这方面的一个经典，这本书在 1868 年的股市投机泡沫达到顶峰时进入畅销书排行榜。20 世纪 80 年代初，就在市场利率创下历史新高的时刻，威廉·多纳休（William Donahue）关于货币市场基金的新书荣登畅销书排行榜。这显然是高度专业性书籍成为市场行情指标的一个经典，因为它在正常情况下的销售量可能只能有几千册。但这本书却进入畅销书榜单，这个事实表明，公众对货币市场基金的渴望可能已达到顶峰。我并无意对这本书说三道四，只是提醒人们关注它所取得的不同寻常且意料之外的成功。

另一本曾引起公众关注的作品是莱维·巴特拉（Ravi Batra）的《1990 年大萧条》（*The great depression of 1990*），这本书出版于 1987 年的美国经济萧条时期，并预言股市将遭受大跌。而事实证明，在随后的几年里，股市不仅远未下跌，而且上涨了一倍。

情绪指标

在为逆向观点寻求更符合现实的基础时，我们还需要关注最后一个方面，即，各种专业机构针对其观点进行市场调查取得的数据。

投资者情报指数⊖由已故的阿比·科恩（Abe Cohen）创立，该指数开创了一种衡量投资者所阅读通讯中看涨观点或看跌观点数量的方法。投资者情报数据最早可以追溯到 20 世纪 60 年代初。我们将最近几年的指数绘制在图 8-2 中，并与大盘业绩进行了比较。概念本身不难理解。当绝大多数市场通讯的作者看涨股市时，这就代表了一个危险信号，因而应是考虑卖出股票的时候，反之亦然。从图表中可以看到，它所反映的信号说起来似乎容易，要是在实践中操作却并不容易，因为在很多时期——如 1985 年中期和 1986 年中期，坊间看涨股市，但大盘并未下跌，

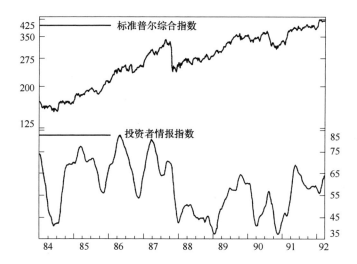

图 8-2　1984 年至 1991 年期间的标准普尔综合指数与投资者情报指数

资料来源：*Pring Market Review*。

⊖　*Investor's Intelligence*，Chartcraft，Inc.，New Rochelle，NY 10801.

而在 1990 年年初等时间段，在大多数投资者看跌股市的情况下，股市却并未出现反弹。因此，这个指标远非完美。只能说，它在某些时候是正确的，而在某些时候又会引诱投资者过早出手。因此，更可取的方法，或许就是把该指数作为市场情绪和反对观点等指标的补充。

图 8-3 为另一个情绪指标。该指数由市场调查机构市场风向标（Market Vane）发布，是指债券交易者中看涨市场比例的四周移动平均值。公布的数据以百分比表示。我在合计数中减去 50，由此得到的数据序列从正数变为负数。根据该调查所发表的观点，在时间覆盖范围上远远短于投资者情报指数，因而其波动性也更大。尽管市场风向标指数与债券价格的波动显示出很好的

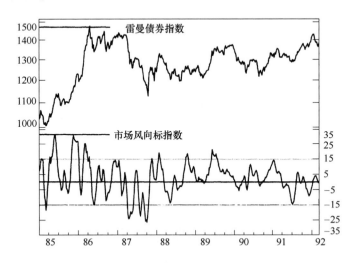

图 8-3 1985 年至 1992 年期间的雷曼债券指数和市场风向标指数

资料来源：*Pring Market Review*。

匹配性，但研究很难从中提炼出精确的市场择时工具。简而言之，要发挥该指数的指导意义，就需要将它们与其他指标和方法结合起来。

经济衰退结束时的市场情绪

我在上一章中曾经提到过，在阅读由"专家"自愿提供的评论时务必持怀疑态度，因为他们的预测往往具有误导性。在1992年1月的《银行信用分析师》（*Bank Credit Analyst*）中，编辑们对几份出版物进行了分析，以了解他们在1969年至1970年、1974年至1975年和1981年至1982年这三个主要经济衰退期结束时提出的观点。

1969—1970年

就业形势持续恶化：几乎每个主要行业均在10月份进行裁员……10月的数字远比表面看上去更糟糕。

——《商业周刊》，1970年11月14日

当前商业活动数据异常低迷；市场预期数据亦是如此。耐用品的订单形势令人沮丧……到1971年年底之前，预期经济形势将有所好转的（商人）寥寥无几。

——《商业周刊》，1970年11月28日

（人员）预期仍旧显示，在截至1971年中旬的三个季度中，真实国民生产总值的平均增长率将持续维持低

位运行。

——联邦公开市场委员会会议纪要，1970 年 12 月 15 日

保罗·麦克拉肯（Paul McCracken）先生（经济顾问委员会主席）正在告诉所有人，当然也包括总统：明年的振兴经济任务要比大多数人想象的更困难……尽管房地产建筑行业以及州及地方政府支出将出现强势反弹，但其他领域将继续停滞不前。

——《经济学人》，1970 年 12 月 19 日

注："经济衰退的最低点出现在 1970 年 11 月。1970 年至 1971 年第四季度期间的真实国民生产总值增长率为 9.5%。"

1974—1975 年

工业生产领域的衰退尤为令人担忧，因为整个行业仍处于加速衰退趋势中，而且这种衰退已不再局限于任何单个工业部门……低利率没有对货币供应带来任何影响，整个货币供给量在过去两个月略有减少。更可怕的是，整个经济似乎进入一种自我加速的恶性循环状态，政府的支持没有发挥任何作用。

——《经济学人》，1975 年 2 月 22 日

即使是最乐观的预言家，也不会认为美国经济将在夏季之前有所好转。这意味着，至少在未来四个月内，经济统计数据还将维持 2 月份最新数据的低迷状态，所有这一切都表明经济衰退尚在加剧……尽管美联储不无

骄傲地宣称已彻底战胜通胀，但它仍旧担心如何向经济中注入足够资金。如果私营部门不能牵头，那就只能政府承担这个责任。国会正在越来越慷慨地将大量资金注入经济。

——《经济学人》，1975 年 3 月 15 日

本次会议审查的信息表明，1975 年第一季度，商品和服务业实际产量继续大幅下滑……和上个月前一样，就业预测显示，第二季度的真实经济活动将进一步萎缩。

——联邦公开市场委员会会议纪要，1975 年 3 月 18 日

2 月份就业人数的急剧萎缩表明，产量下降和存货再调整正在加速状态中；几乎找不到任何证据可说明企业即将复苏……毫无疑问，劳动力市场正在持续恶化……此外，就业岗位数量的萎缩已开始遍布各个领域，显示出未来将进一步下滑的趋势。

——《商业周刊》，1975 年 3 月 24 日

至于经济衰退何时触底以及低点到底将会多低，目前尚不得而知。

——《商业周刊》，1975 年 4 月 7 日

注："经济衰退在 1975 年 3 月触底。1975 年第一季度至 1976 年第一季度期间的真实国民生产总值增长率 13.5%。"

1981—1982 年

美联储的观点是，如果不采取刺激措施，经济活动

就无法在近期内有所好转。9 月份的零售额增长率为 1%，主要来自汽车降价的清仓甩卖收入。消费者信心低迷，消费支出疲软。

——《经济学人》，1982 年 10 月 16 日

遭受重创的经济尚未起步复苏。至今仍鲜有迹象表明商业活动正在恢复。就总体而言，制造业的下滑似乎尚未结束。

——《商业周刊》，1982 年 11 月 8 日

就业形势预测……表明，1983 年的真实国民生产总值将适度增长，但未来几个月的复苏有可能非常有限……很多会员不断重申，预测显示出经济下滑的风险极大。必须高度重视经济活动普遍乏力的迹象，而且能证明经济复苏或将启动的证据依旧匮乏。

——联邦公开市场委员会会议纪要，1982 年 11 月 16 日

过去数周的统计数据足以说明问题。收益尚未出现大规模复苏迹象。第四季度出现的经济下滑就是最好的证据。

——《商业周刊》，1982 年 11 月 29 日

在全国范围内，经济衰退幅度已导致州和地方政府预算无法兑现……尽管政府在过去两年已采取措施适应失业率上升和联邦政府补贴的减少，但结果仍有可能是新一轮的削减开支、裁员和增税。

——《商业周刊》，1982 年 11 月 29 日

注："经济衰退在 1982 年 11 月触底。从 1982 年第四季度至
1983 年第四季度，真实国民生产总值的增长率为 10.5%。进入
1983 年，各州及地方财政状况明显改善。"

对于普通人来说，如果完全从字面上理解这些评论，必将受
到严重误导。另一方面，持怀疑态度的逆向思维者则会认为，有
必要从相反角度考虑这些观点。他们引用的证据不言自明，有理
有据。图 8-4 显示出这些评论的发布时间以及此后经济和股票市
场的走势。

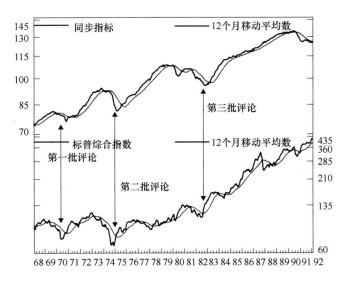

图 8-4　经济预测与商务部的同步指标及股票市场

资料来源：*Pring Market Review*。

本章小结

以精准预测市场时机为目的而提出逆向观点显然是一项异常艰巨的任务。在这方面，我们不仅需要研究媒体、朋友和同事的态度，还要考虑估值等指标，对历史上达到极端状态的时点做出精确分析。当所有佐证都能在一定程度上相互印证，而且可以提出某些可信的替代情景时，所分析市场或股票的基本趋势就有可能出现扭转。

第九章 如何将新闻报道变成获利之道

我们或许会经常听到或读到这样的市场新闻报道："尽管贴现率上调，但华尔街股市呈现大幅上涨"或者"IBM 今日宣布收益率增加 10%，但 IBM 股价却下跌 1.50 美元。分析师对此感到莫名其妙。"这是市场对消息做出反应的典型方式。然而，这种貌似不合理的价格行为当然不是理性人期待的结果。如果是利好消息，股价应该上涨；如果是利空消息，股价当然应该下降。

之所以会出现这些明显无法解释的反应，是因为市场、更确切地说应该是市场参与者，始终揣测未来，预测这些头条新闻或事件背后的方方面面。因此，当 IBM 发布收益指标时，这个数字就是大多数人的预期，而且他们也是因此而购买了 IBM 的股票。有些尚不知晓"好消息"的人决定在公告发布日买进股票。但还有些人则是一直在等待抛出股票的精准时点，于是，IBM 的盈利公告便成为他们卖出的理由。

偶尔，这类盈利公告也会带来更大的买方压力。在这种情况下，股票可能会在交易日收盘时上涨，但可能远低于公告后的股价最高点。但这无关紧要。大多数人都会对这一消息有所预期，并决定利用这一事件卖出股票，而接盘者则是那些没有预料到这份收益公告的个人或机构。为什么呢？也许这些投资者认为，这个公告代表了一段时期内的收益最高点。因此，公告是他们以最有利价格卖出股票的天赐良机。无论如何，对市场观察者而言，最关键的就是新闻本身是利好消息，基于这个信息，股价应该上涨。而利空消息则是股价将下跌的信号。毕竟，如果利好消息都不能让价格出现反弹，还有什么能让它上涨呢？对大多数人来说，这都是一个非常难以理解的问题，即便是那些在市场上浸淫多年的老手也一样。如果消息在当时看来是有利的，那么卖出股票似乎很愚蠢；但如果回头再看的时候，这往往却是明智之举。

1991 年 8 月，就在苏联最高领导人戈尔巴乔夫遭遇政变的当天，纽约黄金价格在上午盘的涨幅为 4 ~ 6 美元，但收盘价格仅比当日开盘价高出 50 美分。两天之后，政变即告失败，坊间人心惶惶。当时，很少有观察家会想到政变会如此之快地结束。略有卖空的黄金价格理应度过一个狂飙暴涨的交易日，因为按照以往经验，黄金价格在面对全球动荡时每每都会有不俗表现。

在 20 世纪 70 年代的通货膨胀期间，人们预计这种消息会导致黄金价格上涨 20 ~ 30 美元。在政变结束后的第一天，市场仍存在极大的不确定性，价格几乎没有上涨。这个事件完全是市场没有预料到的，因此，没有理由认为政变本身已在价格中有所体现。但事实并非如此，供需关系中已明显呈现出看跌信号。这条黄金"看涨"的消息正在吸引买家重新涌入市场，而卖家似乎也准备好为所有想买到黄金的人供货。价格未能按利好消息出现反弹是一个利空信号。在政变失败当周的晚些时候，黄金价格持续下跌。但图9-1表明，金价并没有下降太多，而且最终重回政变之前的水平。但是从短期观点来看，按照"好"消息卖出黄金依旧是正确的做法。

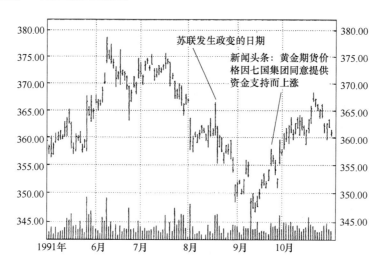

图 9-1　1991 年的黄金价格

资料来源：*Pring Market Review*。

公开新闻必定得到市场的兑现

所有金融市场都会放眼未来，以期预测未来事件。这种做法被称为"兑现"（discounting）。起初，这个过程只涉及少数有远见的人，他们能准确把握典型市场周期中通常会发生的一系列事件。不仅如此，这些人还能凭借丰富的经验，衡量其他市场参与者对事件可能的影响。随着时间的推移，更多的人对各种可能出现的结果做出预期，在这个过程中，越来越多的人会在预期中体现该事件，也就是说，该事件在预期中将得到兑现。当事件最终发生或是被宣布时，参与者开始预测下一个事件。当然，这只是对事件真实发展进程的一种简化，因为价格是诸多不同事件、经济趋势和心理背景因素交织作用所决定的。如果可以将兑现机制提炼到一、两个事件中，那么预测任何市场都将变得轻而易举。因为在这种情况下，所有人都会对事件做出相同的解读，进而做出相同的反应，也就是说，所有人都会让同一事件以相同方式反映在他们的预期中。

长期以来，学术界始终主张，金融市场是有效的。按照有效市场理论（efficient-market theory），特定市场或有价证券会反映所有可能影响其定价的信息，因此，这些信息在出现时即被有效地纳入到当前价格中。有效市场理论的支持者认为，任何人都不可能通过预测市场而取得利润，因为所有市场信息实际上已经体现在价格中。因此，他们的结论就是：市场是"随机漫步的"。

但我并不苟同市场在某种程度上是有效的假设。任何人如果认为其喜爱公司的收益能力将会大幅减少，那么他们的唯一选择就是至少卖掉部分头寸，以后再按更低价格买回来，而其他任何选择都是不合逻辑的。有效市场假说存在两个缺陷。首先，所有人不可能同时得到相同的信息。即便是新闻也需要一定的时间才能得到广泛传播。其次，在得到某个信息之后，并非所有人都会以相同方式解读这个信息。比如说，大多数人会从表面意义上理解一则新闻，而逆向思维者会透过新闻标题的表面，考虑群体是否还能对这则新闻做出合乎逻辑的其他解释。

我们不妨以假设的 XYZ 公司股票为例。在过去的六个月里，XYZ 公司股票的交易价格始终徘徊在 10～12 美元之间。但一位超级聪明的分析师却发现，因为这家公司即将推出一款新产品，因此，该公司很有可能在短时间内大幅削减成本。于是，他开始向部分经过挑选的选客户推荐这只股票。对该股票需求的增加足以将股价抬高 10～12 美元。逐渐地，其他分析师也开始有所发现，于是，价格进一步上涨。但随后，这家公司公布的收益指标却糟糕得让人难以想象，于是，价格开始下跌。但更令人不可思议的是，下跌过程非常短暂，价格很快便反弹上涨。

之所以会出现这样的事情，是因为了解情况的人很清楚即将发生什么：在他们看来，这种短期下跌是他们廉价买入股票的意外时机。在这里，需要强调的一个关键点是，按照技术分析的原则，一个能迅速吸纳坏消息的市场或股票往往处于有利形势。因此，这一现象实际上反倒是一个利好信号。

随后，随着面对散户投资者的经纪人将这个消息传播给客户，更多投资者开始了解这家公司。而在这个过程中，股价继续上涨。因此，当公司发布盈利公告时，盈利指标已成为众望所归的事情，此时，这个消息已丝毫不令人意外。当他们的新产品最终出现在报纸上的时候，整个事件几乎已尽人皆知。因此，只有那些之前对信息不够敏锐的报纸读者，才有可能成为买家。在经过这个时点之后，也就没有人会根据这个新闻买进这家公司的股票了。

可以看到，导致股票价格上涨的，并不是新闻事件公告本身，而是市场对该事件公告的预期。股价上涨并没有发生在公告当天，而是公告日之前的几天、几周甚至是几个月里，具体则取决于你得到这条信息的时间先后。现在，我们可以看到，在那些因预期这个新闻而买入的人当中，很多人通过价格上涨而获利。但随着这些人为兑现利润而抛售股票，价格就会下跌。在这种情况下，由看涨公告引发的抛售构成股价下跌的重要技术分析特征。

导致有效市场理论存在缺陷的另一个主要原因，是股价取决于市场参与者对预期未来事件的态度。前面已经提到过，很多人对新闻做出的反应完全下意识的，当然，也有人会花时间去思考这些新闻。想想第七章里首席执行官被解雇的例子，我们发现，即便是貌似利空的新闻事件背后，也会有逆势上涨的一线希望。这样的例子其实比比皆是。

事实上，在股票市场中，投资者往往更具有关注意识。在1982年至1983年期间，他们原本已经准备买进科技股，从而抬高其价格，但态度的变化导致科技股在这10年的后半段里不再受欢迎。而在20世纪70年代，食品股始终保持稳定增长，但直到下一个10年里，它们才得到投资者的青睐。对于这些明显的失衡现象，唯一合理的解释就是投资者的态度，而不是有效市场理论。

有的时候，市场对新闻的反应会出现滞后。1973年10月，由于美国在阿以战争中明显偏袒以色列，石油输出国组织（OPEC）宣布对美国石油实行出口禁运。从逻辑上说，市场理应会马上下跌，但实际上，在宣布禁运的几天之后，才出现大规模的抛售行为。事实是众所周知的，但人们并没有立即做出反应。最终，当态度发生真正变化时，价格开始下跌。另一个例子出现在 1991 年 12 月。当时，美联储大幅下调贴现利率，下调幅度令人吃惊地达到 1%。当天，市场即做出小幅反弹，但价格暴涨则是后来才出现的。另一方面，市场对萨达姆·侯赛因入侵科威特事件的反应，在某种程度上可以说是非常及时的。

有效市场理论并没有考虑到人的个性化特质。毋庸置疑，市场存在不断趋向于有效性的趋势，但我们在这里引用的例子却表明，效率本身不足以解释价格变动背后的全部原因。即便是很有可能被预见到的消息，投资者也很难凭借这个消息获利，从这个意义上说，市场通常是有效的。人们对这个话题进行了大量研究。其中一项研究来自圣母大学的迪恩·弗兰克（Dean Frank）、弗兰克·里利（Frank Rielly）和尤金·德里钦明斯基（Eugene Drzyminski）。该项研究表明，全球性事件会迅速体现在股票价格中。这种消息的传播速度以及被股票市场反映的及时性，使得投资者无法利用该信息获得超过平均水平的超额收益。其他研究也得出类似结论：利用公告、收益报告等消息打败市场的企图通常是徒劳的。

所有这些研究工作的一个重要问题，就在于如何量化新闻事件的重要性。如果一个看涨消息的重要性很有限，那么它对价格的影响也会很有限，甚至不会带来任何影响。另一方面，大多数新闻可能已在市场上传开。因此，在很多时候，公司会让分析师对之前没有意识到的事态发展做好"准备"。

对此，费尔利·迪金森（Fairleigh Dickinson University）大学的帕特里克·高根（Patrick Gaughan）博士指出，股票的收盘价与《华尔街日报》在某个交易日发表的新闻不存在关联性。相反，他采用多元分析法得到的结果是，新闻与发布前一两天的股票价格在统计上具有相关性。根据这些数据，他得出这样的结论："并不是金融出版物每天发布的新闻都不会对证券价格产生影响。相反，新闻对这些市场来说非常重要。但市场总能以更快的速度先于新闻媒体一步取得消息。"因此，通过这项针对短期价格进行的研究，高根证明了这样一个观点：在一条新闻发布之前，市场往往就已通过价格体现出它们可能带来的影响。

如何根据市场对新闻的反应获利

我们已经知道，要利用新闻公告在市场上获利是非常困难的，因为在大多数情况下，市场总会占得先机，将这些信息反映在价格中。当然，自然灾害、暗杀或其他随机性新闻事件是无法预见的，因而不会在价格中得以体现。在这些情况下，市场反应是非常有价值的信号。当一条利好消息没有引发反弹时，我们就应该把它解释为看跌信号。另一方面，当一条利空消息不仅带来下跌或引发熊市，而且随之而来的就是快速反弹，我们就应该将其理解为上涨信号。20 世纪 50 年代初，在艾森豪威尔总统心脏病发作之后，市场短时间出现抛盘，但很快即出现反弹。在总统心脏病发作后，所有按"宣布之前"价格买进的人均收获颇丰。1963 年 11 月 22 日，在约翰·肯尼迪总统遇刺身亡之后，也出现了类似的情形：市场最初的反应是大幅下挫，但抛售潮只持续了一小段时间，随即，股价便开始大幅攀升。

在上述的两个例子中，市场总能吸纳这些意外的重大消息，而市场的先行一步带来了利好消息。实际上，这两个例子都属于强烈的买入信号。约翰·肯尼迪遇刺后的价格波动带来了两个结果。首先，最初的恐慌抛售只发生在弱势持有者的身上——也就是那些依赖本能对新闻信息做出反应的人。在市场回归遇刺事件之前的价格水平时，这种抛售行为已经完成。其次，市场总能抢先一步体现这种可导致不稳定的消息。这表明，市场依旧属于涨势，而且极有可能进一步高企。在当时的环境下，市场看涨的理由，就是林登·约翰逊（Lyndon Johnson）已继任总统职位，而且似乎已经控制了局势。由于市场的本性就是厌恶不确定性，因此，人们会把这种印象视为非常积极的信号。但真正的原因，更有可能是经济已经进入长期复苏的早期阶段，这已经成为市场达成的共识。如果经济处于衰退的边缘，那么市场是否还能如此无谓地接受这些消息，当然也就不得而知了。

上述市场反应与其对 1973—1974 年经济衰退期间尼克松总统辞职做出的反应形成了鲜明对比。在杰拉尔德·福特副总统接替总统职位时，他的表现和约翰逊一样完美无缺。然而，利率上涨和经济下滑的大环境似乎预示着，股市将开启一轮大熊市。虽然尼克松选择辞职的时机或许令人意外，但毕竟不同于肯尼迪的遇刺或是艾尔森豪威尔的心脏病发作，因为辞职事件本身无论如何都算不上意外，而只是迟早的事情。因此，市场完全能在价格上兑现这种可能性。尽管福特在任期间表现良好，但熊市趋势本身却不是他所能左右的，在势不可挡的行情面前，股价持续下跌。因此，市场对新闻事件做出反应的方式，或许可以为我们提供非常有启发性的信号，即主要价格趋势到底会上涨还是下跌。

市场反应新闻事件的另一个例子出现在 1991 年 1 月 16 日，即海湾战争的爆发。战争并不总是可预测的，但是在这个例子中，美国已经为伊拉克部队撤出科威特设定了最后通牒日期——1 月 15 日。在伊拉克人没有照办的情况下，任何人都可以预见，美国及其盟友必定会在某个时候发起进攻。但是在战争爆发时，市场的反应方式还是让所有人大吃一惊。

为什么会这样呢？答案就在于对这个时间的分析以及投资者对战争的观点。需要提醒的是，爆发战争的可能性早已成为市场共识。市场实际上在 1990 年 10 月便已触底。进入 1991 年，随着最后通牒日期的逐渐临近，很多投资者已决定抛出股票，这些抛售行为进一步给股市造成下跌压力。市场不仅弥漫着不确定的气氛，而且专业机构当时也认为，敌对行动的爆发将导致大盘进一步下挫 100 到 150 点。有理由相信，这最终将提供一个绝佳的买入机会。但问题是，其他人也会有同样的想法。于是，市场以相反的方式对战争爆发做出反应：大盘出现上涨。导致市场未按预期变化的一个重要原因，就是美国发动战争的时间是在纽约股市关闭的夜间。日本股市最初的反应则恰恰反映了人们的预期，即最初出现抛售，而后出现反弹。随着欧洲股市的大面积爆发，到纽约证券交易所开盘时，全球股票市场上的抛售已经被购买狂潮所取代。因此，美国投资者根本就没有机会按甩卖价格买进股票。

此外，我们还必须提到的是，在1月15日之前，市场上就已开始出现极度悲观的情绪。当时，相当多数量的交易员持有空头仓位。因此，到1月16日开盘时，他们无奈之下只能平仓。1月15日上午是市场参与者采取群体行为的一个典型例子。多头开始清仓，而空头则大量补仓。但是，人们意识到，市场并不会崩盘，于是，立刻开始进行反向操作——多头开始建仓，空头开始清仓。在空仓补平和多头建仓之后，他们开始重新买进，但此时他们才意识到，廉价买入股票的机会几乎已经没有了。

用来证明价格上涨合理性的依据是，美国完全有可能凭借先进的技术实力和强大的军事优势赢得这场战争。此外，曾因战争阴影和经济衰退而受到影响的消费者信心，也注定会触底反弹，从而带动经济复苏。而且事实也证明了这一点，美联储已经放松货币政策，打开货币闸门，从而为经济复苏埋下伏笔。因此，1月16日的股市暴涨，无疑是牛市的最有力的证据。

由这个例子得出的另一个观点，可以归结为华尔街的一句谚语，即同一事件很少会重复影响到市场。在上面的例子中，在1990年8月至10月这段时间里，股票市场有足够时间消除战争的预期带来的消极影响。当军事行动最终爆发时，也就是市场参与者应该去关注其他事情的时候了。道理很简单，大多数学生会在学期结束时对近在眼前的考试忧心忡忡，而在学期开始时显然不会有这样的顾虑。因此，在这个时候，他们会以更努力的学习来迎接期末考试。当然，这并不是说他们之前就不会想到迟早都要到来的磨难。只不过在临近考试之前，他们的忧虑可能会更加强烈一点。不过，这个担心的时刻到得越早，就越有可能激发他们采取行动，这种行为表现为学习。假如我们可以衡量这种焦虑程度的话，那么我们会发现，在他们开始为准备考试而进入学习状态之前，焦虑的程度是最为强烈的。一旦进入这个学习过程，他们就会感觉到，考试并不像最初想象得那样艰难。当然，这也不排除在临近考试之前，他们的紧张情绪可能会再度升级。但循序渐进、扎实勤奋的考前准备，自然会让他们有信心通过考试。按照同样的逻辑，市场也会通过价格的下跌而对即将面对的折磨做好准备。人们通过抛售股票而采取防御行动，这样，在事件真正发生时，所有事前做了准备的人都有机会全身而退，任由市场进入下一个事件。

市场对新闻的反应有可能在财经媒体的报道中一览无遗。对此，我们不妨做一个有趣的联系，跟踪一下《华尔街日报》"资金与投资"部分的专题报道。比如说，大宗商品栏目在报道某一种商品时，通常会配有相关的图表。成为该栏目头条新闻的大宗商品通常会在前一天或是此前两、三周时间里经历了急剧的价格变动。作为报道合理性的依据，就是这些商品的价格一定会因为某些新闻事件而剧烈波动。在图 9-1 中，我们可以看到，黄金价格在 9 月 21 日（即报道当天）之前出现了明显的大幅上涨。当日大宗商品栏目的头条标题是"黄金期货价格因七国集团同意提供资金支持而上涨"。显然，在人们预期到这一事件之后，价格开始一路上涨。但由于这个消息已公之于众，这就大大减少了投资者在短期内获得超额收益的可能性。图 9-1 表明，事实也的确如此，就在报道发布后的几天时间里，黄金价格开始回落。

图 9-2 是一个类似的例子，但这次的结果是小麦价格在新闻发布后大幅下跌。这篇报道的标题为"小麦期货价格跌至 13 年

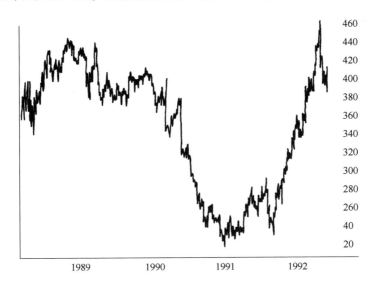

图 9-2　1990 年的小麦价格

资料来源：Commodity Trend Service, P. O. Box 32309, Palm Beach Gardens, FL 33420。

最低点"。同样，事实表明，报道刊发是一个有效的市场信号。尽管我们可以利用这些经典案例证明这一点，但是和大多数市场分析方法一样，我们也不应该把《华尔街日报》当作万无一失的逆向工具。对此，我的观点是：如果一个市场在成为报道对象之前经历了长期的价格趋势——无论这种走势是上涨还是下跌，都应该将报道视为一个预警信号，即趋势有可能会发生逆转。如果被报道的市场与报道本身所推断的走势相反，那么市场趋势发生逆转的可能性极大。尽管新闻报道只是一个风向标，但毫无疑问的是，它反映的是一个在特定时间进入市场的信号。一般来说，那些采取与主流趋势反向而行的市场参与者更有可能成为受益者，尤其是在新闻标题提到五年最高点或是十年新低点等时。

我们往往会发现，难看的业绩公告往往会带来股价的低开高走：最初是抛盘占优，而当天收盘价最终还是以上涨而结束。在这个过程中，通常会伴随着巨大的交易量。造成这种现象的常见原因是，投资者已经预期到坏消息，但却一直持有到信息发布时才会抛出。当然，这会对价格形成压力，因为买家一直在等待消息发布。一旦坏消息被放出，知情者就开始囤积股票，于是，趋势发生逆转。

股票在重大消息后的价格变动，或者说，所有金融市场对重要消息做出的反应，都是非常有参考价值的信号。我们已经知道，如果市场反向发展，不知情者可能会认为该市场已反映了所有的好消息或是坏消息，新的价格趋势已经开始。至于这种趋势到底是短期还是长期，就另当别论了。另一方面，如果市场原本已出现利空消息，而且这个利空消息的实际效果比预期更糟糕。那么，可能会发生如下两种情况之一：价格继续下跌，在这种情况下，由于价格的波动完全符合逻辑，因此，从技术分析角度看，没有提供任何有价值的信号；如果价格立即对新闻做出反应，反弹上涨，那么这就是上涨力量强劲的信号，因此，我们应会看到，价格将大幅上涨。之前，我们曾以 XYZ 公司股票和市场对肯尼迪暗杀事件的反应为例，讨论过这个现象。在这两个例子中，市场参与者都能预见到，市场短期上涨乏力，看好长期上涨行情。

反过来也是如此，即便是面对我们所能想象到的最乐观消息，市场也有可能做出逆向反应。我记得 1973 年在加拿大做股票经纪人的情形。当时，我们凭借克莱斯勒和加拿大小型电子制造商 Electrohome 这两只股票，曾取得过难以置信的利润。对于这两只股票，尽管它们的收益都高于预期，但股票仍出现了下跌。当时，我确实无法理解这背后的理由，但是在目睹了很多这样的例子之后，我发现，对这种明显看跌的信号视而不见，不是明智之举。克莱斯勒和 Electrohome 之所以会面对利好消息而下跌，是原因是投资者已经开始预测下一次经济衰退。因此，无论眼下的消息多么有利，他们都不愿意持有股票。

第十章 巧妙应对经纪人和基金经理

尽管大多数投资者和交易者的买卖订单均由经纪人执行，但他们很少考虑与经纪人之间的这种关系以及经纪人对他们的成败有何影响。他们很少会考虑，经纪人是他们在下达或执行买卖订单之前最后一个把关者。此外，很多投资者还会错误地假设，经纪人不仅知识渊博，而且收集信息的能力也远超过他们。

客户与基金经理之间的关系同样也未得到应有的关注。在本章里，我们将详细地探讨这些关系，指出其中的危险，并介绍一些有指导性的原则；这些指导原则会有助于我们更好地理解这些角色，并与之建立双赢的合作伙伴关系。

经纪人的角色

经纪人的角色有可能处于两个极端状态。一方面，他们的职能是接受客户发出的订单；另一方面，他又有可能对客户的账户拥有完全的自由裁量权。至于他们在这两个极端状态下的职责，出现误解的可能性较小，因为对此已形成了大量的规章制度。如果经纪人只是执行订单，这就是说，由客户独立做出所有决定。

因此，即使经纪人的建议非常糟糕，也只能给客户带来很小的"伤害"。而在另一个极端情况下，客户将一切实务交给经纪人处理。一旦客户做出这个决定，经纪人的角色就变成了基金经理。在这种情况下，要让他不参与客户的决策过程，唯有他们被解雇或是主动放弃客户。

不过，在大多数情况下，客户与经纪人的关系处于这两个极端状态之间。因此，经纪人的现实角色往往是两种极端状态的某种结合。但也正是在这个中间地带，这种关系的心理动向却可以决定投资的成败。

令人惊讶的是，大多数人居然很少关注经纪人的挑选；尽管经纪人一个貌似无关紧要的提示性话语，就有可能带来数千美元的收益或损失。客户所选择的经纪人往往来自于口耳相传，最常见的方式就是他人的推荐。或者，经纪人通过电话主动拉客，或是通过精心设计的推介进行广告宣传。除非客户真的特别幸运，否则，由此认识的经纪人不太可能给他们的投资带来成功。我觉得自己在这方面算是幸运儿之一，因为我是在《华尔街日报》的广告中找到了经纪人。我们之间的关系已维持了 12 年多。尽管我们之间也有过分歧，但总的来说，我们彼此之间基本可以做到心照不宣。但这绝对是一个例外，而不是常态。我以前也做过经纪人，而且有很多我希望能与之交往的前同事，但是我希望能在专业基础上建立业务往来的人却少之又少。

缺乏经验的交易者或投资者在最初的交易中，无疑会依赖于经纪人的建议。如果这个经纪人能力不足，或是只想着手到擒来的佣金，那么成功的概率就会大大降低。即使是他浸淫市场多年的账户也会遭受损失，譬如，未能在合适的时间下单或是正确输入订单。这在期货市场尤为突出，杠杆的存在容不得出现丝毫闪失。

切记，经纪人大多是通过收取佣金而为客户提供服务的。因此，如果不能执行订单，他们几乎就没有收入。当生意冷清时，即使是品行最好的经纪人，在为你提供建议时也不可能丝毫不想到佣金，佣金会不由自主地影响到他们的建议。很多证券公司既提供经纪服务，也从事证券承销业务，在公司买下一部分新发行证券的情况下，就会强迫经纪人卖出这部分证券，而不管经纪人是否认为这种证券值得投资，在这种情况下，该证券就会承受更大的卖出压力。当然，公司也不可能以强迫手段迫使他们出售这些证券。但尽管如此，管理层的压力和同行的竞争仍然足以引发大规模"原因不明"的抛售行为。此外，这些新发行证券大多会支付高额佣金，而这只会引发更大的利益冲突。

我们都有可能遇到的另一个问题是，在经过非常认真的考虑之后，我们会给经纪人打电话，要求他们买入或卖出某种特定的证券。接下来的事情我们都知道，经纪人可能会想方设法地说服我们另做打算。尽管这种做法无论如何都算不上不道德，但经纪人还是有意无意地让我们做出错误决定，即便是完全出于善意，也有可能把我们引入歧途。

你可能想不明白，为什么我总认为客户经理会给你错误的建议，而不能提供帮你梦想成真的方法。我之所以会有这样的偏见，是因为经纪人确实身处一个特殊的"狼群"当中。他会盯着新闻专线，或是收听财经频道，他们会被形形色色的股票研究所淹没，而且会深受其他客户经理的影响。因此，从概率上说，他给出正确建议的可能性不大。

几个方面的因素会影响到经纪人。例如，投资者通常不会认识到，大多数经纪人实际上只是所在证券公司研究部的销售渠道。因此，他们给客户提出的建议未必是经纪人自己的想法，而是基于"我们的研究部喜欢什么"。如果这算不上与狼共舞，我真不知道什么才算得上了！

从客户利益角度看，来自其他经纪人的压力会给客户带来另一种负面影响。通常一家证券公司的某个经纪人之所以业绩突出，要么因为他是一名优秀的推销员，要么是因为幸运地得到推荐。这足以带动整个机构的业绩，因为模仿这个"领先者"的冲动显然不可抗拒的。但这就会带来两个问题。首先，为了赶超这个业绩领先者，经纪人往往会推荐领先者出售的产品，而不是他认为值得推荐的产品。其次，这种竞争性活动的本质意味着，他们的销售完全是为了提升个人业绩，唯一的目的就是创造销售量，而不是因为股票本身具有符合特定投资组合的特征。当然，管理层喜欢这种竞争氛围，因为它会给机构带来更多的佣金。而对于可怜的客户来说，这种做法是否有好处就值得怀疑了。

我并无意否认存在不为个人利益考虑的经纪人，只是说，这样的经纪人肯定是凤毛麟角。毕竟，从心理学角度说，经纪人这个群体只是众多人群中的一个小群体。既然如此，我们也没理由要求这个小群体尽是善于独立思考的个体。机构聘用经纪人的主要目的是为了增加销售量，而不是让他们去创造性思考。在经纪人的餐盘里加点让人垂涎的佣金做调味剂，这样他们考虑问题的方式自然更有利于管理层。既然在这个精挑细选的小群体里鲜见独立思考者，那么最关键的问题就出现了：你要么学会自己去思考，要么就只能全权交给有能力打理这件事的专业人士。不管怎么说，我们都应该对经纪人的建议考虑再三，然后把这些建议当做决策过程的一部分，而不是全部。永远不要让这些建议的重要性超过它们应有的分量。

因此，我们选择经纪人的入手点，首先就是考察目标经纪人所在机构的类型。在这个方面，重中之重的问题就是一定要确保这家机构的稳定性。但这并不容易判断，因为公司规模并不是反映公司财务状况的有效指标。近年来，我们曾目睹很多大型经纪公司的合并和期货经纪机构的破产。检验公司稳定性的一种方法，就是评价这家公司在广告和推荐中所表现出的进取精神。所以说，有必要掌握他们的一些宣传材料或研究报告。将这些资料与其他经纪人的资料进行比较，或许可以为我们提供一种模式。通常来说，炒作的成分越大，推荐的策略越激进，这家经纪公司就容易冒险。如果一家经纪公司敢于拿客户的资金冒险，突入到高风险的行业，那么这家经纪公司的财务状况就不太可能稳健有序。此外，如果一家经纪公司陷入困境，那么经纪人必定会受到公司内部各种流言和条条框框的限制，这势必会对他服务客户的能力带来负面影响。

第二个需要考虑的方面，就是公司为你提供信息的能力——当然，不是指他们希望你得到的信息，而是确实对你有帮助的信息。毕竟，你需要以佣金形式间接支付这笔资料费，既然如此，就应该尽可能地根据自身需求量身定制。

此外，佣金的结构水平也是一个需要认真考虑的因素，因为它往往反映出公司所提供的服务类型。如果你在这家公司的业务只是下订单，并且完全依靠自己掌握的信息来源，那么就没有必要和那些提供大量研究报告并据此向你收取高额佣金的经纪人打交道。当然，佣金也不是开展业务的唯一成本；执行不力往往会让你付出更大的代价。这对短期交易者而言尤为重要，因为固定交易成本高，高转手率意味着交易成本将对最终盈利能力带来更大的影响。如果你希望提高订单的执行速度和准确性，那么多支付一点佣金也无妨。

但执行能力的培养绝非一朝一夕那么简单。即使是在最理想的情况下，订单的执行也可能会出错，而且出错的概率并不低。不要指望你的经纪人完美无缺。但如果已开始出现执行不力的苗头，建议你详细了解情况，并据此确定是否延续你们的合作。尽管如此，如果你的投资或交易周期较长，并且不经常下单，那么佣金水平及其执行情况自然也就没那么重要了。

最后，你选择的经纪公司应该能为你提供最新的账户报告和可读性较强的月度报表，这会有助于你更有效地管理资金。

一旦确定了你的合作公司，下一步就是选择一位称职的客户经理。我觉得你很可能会先选择客户经理，但即便是在这种情况下，详细了解经纪公司本身也是必要的。如果一位经纪人确实想帮你管好自己的投资组合，那么他首先应该对你有所了解，清楚你的财务状况和投资目标。如果他对你的基本财务状况一无所知，自然也就无法按你的要求提出有针对性的建议。如果他一见面就迫不及待地要求你下订单，然后才向你了解相关问题，那么你就要当心了。

反过来，你需要了解有关经纪人的一些情况。你的业务对他来说重要吗？如果是的话，你就需要知道，他目前管理着多少活动账户，这些账户的平均规模是多少，等等。如果你只是一个小客户，账户资金很有限，而他管理的账户平均金额大得多，那么他或许根本就无暇顾及你，更不说拿出适当的时间为你提供服务了。了解他的投资理念也很有帮助，因此，不妨请他解释一下。如果他喜欢股价表，而你喜欢资产负债表，这就是说，你们之间可能没有多少共同之处。此外，通过询问他对市场影响因素的看法，我们可以认识到，他是否有自己的观点、有没有自己的理念。这可以说明一个人是否有盲目从众的心态。

我们往往把经纪人视为唯一的投资建议来源，但即便是你独立制定决策，经纪人仍可以在其他方面提供帮助。比如说，以我自己的情况为例，我就喜欢自作主张，但是在记账方面的确很糟糕。而我的经纪人以前曾是一名会计师，因此，他当然乐意帮我打理这件事。此外，他还可以提供我自己无法获取的信息。他帮我盯着市场，而我可以继续做自己的投资通讯工作。有了这些不可或缺的分工，经纪人变成了我的眼睛和耳朵，每次出现预期的市场动向时，他会如实地向我做出通告。通过这种方式，我就可以让别人帮我盯着市场，而没必要整天盯着电脑屏幕。另一方面，假如你是个市场新手，那么你还可以让经纪人为你提供适当的培训。

经纪人和客户的关系应该是有针对性的，根据你的需求和愿望量身定制。而你则是唯一有权确定这种标准的人，标准一经确定，你就可以更好地确定经纪人的职责，使其按你的标准履行其职能。

但即便是在最融洽的关系中，冲突也不可避免。如果你和客户经理的个性迥然不同，那么你们之间产生分歧的可能性也就更大。这个方面至关重要，因为这种冲突引发的情绪必然会对你的投资带来负面影响。比如说，假设你决定购买 XYZ 公司的股票，但是经纪人给出的建议则恰恰相反。如果你与这位经纪人的关系已出现裂缝，那么你会发现很难卖掉这只股票，因为你必须要向自己还有你的经纪人承认，你犯了错误。要亏本卖出股票并不容易，但如果你无法说服经纪人，那么经纪人或许是阻止你卖出股票的最后一根稻草。另一方面，你可能会因为完全合乎逻辑的理由而希望买进 ABC 股票，但因为你知道经纪人不喜欢该股票或行业，因而不主张你这么做。因此，即使你们之间的关系非常融洽，这种冲突也会时不时地出现。但如果你们的基本理念和个性存在明显差异，那么损失的可能性就会大大增加。

建立双方关系的第一步，就是对基本规则达成一致。不要一厢情愿地认为，你的经纪人会全心全意履行你希望他承担的全部职能。必须清楚、准确地向经纪人告知你的期望和要求；同时，还要澄清经纪人对你的预期。一定要始终开诚布公地表达你的观点和预期。良好的经纪人与客户关系应体现出一种相互合作的精神，因为这才是这种关系的真实意义所在。一个称职的经纪人必须认识到，长期佣金的最大化直接取决于客户能否成功。一个不可否认的事实是，在赚钱时，大多数客户会提高交易频率；但是在他们的净资产减少时，其活跃程度自然会大打折扣。经纪人可能会说服他们的客户进行更多的交易，但如果账户亏损，那么客户要么会减少交易，要么干脆将账户转交给其他经纪人打理。

　　迄今为止，我们始终是从客户角度探讨与经纪人之间的关系，但经纪人对你的反应同样重要。比如说，他可能会向你推荐股票，而这只股票的价格随后下跌。他最初提出这个建议的理由可能完全合乎逻辑，而且合情合理，但对一个尽职尽责的经纪人来说，他必定会因为这笔交易产生愧疚感。在这种情况下，你必须及时地告诉他，你不会因为这笔交易而怪罪于他，而且仍然相信他当初的所作所为完全是为你的最大利益着想。如果你不这样做，那么他在下次给你打电话之前就会犹豫不决，尽管他可能对你持股的一家公司掌握了一些有价值的信息，或者准备提出一个盈利前景很好的建议。因此，如果你没有能和经纪人建立起开放、友好、融洽和坦率的关系，就意味着你们之间已经出现了不必要而且无益于创造利润的障碍。

　　因此，你首先需要确定希望经纪人扮演的角色。如果你想让他提供股票研究结果，就应该直言不讳地告诉他。如果你希望他能及时告知订单的执行情况，那就毫无遮掩地让他清楚你的用意。最简单的，你应该考虑清楚自己需要哪些服务或是不需要哪些服务，然后让他知道你的选择。同样重要的，还需要让他也知道你不需要哪些。这样，你就不会因为接受不需要的服务而受到打扰，而他也会把更多时间用来执行你认为更有价值的任务。

基金经理与客户的关系

基金经理（money manager）和客户之间的心理动力和经纪人和客户之间的心理动力是同样重要的。你可能会认为，一旦你把自己的账户交给专业人士打理，你就可以理所当然地赚钱。如果基金经理按他的理念帮你理财，而且执行效果令人满意，这种情况确有可能。不幸的是，这种情况很少发生。在上述章节中，我们就曾强调过，要在金融市场上取得成功，首先需要以既客观又能灵活应对的视角看待事物。当基金经理接受一个新账户时，他不仅仅要完成打败市场和控制自身情绪这两个会让其他人难以驾驭的任务，还面临如何处理好与客户关系的第三大挑战。毫无疑问，这并不是说，基金经理一定要和他的客户针锋相对，形成一种对抗性关系，因为这样的相互关系毕竟难以维持长久。相反，这是一个更加微妙的问题。基金经理经常会反问自己："我的客户到底需要什么？如果我购买 XYZ 公司的股票，然后因为我的观点发生变化而在出售时略有亏损，那么我的客户会怎么想呢？"

　　如果基金经理使用自己的账户进行买卖，他当然不必担心这些事情，因为他只需对自己负责即可。但是在管理客户的账户时，他就会时不时地考虑客户在想什么，担心自己的行为会引起客户的质疑。因此，他在为自己理财时所拥有的客观性，就有可能因为过度担心与客户的关系而大打折扣。尽管客户可能已经研究过基金经理的历史业绩和投资理念，而且双方又有着良好的私人关系，但问题仍旧不可避免。毕竟，很多客户会经常猜测——我的基金经理到底在干什么。

　　客户之所以会把资产交给别人来打理，是因为他们没有时间、专业知识或是能力进行独立投资。如果基金经理是货真价实的专业人士，他就有可能不断采取与大势相悖的策略。他会在出现利空消息时买入，面对利好消息时卖出。如果客户确实对投资没有悟性，那么他们就很有可能与基金经理采取相反的观点。在价格下跌时，市场舆论的氛围总是消极的；因此，我们会看到这样的情形，在刚刚以超低价位买进一些股票后，因为心里觉得不踏实，客户会打电话给基金经理。同样，对基金经理而言，他也会怀疑自己刚刚买进的股票，因为在现实中，真正的底部确实可遇不可求。因此，客户在电话表达的不安情绪会干扰基金经理的判断，并对他的信心造成不利影响。虽然他可能已经鼓起勇气，准备按几近抄底的低廉价格买进更多股票，但这种担忧会使他犹豫不决，然后再等到客户更愿意接受但价位却更高的时候买进股票。

　　客户和基金经理的关系可以通过多种方式影响投资计划的成

功实施。对此，我们可以采用两种方法规避这些陷阱。首先，作为的潜在客户，你务必确保自己的投资目标不仅切合实际，而且与你选择的投资理财公司的投资理念相互一致。其次，一旦决定将操作权交给基金经理，就应该相信他有能力做好自己的工作。一定要克制自己，不要去干涉对方。当然，这也不是说，你不能或是不应定期核查他的业绩并提出意见，但必须在确实出现可疑问题的情况下，才表达自己质疑，只有这样，才能发挥监督和跟踪的益处。尽管媒体和能言善辩的经纪人总会引诱我们相信一夜暴富的天方夜谭，但这种事情在现实中很少发生。信手拈来的利润往往需要正确时间与正确地点天衣无缝地走到一起——但你不能指望这种运气会经常发生在你的身上。

如果比较一下现金、股票和债券的长期表现，你会发现，股票始终是收益率之王。然后，你再分析一下过去100年股票市场的表现，你会发现两个现象：第一，股市在短期内可能极不稳定；其次，投资的时间跨度越长，波动性就越小，收益率就越高。因此，如果你能让基金经理专注于全局，而不是每天让你的烦恼去干扰他，那么他就更可能为你提供你所期待的超常利润。实际上，时间跨度越长，长期（上涨）趋势就越有可能抵消短期内的波动。

如果基金经理在两年之后仍未能给你带来预期收益，那么你就需要重新评估你与他之间的合作关系了。尽管这有可能与他的具体投资理念有关，但摆在面前的事实是，在过去两年中，他给你带来的收益率低于市场平均水平。即便是最出色的投资策略也

有可能出现这个结果，但这的的确确就是现实。比如说，表 10-1
是采用股票晴雨表和债券晴雨表模型得到的股票及债券的总收益
率。我所在的普林格·特纳基金管理集团（Pring Turner Capital
Group）即使用这种模型对客户的投资组合进行资金配置。尽管
这种投资工具的整体业绩相当不错，但如果考虑某些特定时段的
结果——比如 1967 年至 1968 年以及 1980 年的债券收益率，我
们可以看到，它在很多情况下的表现差强人意。这足以表明，即
便是精心设计的投资策略模型，也难免经常与失败为伍。切记，
"万灵丹"这个东西根本就不存在。

表 10-1 股票和债券的历史收益率

历史上的买入信号和卖出信号				
日期	买入	日期	卖出	标普指数 收益（亏损）
1954 年 1 月	25.46	1955 年 6 月	39.78	14.32
1957 年 11 月	40.35	1959 年 2 月	54.77	14.42
1960 年 6 月	57.26	1962 年 4 月	68.05	10.79
1962 年 11 月	60.04	1965 年 2 月	86.75	26.71
1967 年 3 月	89.42	1968 年 7 月	100.30	10.88
1970 年 7 月	75.72	1972 年 11 月	115.05	39.33
1974 年 12 月	67.07	1977 年 9 月	96.23	29.16
1980 年 5 月	107.69	1981 年 3 月	133.19	25.50
1981 年 12 月	123.79	1984 年 1 月	166.76	42.97
1984 年 11 月	165.87	1987 年 7 月	309.47	143.60
1989 年 11 月	340.33	1990 年 8 月	323.47	-16.86
1990 年 12 月	328.33	?	?	?
总收益				340.82
购买/持有收益				298.01
净收益				42.81

（续）

债券晴雨表模型的表现				
日期	买入价位①	日期	卖出价位	%收益（亏损）率
1953 年 10 月	245. 08	1954 年 12 月	232. 67	7. 2
1957 年 8 月	205. 70	1958 年 9 月	200. 42	− 2. 6
1960 年 4 月	183. 60	1961 年 7 月	194. 13	5. 7
1962 年 3 月	189. 72	1963 年 7 月	189. 72	0
1967 年 1 月	175. 37	1967 年 11 月	139. 74	− 20. 3
1970 年 7 月	115. 31	1972 年 10 月	132. 05	14. 5
1974 年 10 月	95. 62	1977 年 8 月	104. 65	9. 4
1980 年 5 月	76. 7	1980 年 11 月	64. 34	− 16. 11
1981 年 11 月	59. 02	1983 年 7 月	69. 07	17. 0
1984 年 11 月	69. 13	1987 年 4 月	95. 94	38. 8
1989 年 7 月	97. 67	1990 年 7 月	93. 27	− 4. 5
1990 年 11 月	93. 54	?	?	?
总收益率				36. 83
购买/持有收益（亏损）率				− 61. 94
晴雨表净收益率				98. 77

① 指数的计算以期限为 20 年、票面利率为 8% 的永续债券为基础。

资料来源：Pring-Turner Capital Group，Walnut Creek，California。

成功来自于勤奋和耐心；这是一个通过复合模型不断积累的过程。在客户和经济管理的关系中，客户的期望对项目成功的重要性比经济管理重要得多。大多数人往往会因为过于乐观而犯错，他们相信，只凭借很小的风险即可博取高回报；而且他们偏爱更稳定的回报，厌恶不可预测的回报。但这必然会引发冲突，因为收益永远是风险的函数，收益越大，风险越高，波动性就越大，因而不可预测性就越强。稳定需要成本，而成本的增加就意味着收益率的下降。克服这个矛盾的唯一方法，就是给基金经理更多的时间，因为只有时间才能熨平波动性，带来更高的风险调整收益率。

客户需求和基金管理人理念的匹配

选择基金经理时的第一个要求，就是让他清楚你追求的投资目标，并尽可能明确你对市场风险和波动的承受能力。这样，基金经理就可以判断，他的哲学是否符合你的投资目标和个性。比如说，你可以告诉他，你打算在 10 年后退休，并要在退休后每年拿到 5 万美元的收入。如果按 8% 的利率计算，你需要在退休时拥有 40 万美元的本金。假设你现在的本金为 10 万美元，要实现这一目标，你需要取得 30 万美元的收益。我们不妨考虑一下历史上的收益率情况：自 1926 年以来，股票的年均总收益率约为 9%，这意味着，要实现这一个目标，基金经理就必须承担高于平均水平的风险。但假如你是个不愿意冒险的人，那么这个目标显然是不切实际的，因而需要修改。因此，在讨论这笔投资时，首先需要明确的是你的风险承受能力，而不是投资的收益目标。风险承受能力会限制可以实现的预期总收益率。在确定风险承受能力之后，就可以根据这个风险水平计算相应的合理收益率。在此基础上，即可设定更可行的投资目标。

如果你的投资目标与基金经理的投资理念相互匹配，那么最重要的就是接受与此相关的其他条款。如果只是接受对方的投资理念，便与基金经理签订委托合同，而没有对其他细节方面进行认定，那么任何分歧都会带来冲突。比如说，如果基金经理采取的是保守投资策略，并将维持委托人本金不贬值作为基本投资原则，那么在高风险小盘股大幅上涨时，你就会对这种坚持安全第一的策略感到失望。当你被其他人在这个市场板块上取得更大收益的消息所笼罩时，那种因为没有参与于其中而产生的挫折感会让你无比失望。但你无权因此而指责基金经理失职，因为高风险小盘股本身就不是他的投资目标。但这种冲突注定会带来麻烦。因此，只有充分接受基金经理的投资理念并始终如一地坚持这个理念，我们才能凭借这种关系取得成功。

尽管没有一位基金经理愿意将潜在客户拒之门外，但如果你们的投资理念和风险承受力相去甚远，那么让你另找高人反倒更符合他的长期利益。无论如何，不开心的客户迟早会离开，难缠的客户会让基金经理筋疲力尽、心力交瘁。毕竟，他们还要关注市场，为其他客户提供服务。因此，如果一味追求扩大客户群，而不考虑客户和自己的匹配性，那么基金经理注定会让所有客户的业绩遭殃。

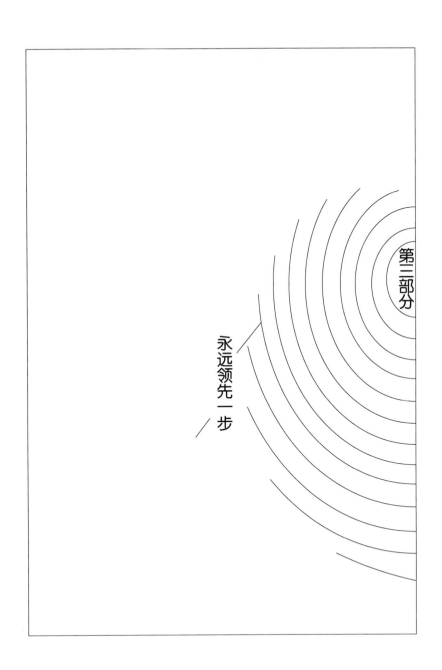

第三部分

永远领先一步

第十一章　是什么成就了伟大的交易者和投资者

　　　　知人者智，自知者明；胜人者有力，自胜者强。

　　　　　　　　　　　　　　　　　　　　　　——老子

　　这个世界上不存在"万灵丹"——也就是说，永远都找不到快速致富的捷径，历史上伟大的交易者和投资者也没有任何秘诀或公式成就其伟业。每个成功的案例都有其独有的特征。有些人的故事其实只是传说、神话或传奇。

　　前纽约洋基队接球手约吉·贝拉（Yogi Berra）有一句名言："只要比赛还没结束，比赛就没有输赢。"这句话不仅适用于体育比赛，也适用于金融界。例如，杰西·利弗莫尔曾经是他所在那个时代的传奇人物，但他在去世时已经破产。在鼎盛时期，利弗莫尔当然是成功交易者的典范；事实上，他曾创造过财富，又失去了财富，最终在饥寒交迫中离开人世。这难道就是我们判断成功的标准吗？这是我们想要的吗？我可不希望这样。

　　问题的关键在于，在我们当中，很多人把金钱视为解决基本内在需求的工具，但是，钱根本就不可能给我们带来这样的安慰。

钱只是暂时的解毒剂，它永远都不能消除我们的不安全感、孤独感或其他精神依赖症。如果你不确定到底是什么阻止你创造财富，那么你就只能做金钱的奴隶。如果你不知道想从金钱中得到什么，那么你就不太可能实现自己的财务目标。要追随真正伟大的交易者和投资者的脚步，你必须改变自己的习惯和态度。否则，你只能止步不前。

在本章开头引用的中国哲学家老子的传世名言，完美总结了这些市场奇才的秘密。他们了解自己，并通过自我认知掌控自己的情感。他们并非完人，也会像我们一样犯错误。但不同之处在于，他们犯错误的成本更低，因为他们知道该如何找到风险更低的策略；在意识到不能达到预期结果时，他们会及时转变方向，摆脱困境。

成功的交易者和投资者不仅自信，而且有强烈的自尊心。他们拥有个人价值感。一个真正成功的交易者或投资者绝对不会无止境地收获认可感；相反，很多人淡泊名利，为人低调。

正如凯瑟琳·格尼（Kathleen Gurney）在 1988 年 3 月出版的《个人投资者》（*Personal Investor*）一书中所言："投资大师善于控制：他们了解自己，更了解自己的投资风格。他们知道自己是谁，了解自己的过去，知道自己的目标。他们对金钱的认识既积极，又安全。"格尼还指出，正是这种自我保护，才能让他们确保自己的决策是正确的。

在《金钱的主人》（*Money Masters*）一书中，约翰·特雷恩（John Train）再次重申了这个观点——市场上没有任何成功秘诀。他认为，从根本上说，成功投资者的标志是两种投资态度：他们可以凭借全身心的专注力和富于创造性的想象力进行研究，用显微镜的视角去认知世界；或是将他们的工作视为"对未来学的一种审慎练习——比普通人向未知世界更进一步。"诚然，特雷恩还反驳了将成功归功于运气的观点。确实，有些人在正确的时间出现在正确的地方，从而创造出了令人赞叹的伟业。但只有通过勤奋工作、认真钻研和始终如一的业绩，才能长期名列前茅。

勤奋工作和用智慧工作是不同的事情。在成名作《巅峰表现》(*Peak Performers*) 一书中，查尔斯·加菲尔德博士（Dr. Charles Garfield）通过对商界、体育界、艺术界和教育界领域 300 多名成功人士的采访，得出了自己的结论。他发现，沉迷于辛勤劳作的工作狂和致力于成功的顶级执行者之间存在着巨大差异。在这本书中，他罗列出了顶级执行者所共有的六个基本特征。鉴于这些特征是所有领域取得成功的共同属性——也包括投资和交易，因此，我们有必要再做归纳。

1　**致力于达成使命**。作为成功的终极源泉，这个特征是所有受访者的共同认识。在确定他们的任务时，顶级执行者首先需要决定自己关心的是什么，以及他们想要达成的目标是什么。他们的使命动机并不取决于专业特长，而是基于偏好的个人选择。

2　**切实可行的结果**。顶级执行者善于制定现实可行而且是可衡量的目标，并通过有针对性的行为去实现这个目标。

3　**通过自我控制实现自我管理**。每个顶级执行者都能展示出认识自己、善于反思的能力，这种能力既需要他们把握大局，又能专注细节。调查参与者还能利用心理排练方法，首先在心理上感受一个事件最有可能出现的预期结果以及实现这个结果的最有效方式。

4　**团队建设与团队合作**。这个特征在那些善于单独行动的交易者和投资者中并不常见。但是在需要将投资职能授权给单独部门的大型组织中，这却是一个重要特征。团队领导者必须善于激励和授权，拓展其他人的能力，鼓励采取有节制的冒险行为。

5　**路径纠正**。这个特征是指启动变革以及从以往错误中汲取教训的能力。

6　**管理变更**。顶级执行者能预测和处理因新兴技术或其他因素引发的快速外部变化，并通过替代模型预测各种有可能出现的结果。

通过对这些结论的归纳，加菲尔德指出，真正能激励每个人发挥其才能的动力，是他们对价值的强烈追求。"这些价值构成了一个人和组织最传统、也是最真实的品质，它们是一个人撬动全部内在动力去追求卓越、必达使命的支点。"

心理学家范·萨普（Van Tharp）博士长期研究业绩优异者的心理特征，并接触了大批成功的交易者。他对其中的很多人进行了心理测试，以确定他们的成功与特定人格特质之间是否存在相关性。

萨普的研究主要涉及三个基本领域：心理学、管理学和决策学。他通过研究发现，在心理结构方面，成功的交易者拥有完整的个人生活、积极的人生态度和强烈的赚钱动机。此外，他们善于克制内心冲突，而且愿意对结果负责。萨普发现，风险控制和耐心是管理学领域的两个关键要素。最后，合理决策的基础是对技术因素和市场有正确的理解，能够做出无偏见的选择，并利用这种能力进行独立思考。

此外，萨普的研究还揭示了失败交易者共同的特征。他们似乎都表现出高度紧张的情绪，这种特质削弱了他们做出正确决定的能力。他们大多数还是悲观主义者，存在明显的人格冲突，并在出现问题时喜欢推脱责任。此外，失败者往往是群体的追随者，在遇到挫折时容易气馁，缺乏可遵循的一套规则。这位心理学家强调，失败的交易者并不需要表现出所有这些特征，具备其中一两项就足以让他们远离成功。

就总体而言，萨普的研究证实了本章所述专业人士提出的很多观点。与萨普一样，这些专家也归纳出了成功交易者和投资者的共同认识（尽管并不是每个人都接受这些观点）：

- 钱本身并不重要。
- 交易或投资就是一场游戏，一种爱好，因此，"热爱"重于其他所有因素。
- 利润只是这场游戏的附带收获。
- 既然是在市场玩游戏，赔钱就不可避免。

- 心理排练有助于预测所有可能出现的结果。

- 高度的自信让他们能说服自己，在游戏尚未开始之前，他们已经成为游戏中的"胜利者"。

当然，有理由的自信和毫无依据的自信还是很大区别的。有理由的自信来自一系列相互依托的信念，这些信念通常体现在经过实践充分检验的方法或交易策略中。有根据的自信源于对成功的执着追求。这意味着，你首先要确信，自己所追求的目标是合理可行的，而且准备为实现这个目标付出代价。

另一个极端：为什么明星会自杀

了解事情的另一面，并分析明星为什么倾向于采取自杀行为，可以让我们对成功交易者和投资者的动机有更好的了解。这种倾向的两个典型示例就是知名艺人"猫王"埃尔维斯·普雷斯利和玛丽莲·梦露。两个人都在流行艺术领域赢得了前所未有的国际声誉、不计其数的财富，更有数百万顶礼膜拜的粉丝。但可悲的是，他们都因为过量吸食毒品而丧命。

在 1990 年《新视界》(*New Dimensions*) 发表的一篇文章中，罗伊·马斯特斯 (Roy Masters) 探讨了这种看似显而易见的心理陷阱。他指出，这些有自杀倾向明星的个性特质完全不同于成功的市场操作者。那些金融奇才善于总结自身行为，并从中体验到安全和愉悦。他们很清楚，如果带着心理包袱，他们的目标将无法实现；因此，他们始终在有意无意地进行自我反省和自我纠正，从而不断地完善自己。

另一方面，正如马斯特斯所言，明星最终成为其自身成功的受害者和牺牲品。我们知道，所有人都渴望被爱，但作者认为："对这些明星来说，他们希望被每个人无条件地热爱，希望总有人们在身边告诉他们——你非常优秀，永远不会犯错。这种心态会带来一种无法解释的负面影响，甚至是破坏性的。"为此，他提出警告，这种状态会强化一个人最恶劣的品性。这些具有自我毁灭倾向的明星之所以会寻求这种无条件的被爱和崇拜，最根本的原因很可能就是想回避他们面对的问题。最终，他们会发现，这种"成功"终将背叛，因为他们仍然要面对现实。即使有了这种爱和崇拜，他们的内心依旧痛苦、内疚或是愤怒。但正如马斯特斯所说的那样："他们已经没有其他可以寻找慰藉和快乐的地方了。"那是一种"高处不胜寒"的感觉，因此，这种成功并没有给他们带来满足；而更悲惨的是，他们总会开始走下坡路。

在文章接近末尾的一个段落中，马斯特斯归纳了成为一名成功市场操作者所需要的基本素质。"与常见观点相悖的是，追求名利、巨额财富或权力本身并没有错误。但只有具备极强的克制力和极其成熟的心态，人们才能在处理和维持权力和财富的过程中，不至于走向疯狂。而这种成熟则是在循序渐进的过程中形成的。"实际上，马斯特斯的意思是说，这些有自杀倾向的明星从不总结过去的行为，摆脱过去行为的纠结，而那些拥有长期成功历史的交易者和投资者则恰恰相反。明星为获取财富所投入的精力更少，而且他们的致富之路也更快捷；而市场操作者在成名之前，往往都经历过破产，甚至濒临崩溃边缘。他们为成功付出过代价，但善于从错误中汲取教训，而明星只需暂时掩盖问题就能获得成功。但是在光鲜亮丽外表下，这些问题迟早会带来更大的破坏。

伟大交易者和投资者的共同属性

成为市场精英的方法中并没有什么秘密。其中的规则和内涵也是本书的主题。如果研究成功者（无论现代精英还是历史上的成功人物）的操作手法和经营方法，那么我们会找到某些相同的基本特征。我们将在下文里探讨几个案例，在此之前，我们先来看看针对这些共同特征的一些观点。在某种意义上可以说，我只是在重复本章前面概述的一些基本原则，但这些原则的确非常重要，因而，无论怎样强调都不为过。

第一，所有成功的市场操作者之所以热爱市场，享受他们在市场中的操作方式，并不是因为他们幻想着财富，而是因为他们神奇的心理工作机制，以及面对的挑战。按照《华尔街日报》大宗商品专家斯坦利·安格里斯特（Stanley Angrist）的说法："（成功的交易者）从事这个事业的理由有着惊人的相似之处。比如说，几乎所有人都声称，他们不是为了钱而交易，而是把市场看作一场变幻莫测、充满挑战的游戏。现在，他们已经富有，而且也有足够的风险承受能力，因而有资格采取这样的态度。"

在对杰西·利弗莫尔的一次公开采访中，理查德·威科夫

（Richard Wyckoff）指出，这位知名投资大师的市场操作方式完全类似于商人，他能"准确预见到某些商品的未来需求，然后购买生产线，并耐心等待他赚钱的时机到来。"他引用利弗莫尔的话说："成功没有任何秘诀。如果没有掌握经济学基本知识，洞察方方面面的一草一木，任何人都无法成功。"

对于我们这些凡人来说，这些话揭示出这样一个观点：如果我们纯粹是为追求收益而进行交易，那么我们就是在人为降低成功的概率。实际上，任何过度情绪化的人都不可能去想方设法地维持客观性。在这种情况下，最好是努力克服这种对金钱的本能性欲望，减少不必要的情绪化交易，或是投资建立小规模仓位，以减少资金承受的风险。只有认识到市场本身就是一种挑战时，我们才能采取更激进的做法。

第二个特点体现为，几乎所有成功的交易者和投资者都是独行侠。 在某种程度上，他们必须这样做，因为他们经常需要与大多数人或是市场共识观点相悖而行。为了低买高卖，他们不仅需要抵御从众心理的诱惑，还要敢于站在大多数人的对立面。当然，仅仅做一个独行侠还远远不够。他们还必须是富于创造力和想象力的独立思考者。仅仅是为了做逆向操作者而去反对一切，是没有任何实际意义的。投资者还需要对群体可能出错的原因做出解释，并对所有可能出现的替代结果做出预测。因此，这些大师需要有能力或是诀窍为他们的逆向操作寻找理由。只有这样，他们才有信心维持自己的立场，敢于顶着潮流逆势而上。

第三，所有伟大投资者和交易者都有自己的某种理念或是方

法。有句古语说，条条大路通罗马，但这些道路不可能都有相同的起点。在研究这些大师遵循的估值交易策略和投资方法时，我们发现，他们都有着相同的目标——那就是创造财富，但他们为实现目标所采取的路径却截然不同。投资者采取何种方法并不重要，重要的是这种方法一定得是有效的。所有大师在使用自己的方法时都有着亲切感。因为他对自己的方法得心应手，因而愿意去研究它，去完善它，并最终达成使用效率的最大化。实际上，他必须全身心地投入到自己所选择的行当中，只有这样，才有可能真正地做到出类拔萃。

第四，要想在市场上取得成功，投资者不仅必须有高度的自律性，还需要有足够的耐心。这个建议听起来似乎很简单，但是要诉诸实践就没那么容易了。自律意味着，你必须不断地去收集新的事实和证据，在市场上坚守自己的规则。这在短期内不难实现，但贵在持之以恒。而唯一的解决方案就是一次又一次实践，直到成为习惯。

即便是猜想，我们也能想到，从一辆高速飞奔的汽车上跳下去很可能会让你受到严重伤害。同样，将规则置之脑后，完全不计后果地进行非理性交易，也会让你的财务状况遭到破坏性伤害。两者之间的不同之处在于，我们很容易设想高速行驶汽车带来的危险，而盲目交易带来的后果有多么可怕，或许就没那么明显了。你可以一遍一遍地阅读这段文字并认同其中的每个字，但没有经历过亏损的痛苦，你永远都不会害怕违反规则的交易。

此外，所有优秀的交易者和投资者都拥有超强的耐心。食肉动物会耐心等待猎物的出现，为捕杀猎物做好准备，只有在时机成熟并占得先机时，它才会一跃而出，扑向猎物。成熟的市场操作者也会以类似方式与市场搏杀。他们不会单纯为了交易而交易或投资，也不会因为需要钱才去交易。相反，只有在合适的时机和环境出现时，他们才会采取行动。

这背后没有什么神秘的。不妨考虑日常生活中种植蔬菜的例子。园丁根据以往的经验知道，最佳的播种时间是春季。到夏天再播种显然太晚了，而在秋天或是冬天播种自然也就没有意义了。这个道理对所有人来说都是显而易见的。我们都知道，要收获最好的结果，我们就必须学会耐心地等到春暖花开，因为只有在这个季节，蔬菜才能迎来最有利的生长条件。但是，不管我们多么迫切地想得到这些蔬菜，我们都应该很清楚，在冬天播种绝对是疯狂的举动，因为在这个季节，种子根本就没有生存的机会。

具有讽刺意味的是，尽管市场中的危险同样巨大，但我们却鲜有那样的耐心去等待，因为我们没有意识到在错误时间进入市场的危险。如果真的能像理性人那样意识到风险的存在，那么我们自然就等待合适的时机，就像等待春天播种一样。我们没有认识到焦虑急躁的危害性，而这恰恰是我们与市场精英的最大差别所在。他们能感受和理解那些普通人想不到的威胁。

第五，所有伟大的市场操作者都是现实主义者。无论你从事的是交易还是投资，一旦在建仓之后，即使出了问题，我们也会受到一种看不见的诱惑，让我们自欺欺人地认为一切顺利。而这种自我安慰式的心态在成功的市场参与者身上很少见到，甚至根本就不存在。因为他们总能及时识别形势的变化，并清醒地认识到，继续持仓的理由已不复存在。他们不会死守着某个观点一成不变，而且不害怕承认错误、接受损失，尽管那个时刻可能很痛苦。在这个过程中，他们认识到，坚持下去只会带来更大的痛苦。这意味着，他们唯一虔诚遵守的原则就是"减少损失，也是一种生活"。当投资出现亏损时，我们中的大多数人都会不去面对这个事实。我们会一厢情愿地希望，形势会有所好转，但却很少反问自己："如果我现在有钱，还会投资 XYZ 公司吗？"即使考虑到这个问题，我们也总能给自己找到一大堆理由，为继续持有这只股票寻找借口——比如说，除息日即将到来，退出投资还要花一笔中介费，总之，理由不难找到。

在《金钱的主人》中，约翰·特雷恩引用了波士顿机构投资者协会会长保罗·卡博特（Paul Cabot）的一句话："首先，你必须掌握所有事实，然后，你还要面对这些事实……而不是痴心妄想。"此外，他还进一步指出："如果你没有经历过现实的方方面面，你就不可能成为一个名副其实的现实主义者，这意味着，你必须达到一定的年龄……年纪越大，你就越有可能认识到，即便是到了嘴边的鸭子也会飞走。"

第六，所有成功的市场操作者似乎都善于把事情想到前面，并对未来做出理性预测。这并不是说，这些人拥有我们平常人所没有的第六感；实际上，这个过程更像是对可能出现的情景进行的心理排练，从而在思维中对未来做出合理的判断。我们大多数人都认为，当前的形势以及市场价格的主流趋势必将无止境地延续下去。另一方面，真正伟大的市场艺术家始终着眼于未来，预测可能导致主流趋势发生逆转的任何风吹草动。这些精英并不比我们其他人聪明很多，更没有未卜先知的天赋。相反，长期的阅历训练了他们，让他们始终对现状保持怀疑态度并合理预测未来可能发生的各种变化。

实际上，这种训练是他们对下次活动进行的一种心理预演。借助这种预演，他们可以分析所有可能发生的情况，放弃不太可能或者可能性很小的结果。然后，在条件出现变化时，他们就能随机应变，及时把握机会。因此，在坚持基本规则的前提下，以适当的灵活性应对未来的种种可能，才让成功的市场操作者免受各种意外因素的干扰。

市场精英的典范及其理念与成功之道

从本质上说，成功的交易者和投资者具有相似的特征。在下文中，我们将逐一探讨这些大师的成功之道，之所以采用个案形式进行分析，是因为他们的投资交易策略在时间框架和方法上相去甚远。最终，我们从诸多案例中找出最具代表性的五位大师级人物。选择他们的原因，是因为他们以毫无保留的方式分享了自己的投资理念及策略。为此，我们应向这些大师致以敬意。

投资大师

沃伦·巴菲特

在《金钱的主人》一书中，作者约翰·特雷恩将沃伦·巴菲特称为"投资者中的投资者"。这绝对是一个实至名归的称号。巴菲特早在1956年就曾创建了一家合伙公司，到这家公司在1969年解散时，他最初投入的1万美元本金已增加到30万美元。那一年，他解散了这家合伙公司，并开始专注对其他公司的投资。其中最有名的莫过于在伯克希尔·哈撒韦公司持有的控股权，这家公司最初从事纺织业务，后来转型为控股公司。而这家公司的股票价格则从1971年的每股38美元上涨到90年代初期的每股9 000美元。

除了创造财富的天赋之外，巴菲特的另一个过人之处，就是他乐于将自己的心得和经验与其他股东分享。他每年致伯克希尔·哈撒韦股东的信已成为投资界的"圣经"，为全球投资者竞相传阅。此外，他以前还致信给最初那家合伙公司的股东。每年，他都会向股东传达如下信息：

> 虽然我不能向我的合作伙伴承诺任何结果，但我至少能够而且也确实做出了这样的承诺：
>
> 1　我们选择投资对象的根据是价值，而不是人气。
>
> 2　我们管理投资对象的目标是将永久性资本损失

（而非短期价格损失）降至最低。

在这些信件中，巴菲特告诉他的股东，他是一个价值投资者、逆向投资者和长期投资者。他认为，资本保值是最重要的投资目标。

成功投资者的一个重要特征是，当条件不利于他选择的方法时，他会主动远离市场。1969年，当市场上鲜有廉价股票而且投机活动极度猖獗时，巴菲特曾在致股东信中告诉他的合伙人：

> 我基本上是跟不上目前的形势了……但有一点，我是非常清楚的。我绝不会放弃自己以前投资的方法，因为我很清楚这种方法的逻辑，尽管这需要我放弃貌似唾手可得的大把利润，但我不可能接受一种我不能完全理解而且在实践中尚未有成功证据的方法，因为这有可能会给资本带来严重的永久性损失。

这些观点极具启示性，因为它们表明，巴菲特的目标就是遵守那些他深刻理解并曾给他带来成功的规则。猜谜游戏也可以让他赚钱，但他决定反对这么做，因为他知道，一旦出现问题，他可能无法全身而退。再次，他不愿意拿合伙人的资本去冒险。此外，这些观点还显示出，他甘愿在静默中熬过暴风雨，耐心等待廉价股票浮出水面；因为在投机狂潮中，好公司和坏公司鱼龙混杂，无从辨别，只有待潮水退却后，才能分辨良莠。

在巴菲特看来，如下六个特征是成功投资所不可或缺的基本前提：

1　必须控制贪婪带来的刺激和投资过程的诱惑，以理性的目标为动力。他认为，过度的贪婪会让你丧失自我，但没有贪婪也无法唤醒你的斗志。

2 必须要有耐心。他为投资选择的时间跨度远比普通投资者长很多。他认为，我们买进一家公司的股票，应该是为了永久拥有这只股票，而不是因为你觉得股价会涨。他的基本观点是，如果你认为自己理解这家公司，并以合理价格买入它的股票，那么你迟早会等到股票升值那一天。

3 一定要独立思考。他认为，如果你对自己的决定了解得还不够，那么就不应该做出任何决定。此外，他还引用本杰明·格雷厄姆（基本面分析的鼻祖）的话："其他人是否同意你的观点，这个事实本身不会影响你的结论对错。如果你采用的事实和推理是正确的，那么你就是正确的。"

4 你必须从知识中得到安全感和自信，而不是凭借一时的鲁莽或任性寻找自尊。实际上，他一直在告诫我们，如果我们因为考虑得不够透彻而对自己的决定没有把握；那么一旦价格走势不利，我们就有可能惊慌失措。

5 对于我们不了解的事情，不妨接受它。

6 灵活对待我们所持股的业务类型，但千万不能过分关注。

此外，巴菲特还曾告诉特雷恩，一家健康的公司应具有如下11个特征。尽管这些特征似乎超出本书的讨论范围，但强调一下它的重要性还是有必要的。巴菲特认为，一家好公司应是这样的：

1　有良好的资本收益率。

2　能带来现金形式的利润。

3　业务可以理解。

4　拥有强大的特许经营权，因而有自由的定价权。

5　没有天才也一样能正常运行。

6　能提供可预测的收益。

7　不是天然的监管目标。

8　存货水平较低，而资产周转率较高。

9　应采用以所有者为导向的管理。

10　存货及有形固定资产的总收益率较高。

11　增长率高于其他企业且本身需要的资本金较小。

约翰·邓普顿（John Templeton）

约翰·邓普顿在投资领域的声誉主要来自旗下邓普顿成长基金（Templeton Growth Fund）的成功，该基金在 1958 年至 1978 年期间增长了 20 倍。如果考虑到全部利润分配再投资带来的收益，该基金显然是这段时期表现最佳的基金。这段经历标志着他在事业上的巅峰，但即便在此之前和之后，邓普顿仍有很多可圈可点的过人之处。

在诸多投资大师中，邓普顿与众不同、同时也是最令人钦佩的一件事，就是他建立了一只捐赠基金，每年向宗教界进步人士颁奖。他将精神上的成长比作园艺——如果你发现了一棵杂草，就需要马上拔掉；同样，如果发现一种不良思想或情绪，那就立即铲除。

他的理念基于这样一个前提：只买别人不买的股票，而且持有期平均应达到四年。他建议，投资者应放眼诸多市场，寻找那些市场价格与真实价值之比最小的公司。他认为，只有在那些完全被忽视而且分析师和其他投资者甚至不会考虑的公司中，才有可能找到这样的股票。

正如我所指出的那样，成功投资的一个关键，就是保持客观性。而实现这个目标的一种方法，就是让自己免受街头八卦和不请自到的经纪人的影响。约翰·邓普顿居住在巴哈马，他明确禁止经纪人打电话给他，如认为有他希望知道的事情，也要写成书面形式发给他。在《金钱的主人》一书中，作者约翰·特雷恩告诉我们，"（邓普顿）这所带门廊的白色房子远离尘嚣，高大而冷峻。在这里，听不到证券交易所里的嘈杂和喧嚣，两者之间的距离感觉远似光年。这所房子本身以及房子中的全部家具装潢，似乎都在用素雅的沉静抗议所有的狂热和纷乱。"

灵活是邓普顿与其他杰出投资者共有的另一个特征。他是全球市场的先驱，在全球化投资还未流行时，他就已经选择投资于价值被低估的日本股票市场了。

大多数成功投资者拥有的另一个品质就是坚持和始终如一的精神。例如，在《基金界》（Fundscope）排位的 400 家基金机构中，按照在牛市行情中的收益率排名，邓普顿成长基金名列前20 位；按照在熊市行情中的收益率排名，邓普顿成长基金更是位列前五名。如果考虑到其中的很多基金还持有债券，这样的表现就更加令人赞叹了，因为这些债券在经济下滑时期受到的负面影响不像股票那么明显。

通过对除巴菲特和邓普顿之外其他成功投资者的生活方式、信仰和投资理念进行研究，我们还可以发现，耐心、灵活性和勤奋是实现成功所不可或缺的品质。对这些长期投资者而言，独守清净不难做到，但对我们将要谈到的那些交易大师来说，显然就绝非易事了。在《金钱的主人》一书中，作者特雷恩总结了八位著名投资者的职业生涯，并得出结论：他们在实践中采用了如下 11 种制胜战略。

1　只考虑你熟悉的好公司，并通过购买股票参与这家公司的运营。换句话说，你买的是企业的业务，只要你对这家公司的研究足够细致，股价的事情就不用操心了。

2　买入不被其他人关注的股票——尤其是有问题的股票。

3　要有耐心。不要因为暂时的市场波动而变得惊慌失措。

4　你做的事情是投资，而不是猜测。选股不当，必然会让你付出代价。如果你因为没有进行适当的研究而对某只股票缺乏信心，那么当股票价格下挫时，你很有可能会遭受打击。

5　高收益往往是个陷阱。任何成长型企业都需要把全部现金流用于再投资，而高股息会使企业丧失这样的增长机会。

6　只买入目前价格水平较低的股票，或者即使目前价格不低，但注定会因快速上涨而让目前价格仍算得上便宜的股票。

7　如果这个大盘处于高位，那就不要投资。

8　密切关注股票大师们的一举一动。

9　如果你难以对一家公司进行分析，那就需要咨询专业投资机构。

10　选一种适合自己的投资战略，然后坚持到底。

11　保持足够的灵活性。

交易者

交易者的时间窗口小得多，而压力则会因杠杆因素而大得多。与投资相比，交易需要持续关注市场价格，因而需要投入更大的精力。因此，我们发现，交易更适合年轻人，这一点和投资恰恰相反。在这里，我们介绍的是杰克·施瓦格（Jack Schwager）在其代表作《金融怪才》（*Market Wizards*）一书中提到的两位交易大师。

艾德·塞柯塔（Ed Seykota）

塞柯塔居住在内华达州的塔霍湖附近。在 1972 年至 1988 年期间，他管理的一个 5 000 美元账户实现了 250 000% 的收益率——这绝对是一个令人瞠目结舌的业绩，也让他一战成名。在采访完塞柯塔之后，施瓦格得出的结论是：塞柯塔不仅从中体会到生命的意义，而且过着自己想要的生活。这再次印证了我们之前说过的：相比于那些自甘堕落的明星，成功的投资者和交易者有强烈的自尊心，而且他们喜欢自己做的事情。虽然塞柯塔没有巴菲特和邓普顿那样的投资理念，而是依赖计算机生成的趋势跟随系统。他使用这个系统筛选买入和卖出信号，然后再按自己的判断，确定如何利用这些信息。这就是他的投资哲学。

提到他的交易原则时，塞柯塔的回答是："首先是止损；其次还是止损，总之，唯一的原则就是止损。"换句话说，它就是"资本保值"的另一种说法。道理很简单，如果能做到这一点，你至少还有机会去参加下一场战斗。塞柯塔采用的另一种资金管理技术更简单：一旦开户，便立即设定保护性止损点。按照这种方法，他的决策是否正确，便全由市场决定了。此外，为了保住本金，他将每一笔交易的规模限制在净资产的5%以下。

而在被问及处理连续交易失败的对策时，塞柯塔指出，他会停止交易，直至全部清盘。他认为，任何"赢回来"的企图都是致命的。随后，塞柯塔还主动地提到，很多交易者有一种不良趋势，那就是以情绪化方式对待亏损，并试图以加大仓位的手段填平亏损，但这么做很可能会让他们付出更惨重的代价。这种方式注定会得不偿失，因为它几乎已经完全抛弃了客观性。这些交易者完全不了解市场，因为在他们看来，这是一个低风险策略。于是，他们不仅不及时收手，还会加大杠杆，希望借此尽快填平损失。

塞柯塔的交易规则是：

1　及时止损。

2　及时锁定利润。

3　减少仓位规模。

4　义无反顾地坚守规则。

5　明确打破规则的前提。

后两点看上去似乎有点自相矛盾，但是和其他交易者一样，塞柯塔也是一个追求自我完善的人。他深信，一个交易者必须深刻理解自己采用的交易方法以及决定这些方法的规则。然而，自我完善过程的一个重要环节就是不断追求突破和进步；而突破往往就意味着需要打破旧的规则，并以新的规则取而代之。我们将在第十二章的最后部分讨论这个话题。

最后，塞柯塔将自己的成功总结为如下这句话："我感觉，我的成功就源于对市场的热爱。我不是一个随意的交易者。交易就是我的生活，我对交易充满激情。它不仅仅是我的一种爱好，也是我为自己选择的职业。毫无疑问，我认为它就是我生活的一部分。"

保罗·都铎·琼斯（Paul Tudor Jones）

保罗·都铎·琼斯代表的是另一类令人匪夷所思的成功故事。在纽约棉花交易所初战告捷之后，他在1984年离开成立了自己的投资公司。1988年年底，他管理的每1 000美元初始投资已升值到17 000美元。由于他管理的基金增长迅猛，以至于客户已经把定期收取利润当成了习惯；这不仅降低了他的管理费用，也让他能更好地管理基金。在很多同行不计代价赚取佣金已成为常态的大环境下，他的做法确实令人称道。在我们提到的几位市场精英中，这种不偏不倚的态度和对金钱的超然也是他们的一个重要特征。

在接受杰克·施瓦格的采访时，琼斯将他采用的交易规则归纳如下：

> 不要企图填平损失。在业绩不佳时，你需要做的事情就是减少交易量；而业绩良好时，你可以顺势增加交易量。切勿根据你无法控制的事件进行交易，譬如一份重大经济报告。

> 如果亏损让你觉得难以忍受，那就干脆清仓，因为你总还有机会回来。没有什么事情比还有机会重新更好的了。

> 不要过分纠结于建仓时的市场行情。最关键的问题，是你在那天对买进的仓位是看涨还是看跌……谁会在乎我买入股票时的价位呢？这和眼下市场是看涨还是看跌，或是当时多头仓位的风险/收益特征没有任何关系。

> 最重要的交易规则就是要有稳健的防守措施，而不是强大的进攻手段。我每天都假设自己的仓位是错误的。（如果仓位）已发生亏损的话，我还有及时止损、清仓撤出的计划。

> 不要梦想着成为英雄。永远不要过于自负，个人主义在市场上永无立足之地。永远不要过分相信自己和自

己的能力。永远不要认为你非常优秀。如果你真这么想的话，那你死定了。

上面的五段话不仅汇聚了琼斯的思维精髓，也是对其他伟大交易者基本特质的高度概括。例如，强调防守的想法，实际上就是坚守"资本保值"这个第一目标的另一种说法。"我每天都假设自己的仓位是错误的"这句话也是一样的。后来，施瓦格请琼斯为入门级交易者提一条建议的时候，琼斯以同样的逻辑回答："不要只想着赚钱，还是先想着如何守住手头的东西吧。"他认为自己是个市场机会主义者，他的每个策略都根据市场形势而定，并尽可能以低风险的策略去执行这个策略，除非他的观点被市场多次否定，或是他主动改变策略。

如第四章所述，自负可能会带来毁灭性经济损失。当施瓦格问及他有哪些与众不同之处时，琼斯认为："我从不在意三秒钟前犯的错误。我只关心下一步该怎样做。我尽量不对任何市场形成情感依赖。我会尽可能不让以前的市场记录影响到现在的判断。"

最后这句话尤为令人赞叹，因为很少有人会不担心自己以前的业绩。它体现出投资者具有改变思维的能力，而不会仅仅因为曾经笃信某个观点便一成不变地去坚持它。毕竟，灵活性是所有伟大交易者在心理上始终拥有的一个优点。忠诚是一种美德，而背叛表现不佳的市场同样值得推崇。对此，我们不妨再次引用琼斯的话："（减少对市场的情感依恋）很重要，因为这可以给你提供更大的思维空间，让你看清究竟发生了什么。它可以让你清除历史记录的干扰，有机会从头开始，对特定市场做出正确的预测。"

罗伯特·普莱切特（Robert Prechter）

很难将罗伯特·普莱切特归入伟大交易者的行列，因为他最主要的职业是撰写市场通讯。然而，凭借旗下管理的一个期权账户在四个月内实现440%的收益率，他居然在1984年登上美国交易排行榜的榜首位置，这绝对一个是空前绝后的纪录。这样的业绩虽不能和巴菲特、塞柯塔或是琼斯相提并论，但很多成功的交易者还是开始订购他的市场通讯，并采纳他的"艾略特波浪法"（Elliott Wave Methodology）。更重要的是，他的方法脉络清晰，并为用户提供一份交易标准列表（而不是只提供交易规则）。

我已经概括了普莱切特提出的几点，但这只是强调成为一名优秀交易者所需要的某些特征或要求。每当看到这些特征出现在更多成功者的身上时，我们就越能感受到，它们对成功来说是多么的重要。以下是普莱切特提出的交易要求。

1. **方法**。对于"方法"这个词，普莱切特强调的是一种从客观角度做出定义并有助于制定交易决策的机制。对此，巴菲特和邓普顿采用的方法就是买入拥有高增长潜力和低估值的企业这样一个简单概念。塞柯塔采用的则是基本面分析加技术分析体系。所有投资大师和市场精英都有其赖以决策的基本方法或理念。尽管无一完美无缺，但只要运用得当，就可以为使用者带来可观的回报。

2. **符合基本方法的原则**。我们在此前已深入讨论过纪律，因而没有必要再次做进一步赘述，唯一需要提醒的就是普莱切特说过的那句话："没有原则，你就不可能有方法。"

3. **以强大的精神堡垒坦然接受失败，是这个游戏中不可分割的一部分。** 大多数人会把失败的责任归咎于外部因素，内幕交易、意外的新闻事件或是股票操纵者等，都是人们屡试不爽的借口；但却不愿意承认，亏损也是这个游戏的一部分。既然我们不能指望击球手击中每一个球，那为什么还要期望我们能在每次交易中都能盈利呢？对此，普莱切特认为，我们不仅应该学会接受损失，还要学会通过合理的资金管理来预测损失。

4. **以强大的精神堡垒淡然面对胜利。** 对此，普莱切特是这样说的："利润是不求自来的。"可以用一个例子来解释这句话：你进行了一系列小笔交易，这些交易的结果参差不齐，有赔有赚。随后，你完成了一个大手笔，赚到两倍于正常情况的利润。于是，你最好的朋友和经纪人都劝你，不要太贪婪，适可而止；但你采用的系统或方法却有可能告诉你，等下去；而在清仓退出时，你发现这个系统根本就不能帮你赚钱，那么这个系统自然让你难以在市场上维系下去。

毫无疑问，本章略有重复，但这些反复强调的内容显然是有必要的。我们对杰出交易者或投资者的特征强调得越多，这些特征的可信度就越强。而这些特征越可信，我们就越有可能效仿。最艰难的挑战无疑是我们能否认识到，这些财富大师在游戏中追求的并不是金钱，而是这场游戏带来的挑战以及他们征服这一挑战的激情。这正是卓越者的与众不同之处，因为我们走进市场的第一目的是金钱，然后才是这场游戏带来的挑战和激情。

第十二章 创造超额收益的 19 条交易规则

　　我们在前面的章节指出，市场已经习惯于发现我们的弱点，并最大限度地利用这些弱点盘剥我们的财富。成功的交易者不仅知道市场的运行规则，而且善于将这些规则融入行动，并在实践中始终如一地坚持这些规则。在市场上，交易的本质就是应对概率和打败赔率的过程。因此，任何市场参与者都必须通过有意识的努力，建立起某种有助于掌控情绪的体系。如果在建立交易头寸或是进行长期投资之前，你能认识到自己的问题，那么，你就更有可能发现形形色色的陷阱，做到有备无患。在本章里，我们将介绍一些有助于达到这个目标的规则。但需要记住的是，仅仅从字面上阅读和理解规则还远远不够，必须学会将这些规则诉诸实践。

　　尽管这里概括的规则并不能代表全部，但它们却是最重要的规则。我们不妨假设，在这个阶段，我们已经掌握了一些关于市场运行方式的基本知识，以及制定交易决策的基础方法，这种方法既可以是技术分析法或基本面分析法，也可以是行为分析法。选择哪一种具体方法并不重要，关键的是它已经得到实践的验证，而且适合你自己。条条大路通罗马（即，发现真理），但每条路的路径各不相同。我们选择的方法依赖于市场的具体情况。尽管所有方法都以追求利润最大化为终极目标，但我们还是要选择适合自己的路径。即便是知名交易大师或是市场通讯作者的方法，但假如你不能得心应手地使用它；那么这种方法对你就没有意义，因为一旦形势对你不利——而且这种情况必定会出现，你就很难坚持下去。此外，如果你非常幸运，选择了一种让你感到流畅自如的交易风格或是方法，那么你就有动力去使用和钻研这种方法。

选择一种方法往往并不困难；难的是将这种方法运用到实践中。掌握情绪是所有方法的基本目标之一。一旦你在市场上建立仓位，我们很容易以自欺欺人的心态，忽视任何损失的可能性。比如说，你按 350 美元的价格买入一份黄金合约，并预计每份合约的价格会上涨到 370 美元。但意外的是，合约下跌至 345 美元。按照媒体的说法，价格下跌原因是俄罗斯的大量抛售（毕竟，媒体必须给价格变动找到一个借口）。大多数人在这一刻的心理反应是，抛售可能已经结束。毕竟，假如俄罗斯人还没开始抛售黄金，他们为什么要宣布自己是主要卖家呢？因此，价格反弹的预期开始取代最初的分析，为投资者继续加仓提供了价格上涨的依据。自圆其说和一厢情愿的心态可以让投资者不必承担自身出错并且又不得不面对交易损失的双重痛苦。此外，在这个过程中，市场参与者难免会拒绝接受现实。毕竟，市场确实没有朝着预期方向发展，这表明，他们最初做出的决定是不正确的。

拒绝接受现实的另一个例子也会出现在交易者身上：他们在

市场风险较低时建仓，随后几天只做几笔小额交易，等待市场出现小幅调整。我们假设这位交易者操作的对象是德国马克。每一天，马克价格均会小幅变动，但总体趋势是缓慢上涨。最终，媒体传来重大利好消息，称德国国际收支已转为盈余。对那些早已不耐烦的交易者来说，这则新闻无疑是最后一根救命稻草。于是，他们再也无法按捺激情，并按远高于两、三天前准备支付的价格大举加仓。在当时看来，这样做无可厚非，毕竟这是他们的最后一击，因为在一周之前，市场就已经预测到这个利好消息并开始反弹。可以料想，市场从高点下落，留给交易者的是难以忍受的损失。此时，需要他们对止损位置做出客观决策。但是在市场情绪高昂状态下，任何人都很难形成真正客观的观点。因此，有必要建立并遵循一些规则，避免局面进一步升级。

尽管规则不会消除损失，但有助于控制情绪，从而提高市场参与者的客观性和一致性。如果能更客观一点，那么我们就会大大减少希望、贪婪和恐惧对判断的影响。在第十四章里，我们根据不同来源的资料归纳出一个交易规则清单。如果没有在市场的亲身经历，任何人都无法真正体会到规则或原则的好处。因此，我们在本章里提出的某些基本指导原则和解释，才是我们踏入市场的真正起点。相关研究表明，持续反复播出的广告，在影响力方面要远超过仅播出一、两次的广告。广告在反复播出之后，它所描绘的信息更容易被深深嵌入消费者的脑海中。我们之所以在第十四章里提出这些交易规则，其目的就是创造出与重复广告一样的效果。这些原则已经为历史上的伟大交易者和投资者反复实践和验证过。事实证明，控制情绪对他们来说同样并非易事。每个人都有自己的风格和方法，因此，他们提出的规则可能会略有不同。但这些规则都有一个共同的目标：保持客观性，心无旁骛的独立思考，实现理性而稳健的资金管理实践。这些具有共性的基本原则来自诸多不同渠道，尽管在时间和专业上有所区分，但它们之间的共性显然不只是巧合。每一条出现在这份名单中的规则，并不是因为它们来自某个名人，而是它们在实践中行之有效。正是凭借对这些原则持之以恒的研究，杰西·利弗莫尔和伯纳德·巴鲁克（Bernard Baruch）等传奇人物才成为令我们顶礼膜拜的大师。同样，这些规则也是每个交易者的成功法宝。它们完全可以为我们所用，而且也必将让我们从中受益，但你首先需要了解和接受它们。笔者强烈建议将第十四章作为指引性资料，不过，本章其他部分对这些规则的总结同样重要。但在此之前，我们还需牢记，除非将这些规则诉诸实践，否则，任何规则都是没有意义的。哪怕只是好心做坏事，注定也将是一场灾难。

我们将如下的 19 条规则粗略地分类，以帮助我们学会控制情绪、把握风险。换句话说，这些规则体现为个人情绪管理和资金管理两大类。

个人情绪管理

规则之 1：如果心存疑虑，那就冷眼旁观

在市场做交易时，最重要的就是必须对自己做的事情有适当

的信心。过度自信会导致粗心和过度交易，这当然不是好事。但你对自己的事业缺乏热情，甚至漠不关心；那么在遭遇坏消息时，你就有可能做出非理性反应。如果你对一笔交易有一丝的疑问，那就不应该执行这笔交易，因为一旦形势恶化，你根本就没有做好面对逆境的心理准备。比如说，在对一件事心存疑虑时，我们往往会过分关注这件事的负面特征。比如说，随着股票价格的下跌，你会越来越沮丧。因此，当价格下降到原本应该买入的水平时，你更有可能是因为恐慌而抛售，而不是抓住机会买入廉价股票。

另一方面，我们可能会根据某些值得信赖的研究建议而建仓，而且对这笔交易也不乏信心，但却缺乏应有的热情。随后，新的证据不断浮出水面，这让我们对投资不像以前那么乐观。简而言之，随着时间的推移，对初始入市理由有效性的怀疑情绪，会逐渐在我们的脑海中扩散。我们建仓的价位是高还是低，已经无足轻重了；重要的是，我们现在开始怀疑最初的依据是否成立。在这种情况下，唯一合乎逻辑的选择就是退出市场。此时，你已经失去最初信念带来的意志。这意味着，一旦遇到麻烦，你最有可能采取的对策就是退出市场。

因此，我们务必要记住，我们进入市场的主要原因是赚钱。但如果兑现这个目标的概率正在减少，那么你就没有理由维持现状。毕竟，这不会是你最后的交易机会；未来，总会有另一个机会在等待你。

规则之2：不能将一厢情愿的希望作为出发点

我们曾在第二章里讨论过这个话题。作为一个交易规则，我们有必要再次重复这一点。因为我们经常看到的是，在进入市场的理由已不复存在的情况下，仍有很多人固执己见地守着注定亏损的投资。他们不愿退出的唯一理由就是希望，市场总能给失败者带来希望。因此，当你发现自己处于这种境地时，一定要当机立断，及时止损。

规则之3：按自己的判断行动，否则，就完全相信别人的判断

我们在前面提到过，如果你在做一笔交易或投资时没有完全的信心；那么一旦遇到麻烦，你就有可能惊慌失措。如果你发现自己完全依赖经纪人或朋友的提示和建议，那么你就不太可能认真思考每一种后果。这意味着，在遇到问题时，你在心理上还无法全身心地致力于这笔交易。在采取行动之前，最好应考虑各种看法，无论是看涨还是看跌。这样，我们就能更好地判断出，刚刚出现的价格挫折到底是源于整个形势发生的根本性变化，还是所有市场都会经历的正常涨跌。

你尊重的经纪人、朋友和其他人也可能为你提出建议，但最终还是应该由你自己来做决定。这意味着，你需要平衡利弊，倾听各种观点，然后再通过认真思考独立得出自己的结论。毕竟，一旦出了问题，赔钱的是你自己，而不是你的朋友或者经纪人。

此外，这个规则还提醒我们谨慎听从所谓的小道消息或内幕信息。我观察发现，人们在按这些信息交易时，几乎必赔无疑。

对股票而言，这些小道消息往往围绕着重大并购活动以及收益高于预期或高盈利合同信息的披露。对一家上市公司而言，作为散户投资者，你获得这种信息的可能性几近于零。等到其他人把这些信息告诉你的时候，它们早已尽人皆知。此外，"好"消息往往会被人为夸大。在很多时候，这些消息甚至是报道，要么是错的，要么未能实现。即使你想方设法得到一点可从中获利的内幕消息，但从其他不知情者手中买入股票也是不道德、不公平的，甚至可能触犯法律；可以想象，如果他们也知悉你得到的消息，就不会按这个价格卖给你。毕竟，这不同于两个基于诚信并对公司前景持不同看法的人进行的交易。

如果你不能完全按照对事实的判断以及同事、朋友和经纪人的意见做出决策，那么最好将投资组合交给你认为正直而且有能力的人。

规则之 4：低买（看跌买入）**高卖**（看涨卖出）

每个人都知道，只要能低买高卖，就一定会赚钱。但显然没有说起来那么轻而易举，否则，你也就没有必要看这本书了。在这里，我谈的是一个略有不同的观点：或许称为"看跌买入，看涨卖出"。在价格上涨时，信心随之提升。另一方面，当价格逐渐下跌时，会吸引越来越多的关注。因为价格上涨往往会伴随着利好消息，因此，这会让我们感觉更舒服。在这种时候，我们往往习惯于人为淡化自己的恐惧，因而会承担更高的风险。在经典著作《股票市场心理学》，塞尔登是这样解释的："在 100 个主动型交易者中，99 个人最大的错误就是在高位时继续看涨，在低位时继续看跌。因此，不管现在出手会给你带来多少利润，或者是继续观望会损失多少利润，只要你认为没有合适的理由，就不能跟踪大盘。"塞尔登的这句话最早出现在 1912 年，但同样适用于现在。但这恰恰是群体和个人习以为常的反应方式。然而，正如我们在第七章讨论的那样，只要有可能，我们就应该采取与群体相反的方式。因此，这通常意味着市场看跌时买入，市场看涨时卖出。这既适用于建仓，也适用于后期的补仓。

规则之 5：不要过度交易

我们已经在第二章讨论过这个话题，因此也没有必要再做详细解释，唯一需要强调的是，过度交易会导致我们丧失全局观，还要承担巨大的交易成本。

规则之 6：在成功完成一笔交易或投资之后，不妨给自己放个假

很多交易者发现，累积利润似乎并不困难；难的是守住利润。我坚信，如果大多数交易者将他们的历史业绩绘制成一张图，我们会看到，他们的业绩曲线会类似于图 8-1 所示的振荡波，即一个上升一个下降相互交错的巨型正弦波。之所以会这样，是因为他们的交易能力和运气不可能永远同时达到巅峰。简单地说，他们不知道应该在什么时候收手。

无论一个人多么有才华，他都不可能永远保持超常的交易业绩。当然，我们会在每一次努力中竭尽全力。以棒球运动员为例：即使是最优秀的球员也要在赛季中休息几天、几周，有的球

员甚至会退出整个赛季。交易者也一样。因此，一定要保证，在成功地完成一笔投资或交易之后，不妨送给自己一个假期，在6~7周后再返回市场。这不仅会避免你对自己的前景过度自信，也有助于你以客观的视角去看待市场。

规则之7：定期做心理调整，对你的现状进行客观评价

我们常常全神贯注地投入到交易和投资中，以至于忽视了我们的终极目标。因此，有必要偶尔反思一下自己的前进方向，确保我们在做正确的事情。作为这个过程的一部分，我们可能需要回答如下几个问题：我能承受得起风险吗？我到底是在猜测，还是在做理性投资，抑或只是在赌博？我采取的系统是否正确？我是否在背离基本趋势？我是否在市场中涉足太深？我是否在过度交易？

你还可以提出更多问题，包括本章中提到的其他规则。这个简单的小练习会有助于我们关注那些最有可能出现的错误，或是最容易被破坏的规则。此外，它还有助于在我们的脑海中强化这些规则，使它们有更好的机会最终成为好习惯。

规则之8：不断分析自己的错误

在成功时，我们倾向于认为，这是我们勤奋工作或准确判断带来的结果。但我们很少会想到，成功只是来源于机会，或者说，我们只是幸运地在正确的时间出现在正确的地点。另一方面，在形势不利于我们的时候，我们往往会把失败归咎于运气不佳，或是更简单地把责任转嫁给替罪羊。当然，我们首先应该质疑自己的判断，因为这是所有错误最可能的来源。只有认识到自己犯了错，我们才能对自己的行为承担责任，并从错误中汲取教训。你可以找到不计其数讲解市场心理学的书籍，但只有经历过赔钱的痛苦并将其归结为某个失误，我们才可能会采取适当的补救措施，以避免类似错误再次发生。

这个自我批评的过程必须是持续进行的。在经过一定时间之后，当利润再次出现时，我们仍有可能再次陷入虚假的安全感。在这种情况下，大多数人会回归旧的思维模式，重复以前的错误。因此，只有面对更大的损失，才能促使我们重启这个自我审查程序。你要么从错误中吸取教训，要么让你的账户损失殆尽，以至于再无再起之力。因此，分析你的过失会让你受益匪浅。失败往往是我们最好的老师，它让我们回归现实：如果忠实地遵守规则，你就不会陷入眼前的困境。因此，在下一次交易和投资尝试中，你自然而然地就会遵守这些规则。大多数错误源自于我们在心理上的缺陷：担心自己会犯错，或者在出现亏损时觉得无颜面对你的经纪人或其他人。专业的基金经理也不例外，他们首先要应对市场的变幻莫测，然后再处理好自己的情绪，最后还要处理客户的心态。而最后一项任务，往往会因为失去客户的恐惧而变得最具破坏性。

要克服这个问题，第一步是正视这种恐惧，并认识到它的破坏性，在此基础上，采取措施纠正这种心态。

规则之 9：千万不要为时过早地建仓

对任何一笔投资或交易，似乎总有一种力量在引诱我们在按照特定规则或方法获得明确的信号之前，便迫不及待地完成建仓。激情让谨慎荡然无存。这显然是一种不理智的做法，因为这表明，我们已不再遵循任何规则，而是一厢情愿地认为这样更好。这种策略很少会带来好的结果。既然我们不打算遵守这些方法或规则，为什么还要煞费苦心地去研究它们呢？面对这种诱惑，我们或许也会和自己做一番斗争，但总能给自己找到这样的借口——这是特殊情况，因而有理由立即采取行动。但问题是，这些"特殊"情况会接踵而来，直到成为家常便饭。在这种情况下，我们实际上已经彻底抛弃了所有的规则和方法。

规则之 10：不要试图预测市场的每一个转折点

每个人都想成为市场的完美主义者。因此，我们完全可以理解，我们希望能预见到市场的每一次转折。不幸的是，这个理想永远都是无法达成的。如果试图猜测价格变动的每一个重大转折点，那么我们不仅会让自己陷入挫败感，还会彻底丧失自己的观点。

资金管理

规则之 11：在尚未确定风险回报之前，千万不要盲目建仓

在任何情况下，我们都不可能为预期利润与可接受最大损失设定一个比率。对任何一笔具体的交易或投资，我们都需要确定风险资本的比例。另一个因素与市场参与者的个性特质有关。厌

恶风险的人不应涉足高风险的创业企业，反之亦然。风险总是相对而言的。一笔钱可能决定一个人的生死，但对另一个人而言，可能只是他买啤酒的钱。因此，按照一般性的惯例和常识，预期利润至少应该达到可接受最大损失的三倍。

规则之 12：利润可以放任，但损失必须及时制止

及时止损可能是最广为人知的规则，但也是最重要的一条规则。我们从事任何交易的目的都是为了赚取利润，因此，当仓位发生亏损时，在心理上感受到某种痛苦是很自然的事情。但很多人会自欺欺人地选择对损失视而不见，并给自己杜撰出一个市场必将回归的理由。有时候，我们或许可以证明市场下跌是合理的。比如说，市场的下行体现为"量价齐跌"，或者说，"市场可能已经下跌，但趋势是好的，所以我会继续持有"。另一个偏好就是把市场下跌的原因合理化。"虽然这确实是一个利空消息，但令人吃惊的是，市场只下跌了 50%；在技术面上似乎依旧涨势强劲。"偶尔，我们需要等待一个事件出现作为决策的理由。我记得 1980 年春季的惨痛经历。当时，大宗商品市场承受巨大的下行压力，因为吉米·卡特（Jimmy Carter）已劝阻人们不再使用信用卡。人们每天都在期待能鼓舞士气的消息，但在此期间，大宗商品价格一路下跌，而人们期待的消息却始终未能到来。最后，我只好忍痛割爱，等待消息的过程让我付出了惨重代价。其实，在决定是否清空仓位时，我本应考虑和自己投资决策相关的市场变动情况。但事实上，我却任由自己的损失不断

加大。

让人不可思议的是，我们总是习惯于从心理上为自己的一言一行杜撰理由。这是因为我们希望价格会涨得更高（对于做空交易，则希望价格会跌得更低），但我们却忘记了，市场有它自己的规律，而且这个规律完全不以我们的意志为转移。市场是完全中立客观的，而它的参与者确实是情绪化的动物。我们或许希望市场反弹，但我们的希望并不能左右市场，因此，这种希望只会模糊我们自己的判断。

我们需要记住，如果在我们预期市场会上涨时，市场却出现下跌，那么这就是一个信号：我们最初的分析是有问题的。既然这样，我们自然也就没有正当理由维持仓位。此时，及时止损、清空仓位才是明智之举。

这并不说，每次建仓的时候，只要发现形势不利，我们就应该不分青红皂白地卖出。优秀的交易者会在建仓之前确定可以接受的最低收益和最高风险。所谓的可接受风险是指出现风险的可能性，甚至只是市场在上涨之前先行下跌的概率。如果奢望每一次交易都能投入资金马上带来盈利，那显然是一种非理性的极端乐观预期。至于针对止损的规则，实际上指的是超出这些可接受风险水平的临界点。因为只有设定这个临界点，市场才能告诉我们，最初的分析可能是错误的。即使超过这些预先设定的基准而且你也已经清仓出局，你依旧有可能心存疑虑。尽管市场不是我们所能左右的，但还是有人不愿接受预期即将落空这个事实。在这种情况下，似乎会有一种魔力诱惑我们撇弃既定原则，重新进入市场。但重新入市往往是在高于清算价格的水平上完成的。价格上涨必然会带来信心。但我的经验始终是，既然已经执行了一个精心设定的止损点，那么回头再来往往会得不偿失。更多的时候，采取相反措施往往会更有利，但很少有人具备这样的心态。

止损是一项至关重要的资金管理技术，因为它保护资本，让我们还有能力得到下一个机会。

"任由利润增加"的基本原则与止损是一致的。当市场超过你设定的下跌止损点时，这就是一个警报：你犯了一个错误。另一方面，只要总体趋势对你是有利的，那么市场就会给你一份信心，因此，你应该维持仓位，让利润继续增加。股票市场有一句名言："趋势是你的朋友。"实际上，这也是"任由利润增加"的另一种说法。趋势一旦形成，就会有一种永久延续下去的惯性。但在这个世界上，没有人能预测趋势的幅度或持续时间，尽管我们可能会在新闻通讯以及媒体经常看到这样的预测，但预测永远只是预测。只要你使用的分析技术或方法表明，趋势仍将继续对你有利，那你就没有卖出的理由，除非你希望锁定部分利润。市场永远都是飘忽不定的，期间，困惑、沮丧和无利可图的交易相互交织，因此，任何交易者都不能奢望总能把握最有利于自己的那段趋势。

问题的关键在于，很多人在取得收益后，希望马上能够兑现。这个理由所依据的理论是，最好现在就把利润兑成现金；否则，利润就会贬值，甚至不复存在。毋庸置疑，我们永远不会因为兑现利润而破产。但遗憾的是，每个交易者和投资者都无法面对亏损。只有盈利交易的收益总额超过亏损交易的损失总额时，才能实现净利润。而真正高盈利水平的交易对大多数交易者都是难得一见的，因此，过早兑现利润会限制实现净利润的可能性。

有趣的是，大多数人在追求利润时具有风险厌恶倾向，而在面对亏损时，则具有主动冒险倾向。一方面，从收益角度看，人们更偏爱金额虽小但确定性更大的收益，而不愿为获取更大利润而去进行理性的冒险。另一方面，从风险角度看，人们可以冒险去面对不确定的大风险，而不愿冒险去面可确定的小额损失。

规则之 13：以小额赌注去实现低风险观点

由于大部分交易都会不可避免地以亏损而告终，因此，明智的策略就是小额下注。这样，不要让大笔资金因某一笔交易而承担风险。作为一般性规则，建议任何一笔交易资金的使用量不应超过可用资金的5%。这显然不符合大多数人的本能，因为在寻求一夜暴富的过程中，把所有赌资押给一匹马似乎更合乎逻辑。

此外，必须保证任何一笔交易或投资都要符合低风险策略。潜在收益永远应该超过可接受的最大风险（至少达到三倍）。

规则之 14：清楚最不利的结果，不要期待最有利的结局

大多数人在进行交易时，首先会计算最乐观的结果，并将这个假设纳入到预期当中，但结果注定会让他们失望。在建仓时，我们必须回答这样一个问题："有可能发生的最坏情况是什么?"确定最不利的结局，忽略最乐观的结果，我们即可解决最重要的目标：资本保值。如果你的本金已遭到侵蚀，那么你也就失去了

继续增长的根基。几乎所有交易者都经历过成功和失败。而成功者的秘诀不仅在于他们成功交易实现的盈利更多，而更重要的是，他们在亏损交易中的损失更少。因此，通过设定可接受的最大亏损，他们就可以进行止损。如果潜在亏损超过最大承受力，那么他们就可以直接选择退出。

我记得，自己也曾多次对交易采取了极端乐观的态度。我以为市场会提醒我的错误，但最终，我还是在损失惨重的情况下退出投资。在这些例子中，我对市场的期望过于乐观，以至于我自以为是地认为，市场"永远也不可能跌那么多，因为趋势是向好的"。但事实总是让我出乎意料，因而让我付出了沉重代价，究其根源，就是我没有考虑到最糟糕的情况。这一系列痛苦的经历告诉我，首先需要知道自己能接受的最大损失是多少，然后再去想好事。

假如你能认识到，一半左右的交易都将是亏损的，那么理性的做法就是尽可能去降低这些错误的代价。

规则之 15：不要让交易或投资的规模超过你能接受的最大亏损

如果投入高风险项目的资金超过你的可接受损失水平，那么你就会把自己变成市场的奴隶。在这种情况下，你会承受非常高的压力，进而会彻底失去客观性。你的决策必将高度情绪化，因为你会非常在意金钱上的收益，会经历大量的心理折磨；换句话说，此时，你的决策不再依赖于事实。

规则之 16：不要和趋势对抗

有一个众所周知的成语叫水涨船高。从市场的角度看，在大盘上涨时，人们会选择随波逐流，都按照市场走向进行交易，因此，这实际上就抬高了全部多头仓位。因此，在看涨行情中，做空要面对相当大的风险。从理论上说，除非你能随机应变，及时兑现利润，否则注定会遭受损失。

而在熊市中则恰恰相反，因为在熊市中，反弹往往不可预测，而且极不稳定。如果研究一下大多数交易系统的结果，你就会发现，在按基本趋势的相反方向建仓时，亏损几乎不可避免。显然，我们无法始终把握市场基本趋势的走向，但即便能判断出基本趋势，最明智的做法也是不要和趋势作对。

规则之 17：尽可能选择高流动性市场

一般情况下，我们应选择流动性较高的市场，也就是说，卖出价和买入价价差相对收窄的市场。在流动性不足或"稀缺"的市场进行交易时，除了要支付经纪人佣金以外，由于价差较大，因此我们还需要支付其他形式的成本。你或许会认为，只要耐心等到出现某个价位时买进，而不是按既定价格直接下订单，就可以弥补这些费用。但是在你决定抛出时，压力反倒迫使你更有可能这么做，因此当价差较大时，实时执行交易带来的成本会更大。市场的流动性可按平均每日交易量来判断。通常情况下，如果每天交易的合约数量少于 2 000 份，即可认为市场缺乏流动性。此外，同样需要记住的是，在期货市场中，即便是针对股指期货或黄金期货等广泛交易项目的递延合约（即，在未来一个时间点到期结算的合约），也可能严重缺乏流动性。在价差较大的情况下，由于到期合约自动纳入下一个可用合约的佣金成本较低，因此，选择在近期交易往往是更可取的对策。

在流动性较高的市场上，形形色色的参与者会有不同的意见，因此总会有人的观点恰恰与你相反，因而愿意成为交易的另一方。在缺乏流动性的市场上，如果你碰巧成为交易中的正确一方，那么你有可能大赚一笔，但如果你下错赌注，成为交易中的错误一方，那么一旦出现你没有预料到的坏消息，结果有可能是灾难性的。这种情况在交易价格受限的期货市场上尤为明显。在期货市场上，市场通常在限价范围内交易；因此，在持有个人仓位时，一旦市场价格似乎超出限价范围，没人能做到泰然处之。我们在谈到"流动性"市场的时候，往往是说，在大多数情况下，我们可以相对容易地进入或退出市场。但这并不是说，所谓的流动性市场从来不缺乏流动性。有的时候，甚至是流动性最强的产品——如标准普尔综合指数、债券或黄金，也会出现近乎疯狂的波动，以至于期货合约几乎不可能按预期价格执行。这种情况通常出现在政府报告发布之后。如果市场上涨，而报告发出看跌信号，那么在几个月里，随着市场逐渐按新的现实进行调整，流动性也会逐渐消失。

当大多数市场参与者选择相同策略，且市场似乎已纳入全部有利预期时，往往就会出现这种情况。此时，一旦利空消息传出，几乎没有人愿意接盘，所有人都不约而同地希望清仓。到价格快速下调，并给绝大多数人带来痛苦的时候，市场流动性才会有所恢复。因此，对那些短期持有的交易者或投资者来说，最好应该规避这种情况，因为他们根本就无法控制结果。毕竟，你是在和玩文字游戏的政府打交道，而修改政府报告的情况早已司空见惯。

规则之 18：永远不要接受追加保证金的要求

这条重要的规则仅仅适用于杠杆交易者。追加保证金有两个方面的原因。首先，市场可能对你不利，这意味着，你的账户发生亏损，导致账户净资产额低于最低资金量。其次，在你的投资组合中，针对大宗商品或金融期货的保证金要求可能会上调。当经纪人向你发出追加保证金的通知时，你有两种选择。第一种方法就是足额支付追加保证金，确保账户净资产金额达到最低要求；第二，通过出售全部或部分头寸来降低保证金要求。

要做出正确的判断，我们必须检查你的账户为什么会面对这种不利局面。如果因为是市场行情导致账户亏损，这就表明，要么你使用的杠杆太高，使得你在每次市场出现转向时都会情绪紧张，或者是建立仓位的前提不再成立。但无论是哪一种，履行追加保证金通知都会增加你的心理压力，因而是不可取的。如果你的最初决策是基于错误的估值，那么就应该把追加保证金通知视为一种温和的提示：你应该通过清算全部或部分仓位头寸来处理这个问题，即，直接减少保证金要求。追加保证金或许并不是因为市场走势导致当前仓位受损，使得保证金低于最低要求，而是因为我们允许账户资金本身缓慢减少。但不管怎么说，在出现追加保证金通知之后，一系列亏损会随之而来。在这种情况下，前景会更糟糕，因为追加保证金通知并不是某个孤立事件带来的，而是整个趋势恶化的最高点。此时需要的是一剂猛药。而最好的办法就是暂时性地完全退出市场，让你的心理创伤充分愈合，恢复看待问题的客观性。至于退出市场的时间长短，则因不同的个人因素和损失程度而异，但是在一般情况下，至少"休假"三周是合适的。

另一方面，出现追加保证金通知还有可能是因为你刚刚进行加仓。这意味着，你已经过度交易，或是用委婉点的话说，你没有考虑到追求潜在收益而增加的风险。但不管是出于什么原因，归根到底都可以归结到资金管理不佳。

有的时候，账户净资产相比初始余额略有上升，但仍有可能出现追加保证金的情况，这可能是因为交易所提高了最低保证金的下限。你可能觉得应该履行这种要求，因为市场毕竟是在向着有利于你的方向发展，而且也证明了你的策略是正确的；毕竟，增加保证金要求仅仅是一种技术性规定。但这样的逻辑并不正确，因为追加保证金要求肯定是有原因的。在理想的情况下，交易所应该设定较低的保证金要求，因为这会鼓励交易者增加交易，从而为交易所带来更多的佣金收入。但是在市场不稳定性加剧时，他们就必须考虑到，在这种情况下，交易者更有可能陷入财务危机。因此，增加保证金是对这种损失的对冲。如果市场震荡加剧，那么从交易者角度出发，理应采取更多的预防措施。通常提高保证金要求本身就是一个信号，即，基本趋势正在发生逆转。

因此，无论导致增加保证金的原因是什么，规则是不变的：永远不要拿钱去满足保证金要求。

规则之19：如果你准备设置止损退出点，那就设置一个符合逻辑、而不是你觉得方便的止损点

交易者通常要遵守预先确定的止损原则：设定可以接受的最大亏损点，一旦实际亏损超过这个临界点，就下达止损指令。如果确定止损点的方法是某种合理的技术分析或基本分析，我们即可认为这是一种合理的操作模式。但是，如果你在启动交易时认为自己不能承受超过300美元的损失，并把止损点设置为300美元，那么这笔交易成功的概率将大大降低。在这种情况下，你的决策并不是根据价格变动做出的，这样，即使你判断有误，市场也没有机会向你发出信号。另一方面，如果你根据损失承受能力的评估任意选择一个止损点。此时，即使触发止损，市场也不会告诉你是你误判了趋势，因为市场显然没有足够的回旋余地做出这样的判断。这种止损点不过是一种赌博而已，也就是说：价格永远不会跌至这个水平。此时，在止损清仓之后，你很可能会看到市场发生逆转，而且你其实完全有机会以盈利的姿态退出市场。

即使是那些认识到这种缺陷的交易者也会犯这样的错误，毕竟，这是一种非常复杂的心理游戏，极端的乐观心态促使他们为原本错误的止损点寻找借口，并使之合理化。因此，我们应该养成一个不断质疑自己的习惯："这确实是止损的最佳位置吗，抑

或只是随心设置的数字呢?"

本章小结

我们完全可以再加上第 20 条规则,而且这条规则再简单不过,那就是:一定要不折不扣地遵守其他 19 条规则。如果不能把这些规则付诸实践,那么制定和学习规则自然也就毫无意义了。每个人都有可能丧失客观性、丧失独立思考的能力、丧失长远观点以及风险控制的理念,而这恰恰是本章所述规则的目的所在。为保险起见,我们不妨再增加第 21 条规则:始终如一、义无反顾地遵守其他 20 条规则!

第十三章　制订计划与严格执行

　　至此，我们应该对推动市场的基本心理因素以及由于不能控制自然心理倾向而招致的问题有了深刻理解。但如果不能把观点和规则运用到实践中，那么看任何书都没什么意义。但这恰恰是最困难的部分：实践需要投入巨大的精力和代价。最初往往会容易点，因为热情还能给我们带来力量。但随着新鲜感的消失以及损失的出现，要持之以恒地运用这些观点，必将变得更加困难。因此，在实践中贯彻新学习的原则，才是整个过程中最艰难的部分。

　　本章有两个目的。首先，它有助于我们以更合理的方式组织和构建思维过程，从而为我们驾驭市场（以及你自己）做好准备。其次，就是强调不断提醒、跟踪、回顾并反省自己的活动。在这个方面，最重要的就是要牢记：市场的功能就是搜索并利用你的每一个弱点。要克服这一挑战，我们就必须时刻保持警惕，尽可能减少被市场抓住破绽的机会。只有不断监督自己，持续进行自我反省和自我改进，我们才能成功地完成这项任务。最后需要提醒的一点是，尽管这种坚持不懈终将会改变我们的习惯和思维，但这个过程并非是一蹴而就的，很可能需要若干年的努力。

在本章的剩余部分中，我们将按以下标题进行讨论："设置个人投资目标"、"确定投资或交易理念"、"制订计划确保客观性最大化和情绪最小化"以及"建立回顾程序"。

这个全面性的四点计划不仅适用于交易者，也适用于长期投资者。两者的唯一差异，就是回顾程序所占用的时间长短。在市场上，活跃型交易者的交易周期是按天计算的，甚至会进行大量的日内交易，而低频交易者可能每隔三四年才完成一笔交易，显而易见，活跃型交易者需要更频繁地回顾交易过程。即使是对于低频交易者，也不仅需要及时回顾已完成的进程，还要随时监督可能发生的任何重大经济、财务或技术变化。如果形成对市场行为视而不见的习惯，那么你就很容易陷入自满状态。

设置个人投资目标

如果不能明确自己的目标，那么我们的头脑就会成为各种欲望相互冲突的战场。按照这种心态，其结果必将是崩溃的，而投资也注定不会成功。因此，我们必须为自己的交易和投资活动制定明确的目标。如果能合理制定投资目标，我们就可以把原本用于应付外部因素的资源，转移到问题的真正根源上，这样，我们就不必纠结于外部因素的干扰，致力于发挥我们的最大优势。比如说，假如一个人在股票市场上建立了大额仓位，那么在遇到1991年夏季苏联政变这种随机事件导致股价大幅下跌时，他很自然地会把亏损的责任归咎于"市场"。在这种情况下，我们很可能会给这种情况找一个理由，因为我们根本就无力控制这种情况的出现。但问题的真正根源还是在于我们自己，只有学会自己去解决这个问题，才能让你的投资不会遭殃。

伟大的英国历史学家阿诺德·汤因比（Arnold Toynbee）在挑战和反应原则中认识到了这一事实。他花费大量时间对人类文明兴衰的特征进行了研究。他认为，所有文明都在随时面临各种挑战。新兴文明与衰落文明之间的差别体现为，新兴文明能成功地应对挑战并继续发展。而衰落的文明则要么彻底消亡，要么以不恰当的方式应对挑战，但挑战必将接踵而来，而每一次都会让这个文明不堪重负。

一个有代表性的例子就曾出现在 15 世纪。由于奥斯曼帝国封锁了陆路通道，使得西方世界不得不解决如何与东方国家开展贸易这一困境；哥伦布也曾面对这个挑战，尽管他未能找到这条令人向往的通往东方之路，但却发现了新大陆，为其他人开发美洲大陆铺平了道路。在面对挑战时，投资者或交易者的立场同样如此。如果你不断遭遇相同的错误，但却不能从中汲取教训（即，不能解决市场提出的问题或挑战），那么你注定会以失败而告终。而设定切实可行目标，可以帮助我们解决其中的某些问题，并为最终的成功奠定基础。

投资者

制订任何计划的起始都应该是建立目标。毕竟，如果你不知道自己的目的地在哪，也不知道可能需要多长时间才能达到这个目的地，那又怎么能做出正确的投资决策呢？因此，我们必须首先明确自己的目标，进而通过这些目标随时提醒我们的生活状况、财务状况以及对风险的承受能力。

几乎每个投资者都有的三个基本投资目标是：流动性、收益和增长。流动性一词是指投资组合中可轻易转换为现金、从而满足非预期支出的部分。股票和债券都具有流动性，因为它们很容易转换为现金。但我们并不总能轻而易举地卖出股票和债券。或许是你目前还不希望兑现应税收益，因为这会带来税收支出；或者市场正在下跌，但你认为价格很快会出现反弹，因此，现在抛出的话就相当于接受目前的损失。因此，流动性具有非常广泛的含义，而不只是通过抛出来支付。流动性意味着至少投资本金不会发生重大变化，也就是说本金还靠得住。因此，我们需要保持投资组合的均衡性，以便于在不危及整个投资计划的前提下，能提供足够资金应对意外。

偶尔，我们也会需要用到一笔钱，比如说，在两三年之后，我们需要支付一笔学费。从这个意义上说，一笔有流动性的投资应该是在此之前到期的投资。在这种情况下，这笔投资的收益就可提供支付能力，且投资本金也可依靠，从而双重满足流动性要求。

第二个投资目标是收益，它在很大程度上取决于你自己的财务要求。比如说，如果你已经退休，而且完全依靠社会保障金支付生活费用，那么你对收益的要求自然要远远超过一个刚刚开始职业生涯的人。你可能还很年轻，而且正在攻读更高学位。由于没有其他收入来源，因此，投资组合的收益对你至关重要。但如果获得了学位，而且得到良好的收入来源，那么明智之举是将投资目标转变为增长。高收益要求不只是寡妇和孤儿才有。

第三个目标是增长。对此，我们面临的是一种权衡。从经验出发，潜在回报越大，其对应的风险和不确定性也越大。如果你是个年轻人，而且生活美满，那么你当然比退休人员有更大的风险承受能力。年轻人不仅有更多时间去弥补投资亏损，而且未来会有更多潜在现金流去能弥补以前的错误。而退休者显然就没有这个机会了。

对大多数人来说，流动性目标没那么重要，因此，他们的决策最终将归结为债券和股票的搭配。为回答这个问题，首先需要你明确自己目前在人生中所处的阶段，以及设定目标时的财务要求；同样重要的，就是要保证你的目标不仅现实可行，还要符合你的性格禀赋。

例如，如果股票市场在过去五年中上涨了15%，那么你可能会决定，自己的投资组合至少应该达到12%的增长率。这在表面上似乎是现实的，但问题在于，股票市场的历史年均复合增长率只有近9%。由于过去几年的收益率明显高于正常水平，因此，未来几年的股市只能实现平均增长率，甚至更可能的是低于平均增长率。随着时间的推移，市场终将实现回归，或者说，恢复到平均增长率的水平。因此，在经过几年好光景之后，出现低增长率是完全合理的预期。在这种情况下，不切实际的预期注定会让你失望，这是市场的自然规律。

　　性格是确定投资目标时需要考虑的另一个因素。比如说，我们都知道股票市场的历史平均收益率约为9%。但我们也知道，这种增长并不表现为直线增长，而且收益率本身就是不稳定的，有高峰，也有低谷。在某些年份，增长率可能高达25%，而在其他年份，也有可能出现同样幅度的亏损。如果你不能忍受投资发生亏损的年份，而且觉得压力难以承受，那么你将无法坚持到底，因而也无法实现最基本的投资目标。正因为这样，我们才需要明确自己的风险承受能力，并在一开始就把这个因素纳入到自己的计划之中。期望过高的收益率往往是不现实的，如果你不能忍受市场的压力和波动，期待这样的业绩就更不切实际了。

　　你能坦然接受的风险水平有多大，完全取决于你的个性特点。这显然是一个因人而异的问题，因为投资损失会不会让你心焦如焚甚至彻夜不眠，只有你自己才知道。如果真出现这种情况，你就应该小心了，因为观点激进带来的本金损失很难捞回，在市场上，投资亏损是司空见惯的事情。

交易者

　　由于交易者持有仓位的时间要比投资者短得多，因此他们的目标自然也有所不同。对交易者来说，流动性和收入没那么重要，增长前景才是交易者心目中的头号目标。在增长这个问题上，非理性期望的危险以及风险承受能力应该是重中之重。比如说，你可以这样认为，因为期货交易具有杠杆效应，因此，它所能撬动的预期收益率应该很大，其结果自然也应该令人振奋。如果标准普尔指数的年均增长率为9%，那么我们只需投入10%的保证金，即可实现90%的平均收益率（即，杠杆率为10倍）。但是在现实中，这个逻辑根本就行不通，因为在实现年均收益率9%的过程中，必然要经历某些大熊市行情，而你的投资或许根本就熬不过去。在市场中，即便是微小的波动也会对加杠杆的股权投资产生巨大影响。因此，交易者能否合理评估自己的风险承受能力至关重要。

由于交易者每天都在交易，而且经常会在交易当天买进卖出；因此，与长期投资者相比，他们更需要制定行动规划，毕竟在如此跌宕起伏的环境下，他们几乎没有犯错的余地。

确定投资或交易理念

设置投资目标，可以告诉我们自己的目的地在哪，以及需要多长时间才能到达这个目的地。而确定交易或投资理念或者说方法，则提供了到达这个目的地的工具。

正如我所说，世界上有很多宗教，每一种宗教都以不同方式实现信仰。在金融市场上，同样也有很多种不同的投资和交易方法，每一种方法也都以不同的方式追求利润。我们的任务不是寻找最好的方法，因为每一种方法都不完美。相反，我们只寻找最适合我们、能让我们感到得心应手的方法，当然，它必须是有效的。但由于杠杆和资本保值要求不允许损失无限制的增加，因此，交易者更喜欢使用技术分析法；这可以帮助他们设定更客观的止损点。另一方面，长期投资者却可以按较低的市盈率买进股票，然后耐心地等待股价上涨。还有些人偏爱拥有高成长率和高市盈率的公司，他们认为，公司的快速增长必将带来股价的上涨。当然，也有人可能会采用第七章和第八章介绍的逆向思维理论。

如果能在我们选择的方法中结合某些逆向投资观点，那么成功的机会将大大提高。比如说，在使用技术分析时，我们可以把出现超卖情况作为确定买入策略的信号，并采用逆向分析进行验证。如果你的指标表明市场正处于超卖状态，但市场上并未出现看跌情绪，那么在这种情况下出现深度底部的概率远低于主流杂志上的消极或悲观封面报道。

在这个方面，最重要的一点就是务必确保你的方法是有效的。这并不是说，只要能在过去几个月取得好结果，就算是有效的，而是要保证它能在不同类型的市场条件下实现盈利。当然，这也不是说，我们需要这种方法完美无瑕，因为我们已经知道，这个世界上根本就不存在"万灵丹"。然而，每个市场参与者都需要某种用来制定理性、客观决策的基础。在实践中，我们不应孤立或是完全凭借直觉制定某个决策，而是应该把所有决策都作为整体方法的一个部分。因此，所有决策都应该在这种方法基础上形成一系列理性判断。

制定基本理念的第二个原则，就是便于使用。如果我们对某种理念或方法感到得心应手，而且能在使用它们的过程中得到一种享受，那么我们就可以从中得到两个方面的收获。首先，享受就意味着兴趣；同时，兴趣会鼓励我们不断探索和拓展对某个对象的了解。其次，当这种方法向你发出行动信号时，你不会熟视无睹。但如果对这种方法将信将疑，那么即使所有买入条件都已具备，但最可能发生的情况仍是给自己找到一个拒绝买入的理由。股市探底的根本内涵，就是它为我们提供了很多远离市场的理由。你必须对自己采用的方法笃信不已，否则，你就无法克服前方道路上出现的各种心理障碍。

　　还有一个需要考虑的因素，就是要确保你选择的方法与自己的性格相互一致。例如，假设在市场上做杠杆交易时，你喜欢采用简单的 20 日移动平均系统。当市场价格超过平均价格时买入，低于平均价格时卖出。但如果你不能接受因错误信号而带来的亏损，那么这个系统对你来说就意义不大，因为亏损往往是不可避免的。按照相同的逻辑，如果从反方向上看，我们可能会发现，买进低市盈率股票的想法也非常有吸引力，这些股票当时看来确实不受市场青睐，但关键的是，你是否有耐心等待它们在很长时间后的升值。如果你有交易强迫症，没有耐心等待买入到卖出之间所需要的必要时间间隔，那么这种在概念上合理的方法就不适合你。因此，我们必须保证，采用的方法或理念不能和自己的性格形成冲突。请记住，改变方法总比改变性格容易得多。

　　另一个值得考虑的因素，就是你的天赋才能以及适合它们的某种方法。每个人都有不同的能力特征，都有某些优劣和劣势，并以独有方式形成组合。因此，我们必须学会了解自己的能力组合，因为这可以帮助我们选择最适合自己的投资或交易方法。比如说，如果你喜欢磁带报价或是股价图，那么采用包含这些工具的系统显然是再合适不过了。此外，在做出决定之前，你可能会非常强调细节而且需要大量的事实。在这种情况下，你应采用能充分发挥这些能力的方法。

无论是交易还是投资，所有方法的本质都是降低风险。只有厘清输赢的概率时，我们才能带着成功的希望进入市场。

制订计划确保客观性最大化和情绪最小化

制订计划的第一步，就是确定一种基本的指导方法，从大量思路中提炼出一个低风险的可行观点。从某种意义上说，这种方法就是下一步行动的基本框架。在此基础上的第二个步骤，就是制订一份书面计划，用来预测和解决未来不可避免的心理冲突。

书面计划的优点是它可以让你做到精确。计划编写完成后，我们可以轻松审阅各个方面，以确保计划具有一致性、全面性且合乎逻辑。此外，尽量将这份计划放到一张纸上，这样，我们可以揭示计划是否存在偏见，并易于检查该计划是否包含所有步骤。

大多数人反对书面计划，这完全是因为他们不喜欢遵循规则，或是他们对这种事过于"直观化"。还有的人是出于良好意图而推迟撰写计划，当然，他们永远也不会动手。依靠直觉的市场参与者或许会有好的开端，但往往不能善终，因为随后的一系列糟糕决策注定会让他们不能全身而退。因此，最终结果难以预料，更多地取决于他们的运气。

在这种情况下，采取高度清晰和逻辑化的书面计划，其好处不言自明。那些不喜欢遵守规则而且不愿意制订书面计划的人，自然对其市场操作缺乏自律性。此外，实现盈利还需要始终如一的精神，只有严格遵循一系列预定原则，你才有可能实现这个目标。

如下这个简单的测试提纲，有助于我们确定自己的投资秉性以及针对资产配置的风险承受力。该测试模型由乔治城大学金融学教授威廉·德罗姆斯（William Droms）设计。在测试中，我们将对 7 个项目给出 1~5 的评分，其中，1 和 5 分别对应"强烈反对"和"强烈同意"。最后，将你在这个 7 个项目上的评分相加。

1　获得更高的长期总收益率，确保资本的增长率超过通货膨胀率，这是我最重要的投资目标之一。

2　我希望投资允许将资本利得税和利息税推迟到未来几年。

3　我不需要通过投资获得高额的当期收入。

4　我的主要投资目标着眼于长期。

5　为了高于稳定投资的预期收益率，我愿意忍受投资收益的剧烈波动。

6　为取得长期的高收益率，我愿意承担短期损失的风险。

7　在财务上，我可以接受投资组合的低流动性。

表13-1　德罗姆斯针对资产配置的建议

总　得　分	货币市场	固定收益	股权投资
30 ~ 35	10	10	80
22 ~ 29	20	20	60
14 ~ 21	30	30	40
7 ~ 13	40	40	20

股权投资包括房地产、风险投资、国际股票、黄金及国内股票。固定收益投资包括国内债券及国际债券。

制订计划不可能是一步到位的过程，除非你恰巧有机会找到一个精确公式。随着我们对自己以及应对各种市场环境方式的认识逐步加深，我们的计划需要修改的可能性很大。

作为顶级市场心理学家之一，范·萨普曾与世界上最优秀的交易者开展合作研究，并根据这些经历开发了一门名为"成功的投资"的课程。这门课程旨在帮助交易者克服自身缺陷。萨普指出："大多数人倾向于避免面对自己。他们让自己的问题（如安全感和自我价值）成为他们和市场之间的问题（如利润和亏损）……（交易者）只是在转移问题，问题只是被转换了，但本质并没有变化，问题依旧存在（只不过披上了不同的外衣）。"为克服这些高度个性化的问题，萨普给他的学生提出建议，制订一份被他称为"十大交易任务"的计划。他的观点基本仅针对交易者，但这些原则同样适用于投资者及其他长期市场参与者。萨普指出，在创建仓位之前，你的心理状态和准备工作将最终决定你在总体上是否能取得成功。请记住，制订计划这项任务的目的，就是帮助你尽可能地坚持自律性和客观性。

萨普归纳的操作步骤为我们制订书面计划提供了良好基础。下面，我们逐一介绍这七个步骤。

步骤1：自我分析

假如你想在自己熟悉的跑道上赛跑，而且想打破以前的最高纪录，但你现在恰巧在发烧，那么按正常逻辑，你就不要去尝试这样的事情了。相反，建议你在身体状况处于最佳状态时去考虑这件事。这样的道理同样适用于市场。如果你因为疾病或个人问题而感到心力交瘁，那么你就不应该去承受市场带来的心理刺激。虽然你还可以进行决策，但混乱的心理状态注定会削弱你在关键时刻做出合理决策的能力；而这个时刻的决策能力也恰恰是划分成功者和失败者的界线。因此，每当市场以外因素导致你过度紧张时，建议你远离市场，尽可能不做决策，直到一切恢复正常为止。

在讲述群体心理学的部分，我们曾指出，在正确的时间逆大势而行，可能会让你大赚一笔。但是从本质上说，这种决策需要极大的勇气。任何在这种环境下取得交易或投资成功的人都知道，这种形势最有可能带来超常利润。但这种方法也并非没有矛盾。你怎么知道你做出这些艰难决定所体会到的痛苦，到底只是为与群体为敌，还是家庭纠纷带来的烦恼呢？

一个显而易见的解决方案就是审视相反的情况，看看它是否合理。此外，萨普还建议建立一个从1到8的评分系统，具体按当天对自己的感受打分：在这个系统下，1 对应感觉非常糟糕，8 对应感觉非常好。按照他的设计原则，我们应排除杂念，深入思考 30 秒，确定自己在某一天感觉对应的得分。在 30 天的时间内，我们把每天的得分和交易结果进行比较。假设上述感觉得分与交易结果存在基本的相关性，那么我们就可以确定一个相对客观的感觉标准。只要你的打分低于这个标准，就不应该进行交易。这种方法的基本原理也适用于时间范围更长的市场参与者，且显而易见的是，测试期越长，效果越好。

步骤 2：心理排练

不管是什么任务，如果能事先排练一次的话，取得成功的概率就会相应增大。采用这种方法，我们可以更好地预见潜在问题，甚至可以进行模拟。如果能在问题出现前预测到这些问题，那么我们就可以做到未雨绸缪，做出适当处理的可能性会提高。

比如说，在参加研讨会之前，我通常会在酒店先行浏览一遍自己的发言稿，然后才会在会议上做实际发言。然后，如果我发现形势并未按预期发展，那么我就会根据新的情况进行调整。在这个过程中，我会尽可能地预测参会者可能提出的问题。尽管这种方式不能包治百病，但至少我相信，自己已经掌握了基本材料，因而在发言过程中会更自信。

在市场中，交易者可能会预测到市场趋势的变化会导致他亏损。如果这样的话，他到底应该接受损失，还是应该在某个价格上设置止损点呢？通过在脑海中预先设想所有可能发生的结果，交易者就能更客观地应对这些结果，不至于因意外事件而导致心理失衡。

步骤3：建立低风险投资理念

选择交易或投资方法的目的，就是为了给低风险理念提供一个载体。要把这些理念运用到实践中，我们首先需要取得制定决策所依赖的信息。如果我们采用的是价格图，那么就需要从数据服务机构获取最新数据，这样，我们就可以将价格点绘制在电脑屏幕上；当然，我们也可以向服务商直接订阅图表。如果你的强项是通过基本面分析选择股票，那么你就需要数据帮助你做出正确的决策。

开发这些理念可以帮助你摆脱经纪人、同事和朋友的观点，得出自己独立的结论。过度接触媒体是一个潜在问题，因为媒体观点很容易会左右你的看法。与此同时，在行动之前，你必须取得制定决策所需要的全部事实。比如说，面对半杯水，我们更喜欢说是一个水杯装满了一半水，而不会意识到有一半是空的。获知更多事实往往能修正我们的看涨或看跌偏好。

步骤4：密切跟踪

在通过选定的方法确定低风险理念之后，下个步骤就是设定检验其执行效果是否最大、最优的条件（即，执行成功的可能性最大）。游击队可能得出的结论是：袭击敌人风险最小的地点是A镇，但他们还需要选择合适的袭击时间。在这个例子中，在节日发动袭击的成功机会最大，因为敌军此时都在庆祝。从古代开始，军事家就知道，偷袭的关键在于突然性；同样，暗中追踪也是捕食者的妙诀。合理选择开战时间也适用于市场参与者。

一旦选择了低风险理念，接下来的任务就是开始行动的最佳时机。既可以是立即行动，也可以稍作等待，具体还要随机而变。采取技术分析的人可能会认为一只股票正处于长期盘整阶段，但在短期内存在超买（被市场看跌）。在这种情形下，追踪者的任务就是等待市场纠正形成超卖现象。而采用基本面分析的人则会认为：公司股票的价值目前被市场低估，但如果收益下降的话，就应该抛出这只股票。因此，最好的办法就是暗中追踪这笔投资，等到市场放出利空消息并导致股价暂时下跌时，及时出手买进。市场对这个消息的反应很可能是大跌（见第九章）。在这种情况下，更可取的方法就是持续追踪，直至股价行情好转。当然，也可以在这个时点放弃行动，等待更好的机会或目标。

步骤5：展开行动

一旦确定指导标准并实现必要的条件，就应该采取行动，将计划付诸实践。市场通常会在这个点位上快速波动，因此，当机立断、果断实施非常重要。如果已做好充分准备，我们就会对市场发生不利变动时可能带来的潜在损失有更深的体会。在高度不稳定或"快速震荡"的市场中，对订单设置限制点通常是一种有效的做法。限价订单可以限制我们愿意为一笔投资支付的成本。比如说，你可能一直在跟踪 ABC 公司，并决定在公司披露收益的当天买入公司股票。实际结果可能好于市场预期，而且买卖单不平衡会导致开盘推迟。如果已合理地进行了预先准备，那么按照降低风险原则，就可以确定你愿意支付的最高价格。因此，我们需要把这个限制价格纳入到订单中，以确保支付的成本不会突破这个最高限价。切记，即使没有如愿将股票揽入囊中，但以后总还是有机会的。在任何情况下，都不要让一时冲动破坏经过深思熟虑形成的计划。

步骤6：强化监督

自负是交易者和投资者最大的敌人。一旦完成建仓，我们就会在不经意之间产生一种宽慰的轻松感：任务已经完成。当然，在清仓之前——不管是盈利还是亏损，这项任务就没有结束。监督任务的本质，在很大程度上依赖于我们所采用的时间范围。如果你从事日内交易，那么你可以通过每天执行2~3次的交易完成10项任务。但是对长期投资者来说，这个过程会缓慢得多。即使是从长远角度看，也必须坚持自己的立场。很多人认为，采用长期视角更适合坚持既定原则，因为这规避了市场的波动性，而不必每天为仓位的安全提心吊胆。真理永远只可远观。萨普将监督过程分为针对交易者的详细监督以及针对长期参与者的总体监督。

详细监督。在合理实施低风险的跟踪流程之后，我们即可认为，交易已或多或少地向着盈利方向发展。萨普建议，交易者应对交易进行评价，以便于按类似于步骤1的评分方法看看自己"感觉如何"。但这一次评价采用的不是"从1到8"的打分，而是使用"容易到困难"。他建议，在前三天，交易者应每天做三次评价，分别在交易日的开盘、收盘和中间时点进行。如果认为一笔交易在第三天之后的感觉不是"容易"，就说明这笔交易很可能会失败。

总体监督。这个层面的角度更适合长期性交易者和投资者。这种监督主要是对大盘或相关股票的总体趋势进行定期审查：比如说，是否对利好消息做出积极反应？对经济形势的解读是否发生变化？技术面是否依旧有利？在此过程中，务必确保尽可能客观。所有人都倾向于有利的方面，而对消极方面视而不见；倾向于以希望为基础，而不是以可靠事实为基础。因此，在任何情况下，我们都不应根据预期来解读市场信号，而是要尽可能地客观认识市场信号。不妨假设你并未持有已拥有的仓位，从这个角度看看状态如何。

在监督过程中，需要随时对整体环境进行调查。随着市场事件不断浮出水面，我们需要将这些事与原始计划进行比较，并对这些事件的影响开展研究。比如说，在发现市场行情不利于我们的仓位时，市场价格已回落到盈亏平衡点。这不一定是利空信号。消息出乎意料的糟糕：市场最初开始抛售，但随即迎来支撑并出现反弹。这样的市场特征在技术分析中属于利好信号，应该会鼓励我们进一步加仓。另一方面，当股价因意外的盈利报告而上涨时，这种情况就值得质疑了。监督过程不过是风险控制的一种形式。这个过程可能会表明应该维持仓位；或者抛出各种应该清仓的原因。如果放弃自满情绪，从纠错角度强化监督，合理实施这个自查自纠的过程，会让整个过程更趋于完善和健全。

步骤 7：退出市场

在这个阶段，及时止损和任由利润增加的规则开始发生作用。在达到能承受的最大损失点时，必须及时控制损失。你承担不起的一件事情就是承受巨额亏损。因为它不仅会影响在下一次交易中的心理平衡，也是最快的赔本方式。正如我们在前面所提到的，所有交易或投资计划的首要目标，就是保值。只有在出现低风险、高回报的机会时，我们才能让资本承受风险。

当进入交易或投资市场的初始理由不复存在时，清算仓位的第二个原因就出现了。毕竟，如果因为预期利润增长而买进 XYZ 公司股票，而实际盈利情况发生恶化，那么我们也就没有理由再持有这只股票了。但在我们看来，要接受这一点并不容易。或许是价格开始下跌，而我们不愿接受亏损。或许是我们不愿意告诉经纪人：一笔长期投资成了短期交易。在自负情绪作怪时，我们的头脑可能会自欺欺人。

不确定性是影响是否退出市场的另一个因素。在交易领域有一句老话："存疑即撤。"在任何情况下，疑问都是不可避免的。在这里，我们所强调的怀疑和不确定性的程度远远超过初始阶段。如果不能确定，那么你实际上已经丧失继续持仓所需要的信心和客观性。在这种情况下，合适的做法是重新考虑继续持仓是否符合你的最佳利益。

尽管"任由利润增加"是个值得称道的目标，但必须记住

的是，价格不可能永远上涨。因此，最好的办法是从一开始就对
预期利润制定一些目标。最初建仓可能是因为认为风险相对较
低。但如果价格上涨而导致对风险的评估相应提高，那么至少应
清算部分仓位。此外，如果遇到一些个人情绪问题，我们的判断
可能就会受到影响。毕竟，我们可以把不良心理状态作为不进入
市场的理由。当然，这个因素对维护利润而言同样重要。

兑现利润的任务也应成为计划天然的一部分。如果你计划在
股票市盈率达到 8 倍时买进，并在达到 15 倍时卖出；那么按照
这个计划，就需要你在市盈率达到上述临界点时清空仓位。当
然，在达到目标点位时，你也可以重新评估形势。届时，你或许
会找到足够理由继续保留这个仓位，以期获得更大的收益，但你
至少应该在这时重复第二步操作，即在头脑中做一番排练。

在这个过程中，最重要的关键点在于设定现实可行的目标，
并持之以恒地去实现这个目标。这就意味着，既需要坚持计划，
又需要在必要的情况下对计划进行调整。低风险思路的目的很简
单，就是要避免陷入过度交易的陷阱。即使你已经开始实施计
划，并取得了一定程度的成功，但你仍有必要再执行最后一个补
充程序。

建立回顾程序

回顾程序的主要目标，就是确定你是否忠实遵循这个计划，
并确定是否需要对原计划进行修改。这个过程和交易或投资的盈

亏无关，它是对你是否遵守规则做出评价。如果没有遵守规则，那么你就是在犯错。此时，你需要反问自己，为什么没有遵守这些规则。或许是因为你在预测市场将会怎样，而不是按规则要求等待市场发出的信号；也许这个计划确实要求你买入特定对象，但是在你打电话要求经纪人实施你的计划时，他却说服你买进其他目标。只要你能客观地揭示问题，并在心理上做好不再犯相同错误的准备，导致计划未能兑现的具体原因并不重要。这种方法比自我批评更有效，因为它能告诉你，如果这么做或是那么做会让你赚多少钱。自我批评不会给你带来任何收获，而且它也不能改变过去。既然事情已经发生，那么我们唯一能做的，就是努力从中吸取经验和教训，并把它们作为在未来创造利润的基础。

另一种方案就是重现犯错误当时的经过，对自己在当时的选择进行复盘。然后，在脑海中模拟这些可能的方案，推出可能出现的结果。如果你发现有两三种情境有可能给你带来盈利，那么务必记住它们，以便下次再遇到类似市场条件时能用到它们。

应该将这个回顾程序形成书面记录，因为我们很容易忘记或扭曲当时发生的事情。

回顾程序的第二部分是指出计划和规则本身的问题。如果你有充分理由认为，需要调整你的计划或目标，那千万不要犹豫。也许市场条件或是你的财务状况发生了变化；也许是你发现自己的风险承受能力和以前相比发生了变化。还有，你可能刚刚接触一种新的投资或交易理念，你不仅研究了这种理念，而且感觉使用起来得心应手。当然，导致你打算改变计划的原因是多种多样的。但千万要提醒自己，不要轻率盲目地修改计划或目的，因为这样做注定是弊大于利。一定要像对待《宪法》一样对待你的计划。这是一份在正常情况下不可动摇的文件，只有在时间和环境发生变化时，才能通过详细、稳健、负责任的方式修改你的计划。

第十四章　交易宝典

如果你够聪明的话，就能从市场中学会谨慎和坚韧，让自己更加睿智，打消你的傲气。但如果你是个愚蠢的人，就会拒绝从错误中汲取教训，那么市场会嘲笑你、蔑视你，把你撕成碎片，然后丢在垃圾桶里。

——弗兰克·威廉姆斯（Frank Williams）

伯纳德·巴鲁克的 10 条规则

巴鲁克在他的自传《在股市大崩溃前抛出的人：巴鲁克自传》（*Baruch：My Own Story*）中，列出了这些规则。从 19 岁步入职场，到 35 岁时，巴鲁克赚到了人生的第一个百万美元。随后，他成为几位总统最信赖的律师。巴鲁克对投资建议的实用价值持怀疑态度，因此也不愿意提出任何严格的规则。但他还是从个人经历出发，归纳出如下一些观点，"对那些拥有必要的自律精神的人来说，这些规则或许值得一提"。这些规则简单明了，不言自明。

由于对这些建议的有用性持怀疑态度，因此，我一直不愿意制定任何有关如何做理性投资或统计的"规则"或指导方针。尽管如此，我还是从自己的实践中认识到很多东西，或许值得为那些善于自我约束者列出这些体会。

1　不能把投机作为自己的职业，就不要去投机。

2　谨防理发师、美容师或是服务员——或是能带来"内部"信息或"小道消息"的其他任何人。

3　在买进证券之前，要找到关于这家公司的所有信息，包括管理层、竞争对手、收益和增长等。

4　不要试图在市场底部买入并在顶部卖出。这根本就做不到——如果有人能做到，那这个人必定是个骗子。

5　要学会如何迅速、坦然地接受任何损失。不要指望你永远都是正确的。如果你已经犯了错误，就应尽快减少损失。

6　不要让你的投资过度分散化、大量买入不同证券，最好只盯着你能密切跟踪的投资。

7　定期评估你的全部投资，看看形势的发展是否导致其前景发生变化。

8　认真研究你的税务状况，了解何时卖出对自己最有利。

9　始终将一大笔资金作为现金储备；永远不要把所有资金投入到市场中。

10　不要试图染指所有投资，始终关注你最熟悉的领域。

罗伯特·梅尔的 11 条规则

罗伯特·梅尔在撰写财经专著的同时，还在交易期货领域业绩斐然。他不仅和我私交甚密，而且也为我创作本书给予了巨大的支持。他为我们总结了几条简单而又重要的规则。其中，第 10 条规则"不要在面对严重个人问题时交易"尤其有见地。在当下这个技术高速发展而压力与日俱增的时代里，遭遇个人问题的可能性远远大于以前。在情绪低落时，我们不可能保持真正的客观性。从长远来看，在恢复心理健康之前，绝对不要进行交易；这样我们才可能客观自信地决策。[⊖]

以下是罗伯特·梅尔总结的市场规则：

1　问问自己你真正需要的是什么。很多交易者之所以会赔钱，是因为他们在下意识中认为，自己的目标是娱乐，而不是利润。如果你真的想成为一名成功的投机者，那就要仔细审视你的交易习惯，消除某些破坏性的强迫症。比如，在没有正当理由的情况下不断打电话给经纪人，或者"仅仅为进入市场"而进行交易。

2　让你的每一个交易行为承担责任。顶级交易者的一个明

⊖　Robert H. Meier & Associates, Inc. , 335 College Avenue, P. O. Box 667, DeK-alb, IL 60115（815）758–3808。罗伯特·梅尔公司是一家业务范围广泛的大宗商品经纪机构，与伊利诺伊州芝加哥罗森塔尔·柯林斯集团旗下福克斯投资部合作。经允许摘录。

确特征，就是他们敢于为所有交易决策承担个人责任。习惯性地将责任推脱给经纪人、市场、订单填写不当或内部操纵造成的损失，这样的人永远不会成功。

3　坚持简单性和一致性原则。大多数投机者采用了太多的指标，也听取了很多不同意见，以至于让他们无从下手。很少有人会意识到，很多有史以来最伟大的交易者只有不超过两、三个核心指标，也从不听取别人的意见。

4　建立现实可行的期望。如果期望过高，会导致在资金不足的情况下过度交易，进而带来过度的贪婪和恐惧——从而丧失了客观决策的可能性。

5　学会等待。大多数情况下，除非是卖出期权；否则，大多数投机者的最好对策就是不要进入市场。通常，兼职投机者每年只能遇到6~10个明显的重大机遇。这些就是高明的专业人士告诫自己需要等待的交易类型。

6　明确认识风险回报率。一个普遍性的共识是，尽管风险回报率达到1∶3或1∶4就已足够，但除非你是交易所的场内交易员；否则，这个结论并不成立。实际上，对愿意始终坚持市场监督规则的人，甚至可以找到风险回报率达到1∶10的交易。而这恰恰是专业人士所依赖的基本规则。

7　随时审视大环境。在进行任何交易之前，一定要根据每周、每月以及每日价格变动图进行审查。频繁执行这个额外的追加步骤，我们可以确定未显示在日线图中以及明显改变风险回报率预期的长期支撑点和阻力点。点数图（Point&Figure）

尤其适用于识别大规模累积/派发线（或称集散量指标）的突破点。

8 确保不要进行满负荷交易。人们很容易忽略杠杆在期货和期权中的强大作用。我们经常会看到，投机者持有的仓位规模达到账户合理规模的两到三倍。通过有意识的控制将交易规模控制在最大负荷以下——也就是说，控制仓位规模远低于可以达到的最大规模，我们可以做到以守为攻，等待重大利好机会的到来，从而与基本趋势同步前进。

9 明确与经纪人的关系。一个能提供全方位服务的大宗商品经纪人，可以成为你最有价值的盟友，但绝不应让这种关系发展到让他们代替你做出最终决定的程度。永远不要告诉经纪人"按照你的想法干，然后告诉我一下就行"。

10 不要在面对严重个人问题时交易。忽视这条规则必将引致灾难。即使对非全职投机者来说，思路清晰和情绪控制的要求也是显而易见的，因为在出现严重个人问题时，任何人都不可能以正常方式处理问题。同样，在身体状况不佳时候，也不应该尝试去交易，即使是严重的头疼感冒，也会影响你的正常思路。

11 忽略新闻媒体。所有新闻媒体的终极目标就在于创造震惊、煽动情绪和娱乐化，而不是提供有意义的信息。很多最优秀的交易者都会尽力避免与公共媒体接触，因为他们很清楚，这可能会破坏交易计划。交易利润对你越是重要，你对"新闻"的承受能力就越差。

萨缪尔·尼尔森的 17 条规则

尼尔森曾在世纪之交发表过一篇文章，部分规则所涉及的概念与今天有所不同，比如说，按"10 股一手"进行交易。尽管如此，人的本性在很大程度上并没有变化，因此，这些规则的基本原理在当下环境下依旧有效。⊖

1　牛市和熊市的持续时间通常为四年和五年，具体如何辨别取决于平均价格。

2　确定待交易的一只或多只股票。最好属于铁路板块，能支付股息，而且股价不能太低也不能太高，对看涨交易者而言应低于其股票价值，对看跌交易者而言应高于其股票价值，股票交易活跃。股票价值基本取决于可用于支付股息的收益。

3　观察股票仓位与近期市场波动情况的关系。在牛市中，开始买入的时间应该是股票从前一个顶部下跌 4~5 点的位置；在熊市中，开始卖出的时间应该是股票从底部反弹 3~4 点的位置。

4　继续持有买入的股票，直到取得合理利润或是有充分理由认定初始估值有误，才考虑抛出。请记住，在不利的市场环境下，交易活跃股的反弹幅度通常为下跌幅度的 3/5~5/8，而利好条件下的反弹幅度则会超过此前的下跌量。

5　在股市下跌过程中要始终保持有足够资金，避免股票下跌产生大量的不安情绪或持仓过重。账户中保持有 2 500 美元，

⊖ 节选自萨缪尔·尼尔森的《股市投机原理》。

就足以让你在股票下跌 1 点时买入以 10 股为标准的一手股票——也就是说，假设股价从高点下跌 5 点时买入第一手（10 股），这样，如果持有 2 500 美元可用资金，在股价从低点自然反弹后抛出，这 10 股按平均成本计算即可给你一笔利润。并不是每一手（10 股）都能赚钱，但是按平均情况看，则会呈现盈利。在牛市中，应尽可能地做多；而在熊市中，则尽可能地做空。熊市的反弹强度往往超过牛市的下挫幅度。

6 千万不要让每手 10 股创造的盈利制造出一种错误观点：更大胆的策略才是更明智的策略，并在资金不足的情况下开始按 100 股一手进行交易。因为几手 100 股操作的亏损或将彻底吞噬每手 10 股交易的利润。

7 在做空方面，按 10 股一手进行通常并无太大困难。即使一个经纪人不希望这么做，也总会有另一个经纪人接受这种操作，尤其是对善于保护账户而且理解这种操作模式的客户。

通过对美国各大交易所开展的各种形式投机交易进行深入研究，我们得出如下结论，按尼尔森的话，这些适用于投机的结论是"普遍性法则"。他将这些结论划分为两大类——绝对性法则和条件性法则。

绝对性法则：永远不要过度交易。如果规划的收益超过资本金，会招来灾难。收益达到这个水平时，市场波动必然会导致操作者惊慌不安，让他的判断毫无价值。

8 永远不要使用"加倍法"；也就是说，千万不能一次性进行与此前完全相反的操作。比如说，在做多时，不要一次性全部清仓，并进行完全相同规模的做空。这种操作偶尔可能会取得成功，但非常危险。因为当市场重新上涨时，操作者又要恢复原来的策略，重新补仓，再次做多。但如果这一轮操作失误，必然会让他们彻底丧失信心。因此，在对初始策略进行调整时，应采取谨慎、适度的方式，循序渐进，只有这样，才能保证判断清晰和心态平衡。

9 要么当机立断，要么袖手旁观。也就是说，一旦出现危险，应立即采取行动；但如果在其他人已经意识到危险时未能及时采取止损措施，那么就应该继续持仓或是清空部分仓位。

10 若心存疑虑，就应该适当减仓。因为在这种情况下，要么是对所建立的仓位收益情况不满意；要么是仓位太大以至于缺乏安全感。有个人告诉朋友，他在股市上设立的仓位已经让他彻夜难眠；朋友的回答简洁明了、直截了当："卖掉吧，回去好好睡一觉。"

条件性法则：根据投机者的个人状况、个性和气质，这些规则可能也会有所变化。

11 最好是追涨，而不是在大盘补仓。这种观点与普遍持有和采用的观点恰好相反。一般在买进之后，如市场下跌，可以进一步加仓，这就降低了仓位的平均成本。用这种方法时，有4/5的可能性遭遇市场反弹，从而防止损失的出现；还有1/5的可能性遭遇市场出现永久性下跌，导致操作者清仓亏损，可能一蹶不振。

追涨则与上面讲述的方法恰恰相反；也就是说，首先适度买进，随着市场持续上涨，操作者谨慎加仓。这种投机策略要求操作者必须有极度谨慎和警惕的心态，因为市场通常（可能性约为4/5）可能会跌至持股"平均成本"。**危险就在这个位置：如果未能在平均成本点清仓，就破坏整个仓位的安全性**。偶尔（可能性大概为1/5），也会出现市场长期性上涨，从而让整个仓位赚得盆满钵满。在这样的操作中，初始风险非常小，而任何阶段的风险水平都很有限，而一旦成功，利润将非常可观。这种方法只适用于市场预期会出现大幅上涨或下跌的情况；而且只需投入适度资本金，即可得到可以接受的安全性。

12　"买跌"既需要你拥有厚厚的钱包，还需要你拥有强大的神经，而且一旦失误，会让你在精神和金钱上遭受双重打击。你的心态越强大，就越有可能将这种策略坚持下去。有一种操作者能按照"买跌"并持仓的策略取得成功。他们的交易金额往往相对较小；他们会以极其谨慎的态度进入市场，而且将长期持有作为基本信念，绝不会因为市场的波动而受到干扰。这些成功者拥有超人的判断能力，他们会在市场萧条期间以低价买进，并一直持有到市场大面积复苏并出现反弹——因此，他们实质上是投资，而不是投机。

13　在各种常规状态下，我的建议是一次性买入的金额控制在资本金的限制范围内，再判断止损卖出或是获利卖出。**这种策略的依据就是及时止损，并任由利润增加**。只谋取微薄的利润，便会承受微小的损失。没有勇气接受损失，一味地渴望获利，这显然是市场上不该有的致命心态，也是让很多人在市场上彻底丧失生存机会的做法。

14　公众舆论不容忽视。如果强烈的投机大潮在当时已势不可挡，那么就必须给予密切关注。因此，最基本的规则是，如果要依从公众舆论，务必谨慎行事；但如果想抵制公众舆论，尽情为之，切莫胆怯。即使市场形势一片大好，但不加分辨地追捧大盘，也是非常危险的选择。因为市场会随时变脸，让你死无葬身之地。每个投机者都知道"朋友太多"的危险，但逆势而行也需审慎。在市场震荡之时，更需要严加防范，谨小慎微——因为市场会翻江倒海般地压来，猛烈撞击你的神经和资本，让你信心全无。市场也有其脉搏，操作者应摸准脉门，感受市场的心跳。

15　市场沉入安静、疲软时，也是卖出仓位的好时机。这种状态的市场通常会进一步地沉寂和衰落。**但是当市场在走过安静和疲态之后，出现大举逃亡的浪潮，进而陷入恐慌，那么就应该到了自由买进的时候了。**反之亦然，当交易冷淡、价格停滞的市场进入狂飙猛进、交易活跃的状态，进而陷入疯狂状态，那么我们就需要克制冲动，并以极强的自制力迫使自己清空仓位。

16　认识市场、做出判断时，千万不能忽略概率的影响。关于机会的逸闻比比皆是——拿破仑在军事行动中就会考虑到机会的影响，因为意外事件会让精心设计的方案功亏一篑。必须考虑一切考虑不到的意外因素。"对机会的验证才是人类对世界最真正的验证"。因此，**最好依据一般性信息而不是特殊信息采取行动（因为特殊信息往往具有误导性），这些一般性信息包括：国家形势以及农业或制造业的形势等。**尽管统计数据是有价值的，但必须在整体经济形势的框架下去认识这些数据。如果将决策依据局限于统计数据，那么注定是靠不住的。约翰·班纳特·坎宁（John Bennet Canning，1884—1962）说：**"数字往往是不值得信赖的事实。"** 他还指出：**"如有疑问，切莫勉强，还是静观其变吧。"** 只要有半点疑惑，就不应该进入市场；直到疑问豁然解开，才可全力出击。

17　上述这些建议的唯一目的就是让我们牢记，所有投机活动的基本原则无非就是一句话：**头脑冷静，客观判断，理性行动**。离开这个基本原则，一切规则都将归于无效。因此，必须有所储备、有所保留，以备关键时刻能全力以赴，把握转瞬即逝的市场时机。

彼得·威科夫 （Peter Wyckoff） 的 32 条规则

彼得·威科夫是 20 世纪 60 年代著名的市场分析师。在他的著作《股市时机心理学》（*The Psychology of Stock Market Timing*）一书中，威科夫在每章结尾处均归纳了一些规则。我们在这里只摘录部分最有启发性的规则。其中，关于将弱点转化为优势的第 15 条尤其令人印象深刻，富有说服力。我们建议，任何希望制定个人投资规则的人，都应考虑本书摘录的这 32 条规则，尤其是在强调技术分析和基本面分析相结合的情况下。

1　投机要求冷静判断、独立思考、勇气、韧性和谨慎。

2　每个人设计的买入政策都应始终与既定的卖出政策相辅

相成。

3　如果对下一步操作缺乏自信，不如静观其变。没有根据的猜测，是对一个人冷静客观的最大侵害。

4　学会控制亏损，利润才会光顾你。

5　如果因为等待太长时间而没有买进，那就干脆继续等下去，直到所有不确定性烟消云散为止；在市场周期的底部，所有疑问都会随之而来，此时，你可以继续等待。

6　市场上最惨烈的损失，来自那些对市场一无所知而且又在不断买进高估值股票的人。

7　只要"希望"还是决定市场仓位的第一要素，那就不要犹豫，立即卖出。

8　永远不要完全按照基础统计数据进行买卖；还要考虑市场的技术层面因素和心理因素。

9　永远不要听信公司高管对其股票的各种说辞。

10　独立分析所有事实，然后再参照其他已知市场因素对其进行检验。

11　永远不要用你维持生计的钱去做投机。如果你无法承担可能遭受的损失，那就务必远离市场。

12　在市场上成功的方法之一，就是避免做其他人正在做的事情。

13　如果华尔街的观点出人意料地趋同时，那就要当心了！金融市场的性格就是喜欢做出人意料的事情。

14　千万不要取消或降低止损点，因为股票接近这个止损点的过程只是瞬间的事情。

15 认真分析你的弱点，并尽量将它们转化为优势。

16 忘记这样的想法：投机的成败完全取决于运气。谨防盲目听从他人的建议。

17 减少对你根本就不理解的交易系统的信任，但还是要相信这个系统的基本概念。

18 除了图表，你还要学会获得市场提供的其他帮助。

19 永远不要对某只股票感情用事。

20 在投资一只股票之前，首先应该了解它的历史。

21 应该学会对外部力量无动于衷，不要先入为主地看待股价。只有根据交易量信息分析价格变动，才能告诉你应该做什么，以及应在何时去做。

22 永远提前了解，尽早规划，而不要到最后一刻才开始思考要不要出手。因为你看到的价格可能早已经反映了众所周知的消息。

23 分析股价并不是一门精确的科学。你不能凭借价格形成任何明确的规则，因为每个市场都是不同的。因此，你必须制定自己的操作方法。

24 在任何时候都应该保持灵活性，但千万不要过度交易。认真规划每个操作，不要因为你自己的错误而责备价格，因为那不是你能控制的。

25 在设计交易计划时，必须能够区分历史、现状和未来。

26 在建仓之前，应该精准把握目标股票和大盘的确切位置。在这方面，深入研究价格、交易广度、市场活跃性、交易的时间和数量，会对你有所帮助。

27　在市场上，最难做到的事情就是正确的事情；而最容易做的事情往往就是错误的事情。

28　偶尔总结一下自己的心理状态，看看你的心态如何。

29　不要逼自己！"投机"本身就不是什么好事！

30　在购买股票时，我们必须考虑到，一旦判断失误，这笔交易会给你带来多大的损失。

31　市场上没有后悔药，所以不要去想"本来还可以怎么做"，你唯一的选择就是接受现实。

32　瞄准收益呈递增趋势的公司，它们也是市场大肆追捧的目标。

威廉·江恩（William Gann）的 28 条交易规则

威廉·江恩撰写了很多关于股票市场的文章及书籍。这些规则取自 1942 年首次出版的《如何从商品期货交易中获利》（*How to Make Profits in Commodities*）一书。虽然江恩在整个交易生涯中非常活跃，但还远谈不上成功。自 20 世纪 80 年代以来，他的著作比他在世时引起了更大的轰动。在这本书的前言中，他是这样说的："大宗商品交易并不是一种赌博业务……而是按照商业原则进行的现实而又安全的业务。"他总结的这些规则主要针对大宗商品交易者。我尤其赞同第 11 条规则："将盈余保留起来……"交易者最常出现的错误之一，就是不知道该在何时全身而退。如果你把一部分利润存起来，不管你在其他环节犯了多少错误，但至少可以保证这些错误不会危及这部分资产。

要在大宗商品市场上进行成功的交易，交易者就必须建立明确的规则，并严格遵守这些规则。以下规则源自我的个人经验，任何遵循这些规则的人都将取得成功。

1　可动用的资本金：把你的全部资本金额划分为 10 个相等的部分，在任何一笔交易中，投入的资金都不应超过资本金的 1/10。

2　使用止损指令：始终采用 1～3 美分的止损指令保护每一笔交易，但无论如何都不能超过 5 美分；对棉花而言，止损指令应为 20～40 点，永远不能超过 60 点的价差。

3　永远不要过度交易：这将背离你设置的资本金规则。

4　永远不要让利润被亏损所吞噬：在你获得 3 美分或更高的利润后，可以提高止损指令，这样，你就不会让本金遭到损失。对于棉花，可以在利润达到 60 点或更高的位置时收手，以确保不会发生损失。

5　不要盲目操作：如果你根据图表和规则无法对趋势做出判断，就不要做任何操作，既不要买进也不要卖出。

6　如果有疑问，就要离开市场：千万不要在心存疑虑时进入市场。

7　只考虑在活跃的市场上进行交易：远离节奏缓慢、有气无力的市场。

8 风险分散：如果可能的话，应同时交易两种或三种不同商品，避免将全部资金投入到某一种商品中。

9 绝不限制订单价位，或是锁定买入价格或卖出价格：在市场上交易，就应该随行就市。

10 如无正当理由就不要清仓：用止损指令保护你的利润。

11 将盈余保留起来：在完成了一系列成功的交易之后，将部分资金存入盈余账户，以备在紧急情况下或发生恐慌时救急使用。

12 永远不要为了蝇头小利而频繁买卖。

13 永远不要将亏损平均化：这是交易者可能出现的最严重的错误之一。

14 永远不要因为失去耐心而退出市场，或是迫不及待而进入市场。

15 不要见利就走，遇亏不撤。

16 在交易中设置止损指令之后，就不要取消这个止损指令。

17 避免过于频繁地进出市场。

18 既要愿意做多，也要愿意接受卖空：只有让目标与趋势保持一致才能赚钱。

19 不要只是因为价格低就买进，或是因为价格高就卖出。

20 当心，不要在错误的时机持续经营，让错误不断累积。一定要等到大宗商品交易活跃且价格穿透阻力线之后，才能继续加仓。

21　在继续加仓时，要选择那些呈现强劲上涨趋势的商品；而在卖空时，则选择那些下跌趋势明朗的商品。

22　不要对冲。如果你做多一种大宗商品，而且其价格开始下跌，那么不要试图通过卖掉另一种商品进行对冲操纵。此时，应该进行减仓，接受损失，等待新的机会出现。

23　如无充分理由，就永远不要改变仓位。在做交易时，要么找到充分的理由，要么依据某些明确的规则；如果没有出现明确的趋势变化迹象，就不要离开市场。

24　在经历长期的成功或连续性的盈利交易之后，不要轻易增加交易频率或交易量。

25　不要猜测市场会在什么时候见顶，只能让市场来证明它是否见顶。也不要猜测市场会在何时触底，因为也只有市场才能证明它已触底。只有坚持明确的规则，你才可以去猜测市场。

26　除非别人对市场的了解多于你对市场的了解，否则，就不要听从别人的建议。

27　在首次遭遇亏损后，应减少交易；绝对不要增加交易。

28　避免因错而进入市场，再因错而退出市场；也不能合理入市，但错误出局；这是双重错误。

当你决定进行交易时，一定要保证，你没有违反这至关重要的28条规则。在以亏损而结束交易时，不妨回顾一下这些规则，看看你违反了哪些规则；千万不要重复犯同样的错误。经验和调查会让你认识到这些规则的价值，而观察和研究将会引导你将现实可行的正确规则运用到大宗商品的交易实践中。

弗兰克·威廉姆斯 （Frank Williams） 的规则

弗兰克·威廉姆斯的书最早出版于 1930 年，概述提及了很多规则。但他突出强调的重点，无不旨在强化资金管理。如"在投机之前要偿还全部欠款"、"要求你拿出大额保证金的经纪人才是你的朋友"以及"不要轻易冒险"等建议。他提醒我们关注的一个要点是：我们习惯于忘却，"市场总是缓慢上涨，但却会快速下跌"。也就是说，他以另一种方式提醒我们，必须针对意外采取预防措施。

下列规则摘自弗兰克·威廉姆斯于 1981 年出版的《投机基本规则》(*You Must Speculate Learn the Rules*)。

■ 在投机之前要偿还全部欠款。

■ 不要用别人的钱做投机。

■ 不要荒废事业去做投机。

■ 如果市场让你焦虑不安，坐卧不宁，那说明你不应该做投机。

■ 不要使用有其他用途的资金。

■ 如果市场让你烦躁或干扰你的睡眠，你就错了。

■ 不要把必须用于其他目的的资金用作投机。

■ 不要和朋友建立"联合账户"，投机是一个人的事情。

■ 不要给经纪人"自由裁量权"，如果你不能看管自己的账户，就没有理由做投机。

■ 要求你拿出大额保证金的经纪人才是你的朋友。

■ 只有赌徒式的投机机构才允许你只拿出一小笔保证金。

■ 不要因为买入太多股票而感到不安，过度交易往往会带来强制平仓和亏损。

■ 一定要掌握准确信息。你需要的是事实，而不是意见。

■ 不要接受不知情者的建议——他们对市场的了解还不及你对市场的了解。

■ "我认为不错"或者"很有把握"之类的建议一无是处。

■ 只能动用你的一部分资金进行投机。

■ 不要购买"没有价值的股票"（未经时间考验的股票）。

■ 要购买经得起时间考验的优质股票。

■ 切记，好股票终究会上涨——平庸股票不可能长久。

■ 不要急于买进——你有大把时间去等待好股票。

■ 在买进股票之前，一定要做彻底调查。

■ 切记，买进容易卖出难。市场对股票的接受性至关重要。

■ 市场总是缓慢上涨，但却会快速下跌。

■ 做好准备，在必要时毫不犹豫地买进你看中的股票。如果没有这样的准备，那你就是在冒险。

■ 在看跌行情中买进——那时，没有人喜欢股票。

■ 在看涨行情中卖出——那时，所有人都喜欢股票。

■ 市场在最漂亮的时候也最危险；而在看起来最难堪的时候却最有魅力。

■ 交易不要太活跃。交易得越多，损失得越多。

■ 长期交易是最有利的交易方式。

■ 不要试图猜测市场的走向。

■ 当心看涨狂潮；这是一种危险的疾病。

■ 不要试图判断市场的顶部和底部。

■ 在股票市场上不要做美梦；客观判断你的股票到底可以走多远。

■ 请记住，大多数交易者都是在买高卖低。

■ 没有必要为原本可以收获的利润而后悔，因为那原本就不属于你。

■ 不要花掉尚未兑现的纸面利润——因为它们还有可能变成亏损。

■ 当心新闻。请记住，市场才是商业和信贷的晴雨表。

■ 不要因为追赶潮流或猎奇去购买股票——要保证你投资的公司能提供满足所有人需求的东西。

■ 除非你非常富有，否则，就不要把钱投给从事新发明业务的公司。

■ 要清楚，是谁在管理你准备投资的公司。

■ 不要采取合伙投资方式，把大家的钱混到一起，最终只会让你一无所获。

■ 不要听信或是传播小道消息。真正有价值的小道消息少之又少，即使有依据，也要很长时间才能兑现。

■ 不要轻易冒险。

■ 不要对损失轻描淡写；任何损失都需要你严肃对待，因为你失去的是真金白银。

■ 在赚钱时，不要鲁莽冒进；让收益在银行里待一段时间。

■ 不要没事闲聊市场——你只会让自己被毫无价值的八卦所吞没。

■ 对内幕消息嗤之以鼻；因为它们大多是废话。大人物从来不会谈及他们的操作。

■ 如果没有足够的时间去思考，就不要去做投机。

■ 在华尔街上赚钱绝非易事。有些专业人士将一生献给市场，最后却落得饥寒交迫的下场。

■ 运气这个东西确实存在，但它并不是一直存在。

■ 不要一错再错。

■ 如果不了解你准备投资的股票，就不要轻信所谓的"平均"数据。

■ 不要为了做大而买进超过承受能力的股票。即使你手里只有 10 股股票，也不要因此而感到羞耻。

■ 谨防那些在市场上被捧得天花乱坠的股票。

■ 把错误当作一堂课——重复犯同样错误的人，绝对不值得同情。

■ 不要因为碍于朋友的情分而委托经纪人开立账户，慈善和投机永远都不能和睦相处。

■ 请记住，很多人只是误以为他们能找到更好的花钱方式，但实际情况却远非如此。

■ 卖空是只有资深专业人士才能做的事情。

■ 如果你必须卖空，一定要选择持有者众多的大盘股；否则，你可能会陷入困境而不能自拔。

■ 轻松赚来的钱永远都不会花到有价值的地方——来得容易，去得也容易。

■ 不要把自己的错误推脱给证券交易所。

■ 不要根据理发师的建议制定财务政策——不计其数的专家在等着为你提供准确信息。

■ 不要让情绪或偏见影响你的判断。在市场上，你的一举一动都应该以事实为基础。

沃尔夫的 10 条规则

沃尔夫的著作《股票投机研究》最早出版于 1926 年。在这本书 1966 年版的序言中，出版商吉姆·弗雷泽（Jim Fraser）提醒我们："成功意味着从个人需求和情感结构出发，让华尔街的知识为我所用。"毫无疑问，他也受到沃尔夫提出的部分规则的影响，这些规则无一例外地表明，交易必须借助于对资金的严格管控。

1　不要过度交易。在股价低于 50 美元时，必须维持不低于股价 10 个点的保证金；当股价在 50 美元到 100 美元之间时，保证金水平不得低于股价 20 点；在股价高于 100 美元时，保证金则需达到股价的 20% 。

2　必须限制损失。在每一步交易的技术危险点设置止损点，如果不能确定危险点的位置，就使用 2 点或 2 点止损，或是等待更好的时机。

3　顺应市场趋势。不要逆势而行，不要对冲。既可以做多，也可以做空，但不能同时做空并做多。

4　青睐交易活跃的股票。不要将资金投入业绩前景不明朗或是交易不活跃的股票，除非做长期操作，否则应避免交易停滞的股票。

5　低位买入。只有确认存在高位支撑的上涨信号，才能买进。

6　高位卖出。在出现交易停滞迹象时，即使出现不寻常的上涨，也要立即清仓；只有在出现低位支撑并跟随更低顶部的盘整证据之后，才能做卖空操作。

7　分散风险。不要专注于某一只股票，应该等额交易不同的股票，远离太过于诱人的股票，但也不要过度分散。

8　保护利润。永远不要让达到 3 个点的利润被亏损所侵蚀，但也不要期待超过 5 个点的利润，除非股票的利好趋势已基本确定。

9 避免不确定性。当对趋势产生怀疑时，应及时清仓。在未来趋势不明朗时，应避免进行交易，除非采用最低限度的止损保护，而且风险合理可控。

10 充分考虑基本面因素。永远不要忽视基本面条件，只有在基本面分析和技术分析的结论相互印证时，才能考虑一笔交易。而在基本面分析和技术分析的结论相互冲突时，切莫盲目交易，除非投资对象即将清算或是出现超额做空收益。

托马斯·坦普尔·霍恩的 8 条规则

霍恩关于投机的著作《投机：实践原理和规则》首次出版于 1922 年。他提出这些规则，最基本的目的就是鼓励我们独立思考，这么做无论如何都没有坏处。

1 投机是一门艺术。每一门艺术的首要原则，都是在刚开始时就对未来有一个明确的目标。

2 成功投机的第二条重大基本规则是，如果不能明确对未来利润的合理预期，以及为实现这个利润预期而有可能承担的最大亏损，那就不要做任何投机。

3 每个投机者都必须独立思考。

4 任何人都必须时刻保持正确客观地看待自己即将进行交易的市场。不仅要考虑市场对自己以及其他投机者的影响，还要考虑他们给市场及其他投机者带来的影响。

5 投机者首先需要明确，绝不能在未经事先考虑的情况下贸然投机。

6　既然所有投机者的首要目标都是确保自己不受群体的影响，因此，他们就必须避免贪婪对大脑的侵蚀。不要一味地贪大，在一开始就尝试与其可用资本不成比例的交易。如果交易规模太大，哪怕市场上只有一丝风吹草动，就有可能让他们惊慌失措，或是不加思考地被卷入群体行为。

7　永远不要接受其他任何人对市场历史行为给出的所谓权威解释。用自己的头脑，去想想这件事。

8　投机者必须独立思考，并严格按自己制定的逻辑和方法去思考问题。

维克多·斯波朗迪 （Victor Sperandeo） 的 19 条规则

这些规则摘自维克多·斯波朗迪的著作《专业投机原理》（*Trader Vic-Methods of a Wall Street Master*）。他的全部交易生涯长达 23 年之久。尽管这些规则主要是针对短期交易者提出的，但其中的许多规则也可以适用于长期投资者。比如说"规则 17"就有点不同寻常："如果成功取决于良好的执行，那就不要去交易。"这句话提醒我们，如果交易成功的可能性很小，就不应该去做这笔交易。我尤其欣赏"规则 19"——"理解规则并严格遵守规则"。毕竟，如果你不能把这些规则运用到实践中，要它们又有什么用呢？

- 规则 1：要按照计划执行交易，并始终遵守计划。

- 规则 2：与趋势为伍。"趋势是你的朋友！"

- 规则 3：尽可能地使用止损指令。

- 规则 4：如有怀疑，就应离开市场！

- 规则 5：耐心等待，永远不要过度交易。

- 规则 6：及时控制损失，任由利润增长。

- 规则 7：千万不要让利润被亏损侵蚀。（或者说，如果还能获利，不妨继续持仓。）

- 规则 8：熊市买入，牛市卖出。有人愿意买，就有人愿意卖。

- 规则 9：牛市的早期入场者是投资者；牛市的晚期入场者和熊市入场者是投机者。

- 规则 10：永远不要试图去捞回亏损——千万不要在亏损时继续加仓。

- 规则 11：不能仅仅因为价格低就去买入，也不能只因为价格高就卖出。

- 规则 12：只在高流动市场中做交易。

- 规则 13：不要在价格剧烈震荡时建仓。

- 规则 14：不要按"小道消息"进行交易。换句话说："按趋势交易，而不是听朋友的话交易。"此外，无论你多看好某个股票或市场，都不要主动传播小道消息或建议。

- 规则15：善于发现错误，并从中汲取教训。
- 规则16：谨防"并购消息"。
- 规则17：如果成功取决于良好的执行，那就不要去交易。
- 规则18：永远为自己保留一份交易记录。
- 规则19：理解规则并严格遵守规则。

参考书目

Angly, Edward. (1988). *Oh Yeah?* [Compiled from newspapers and public records.] Burlington, VT: Fraser. (Originally published in 1931 by the Viking Press.)

Barach, Roland. (1988). MINDTRAPS: *Mastering the Inner World of Investing.* Homewood: Dow Jones-Irwin.

Baruch, Bernard M. (1957) Baruch: *My Own Story.* New York: Holt, Rinehart and Winston.

Crane, Burton. (1959, 7th printing). *The Sophisticated Investor.* New York: Simon & Schuster.

Douglas, Mark. (1990). *The Disciplined Trader.* New York: New York Institute of Finance, a division of Simon & Schuster.

Dreman, David. (1977). *Psychology and the Stock Market: Investment Strategy beyond Random Walk.* New York: AMACOM.

Dreman, David. (1979). *Contrarian Investment Strategy.* New York: Random House.

Drew, G. A. (1941, 2nd ed.). *New Methods for Profit in the Stock Market.* Boston: Metcalf Press.

Fraser, James L. (1967). *10 Ways To Become Rich.* Wells, England: Fraser. Fraser, James L. (1978, 2nd printing). *10 Rules For Investing.* Burlington, VT: Fraser.

Gann, W. D. (1976). *How to Make Profits Trading in Commodities.* Pomeroy: Lambert-Gann. (Original copyright 1942 by Edward Lambert.)

Gibson, Thomas. (1965). *The Facts about Speculation.* Burlington, VT: Fraser. (First published 1923 by Thomas Gibson, New York.)

Harper, Henry Howard. (1984, 3rd printing). *The Psychology of Speculation: The Human Element in Stock Market Transactions.* Burlington, VT: Fraser. (First published 1926 by Henry Howard Harper, Boston.)

Hoyne, Thomas Temple. (1988). *Speculation: Its Sound Principles and Rules for Its Practice.* Burlington, VT: Fraser, a division of Fraser Management Associates, Inc. (Original copyright 1922 by Thomas Temple Hoyne.)

Le Bon, Gustave. (1982, 2nd ed.). *The Crowd: A Study of the Popular Mind.* Atlanta, GA: Cherokee.

Lefevre, Edwin. (1980). *Reminiscences of a Stock Operator.* Burlington, VT: Books of Wall Street, a division of Fraser Management Associates. (First published 1923 by George H. Doran, New York.)

Livermore, Jesse L. (1940). *How to Trade in Stocks.* New York: Duell, Sloan & Pearce.

Loeb, Gerald M. (1988). *The Battle for Investment Survival.* Burlington: Fraser Publishing Company. (Originally published by Simon & Schuster, New York.)

Neill, Humphrey B. (1959, reprint ed.). *Tape Reading And Market Tactics.* Saxtons River: Neill Letters of Contrary Opinion. (Original edition published 1931 by B. C. Forbes, New York.)

Neill, Humphrey B. (1975). *The Ruminator.* Caldwell: Caxton Printers.

Neill, Humphrey B. (1980, 4th ed.). *The Art of Contrary Thinking.* Caldwell:

Caxton Printers.

Nelson, S. A. (1964). *The A B C of Stock Speculation.* Burlington, VT: Fraser. (First published 1903, copyright S. A. Nelson.)

Pring, Martin J. (1991). *Technical Analysis Explained.* New York: McGrawHill.

Schabacker, R. W. (1934). *Stock Market Profits.* New York: B. C. Forbes.

Schwager, Jack D. (1989). *Market Wizards: Interviews with Top Traders.* New York: New York Institute of Finance, a division of Simon & Schuster.

Selden, G. C. (1986, 4th printing). *Psychology of the Stock Market.* Burlington, VT: Fraser. (First published 1912 by Ticker, New York.)

Sokoloff, Kiril. (1978). *The Thinking Investor's Guide to the Stock Market.* New York: McGraw-Hill.

Sperandeo, Victor with Brown, T. Sullivan. (1991). *Trader Vic—Methods of a Wall Street Master.* New York: John Wiley & Sons.

Tharp, Van (1990). *Investment Psychology Guides.* Cary, NC: Investment Psychology Consulting.

Thurlow, Bradbury K. (1981). *Rediscovering the Wheel: Contrary Thinking and Investment Strategy.* Burlington, VT: Fraser.

Train, John (1980). *The Money Masters.* New York: Harper & Row.

Williams, Frank J. (1981, 2nd printing). *If You Must Speculate Learn the Rules.* Burlington, VT: Fraser. (First published 1930.)

Wolf, H. J. (1984, 3rd printing). *Studies in Stock Speculation.* Burlington, VT: Fraser. (First published 1924 by Ticker, New York.)

Wolf, H. J. (1985, 3rd printing). *Studies in Stock Speculation, Volume II.* Burlington: Fraser. (First published 1926 by Ticker, New York.)

Wyckoff, Peter. (1968, 5th printing). *The Psychology of Stock Market Timing.*

Englewood Cliffs, NJ: Prentice-Hall.

Wyckoff, Richard D. (1924). *How I Trade and Invest in Stocks and Bonds.* New York: The Magazine of Wall Street.

Wyckoff, Richard D. (1984). *Jesse Livermore's Methods of Trading in Stocks.* Brightwaters: Windsor Books.